サバービアの憂鬱

「郊外」の誕生とその爆発的発展の過程

大場正明

角川新書

目次

序　章

本書のタイトルになっている〝サバービア（suburbia）〟という言葉は、アメリカの小説や映画などではよく目にするが、日本ではまだそれほど一般的ではないと思う。

英語の辞書でこの言葉を引いてみると、「（都市の）郊外、郊外社会、郊外居住者［住民］、郊外族、あるいは、郊外風の生活様式［習慣、風俗］」といった意味が並んでいる。この意味をもう少し明確にするために、もうひとつ、サバービアと似たサバーブ（suburb）という言葉も取り上げてみよう。この言葉には、「（都市の）近郊、郊外」という意味があり、サバーブズ（the suburbs）となると、「（都市の）郊外［近郊］住宅地区」という意味になる。

どちらも都市から離れた、静かで広々とした郊外の住宅地やその住人を意味する言葉だが、少しニュアンスが違うのがおわかりいただけると思う。サバーブという単語に、「地域、社会」を意味する“ia”という接尾辞が加わった〝サバービア〟の場合は、郊外住宅地やその住人だけを意味するのではなく、住宅地や住人の生活様式や風俗、文化といった要素も含まれているのだ。

郊外住宅地そのものについては、ある程度、都市が発達した場所であれば、どこにでも存在している。日本でいえば、新興住宅地という言葉が、それに近いといえる。こうした郊外住宅地では、程度の差はあるが、独自の生活様式や文化が発展してきている。

それでは、本書のテーマとなるアメリカの場合はどうかといえば、郊外住宅地の生活が、ある時期に国民の感情と結びつくかたちで大きな発展を遂げ、サバービアというものが明確なイメージを持って定着しているのである。その大まかなイメージについては、アメリカに少しでも関心のある人ならば、簡単に想像がつくことだろう。むかし日本のテレビでもよくやっていた「パパは何でも知っている」とか「奥様は魔女」のようなアメリカのホームドラマの世界、きれいに整地された宅地、緑の芝生に一戸建ての家、ステーションワゴン、優しいパパとお料理上手で闊達《かったつ》なママ、元気で明るい子供たちと犬がいて――というようなイメージだ。

筆者がそうしたアメリカの郊外の世界に関心を持つきっかけになったのは、スティーヴン・スピルバーグの映画である。

スピルバーグの作品というと、UFOとか心優しい宇宙人といったガジェットの方についつい目がいってしまいがちになるが、映画の舞台とか背景になる郊外の住宅地もけっこう印象に残るはずだ。それは、郊外を舞台にした映画が珍しいというよりも、スピルバーグが郊外の世界を印象的に描いているためである。

その好例は、誰もが知っている『E.T.』（1982）だろう。この映画の冒頭で、仲間から離れて遠くまで来てしまったE.T.が、崖《がけ》っぷちで草木をかきわけて目撃する最初の人間の世界は、極端にいえば宇宙船よりも印象に残るような郊外住宅地の無数の光のパノラマなのだ。

このショットは、人間ではなくE.T.という異質な存在の眼差《まなざ》しであることと、光のパノラマの効果が結びついて、決して珍しいとはいえないありふれた風景を、あらためて〝郊外の世界〟として意識させるようなインパクトがある。

この印象的なショットのヒントになっているのは、おそらく『未知との遭遇』（1977）だろう。この映画の主人公のひとり、電気技師のロイ・ニアリーの一家が暮らしているのもまた郊外の町だが、やはり夜の闇と光を巧みに使って町をとらえるシーンがあった。それは、この一家が暮らす郊外住宅地が、UFOの出現が原因と思われる停電にみまわれるところだ。あの整然と区切られた光のブロックが、順番に闇に呑《の》み込まれていく光景はとても印象に残る。

これまで郊外を舞台にした映画がなかったわけではないが、郊外の景観を、あらためてその世界を意識させるほど印象的にとらえたのは、スピルバーグが最初ではないかと思う。

とはいうものの、もちろん、単に印象的ということだけなら、話はセンスとテクニックで片づいてしまう。問題はそれからだ。憧《あこが》れの郊外のマイホーム、そこには本来なら、いまサバービアのイメージとして取り上げたような、幸福な家族が暮らしているはずだが、スピルバーグが描く郊外のアメリカン・ファミリーは、とても幸福そうには見えない。

『E.T.』のエリオット少年の家は、立派な住宅で、ママに兄に妹もいるが、パパが欠けている。怪物がいるという話を家族が誰も信じようとしないとき、エリオットは、「パパなら信じる……」とつぶやく。そして、自分の言葉を信じてもらえないいくやしさから、父親がサリーという女性とメキシコに行っているということを口にしてしまい、母親は子供たちの前で涙を浮かべ、家族は沈んでしまうことになる。

傍目《はため》には満ち足りた生活を送っているように見えるのに、なぜ父親は家を出てしまったのだろうか。この映画からその答えを得ることはできないが、筆者はスピルバーグが、郊外をとらえる印象的なショットと、そこで暮らす家族のギャップに〝含み〟を持たせているように思う。

郊外という世界と結びついたスピルバーグの経歴と作品については、本書の第10章で詳しく触れることになるが、スピルバーグが育ったのは郊外の町である。彼は郊外の子供なのだ。

スピルバーグの作品とその背景を探るトニー・クロウリーの評伝『The Steven Spielberg Story』には、スピルバーグのこんなコメントがある。

『未知との遭遇』、『ポルターガイスト』、そして『E.T.』に描かれているのはぼくの家なんだ。『E.T.』の家は、ぼくが育った家そのものだ。あれはぼくの寝室だよ。それから、あのかわいらしい少女ガーティは、ぼくの3人の素晴らしい妹たちを融合させたものなんだ。

このコメントからは、スピルバーグが、子供のころから培われた映画的なイマジネーションの背景として、郊外の世界を非常に意識しているのを察することができるだろう。それは、単に個人的な体験が投影されているというレベルの話とは違う。スピルバーグがコメントのなかにあげている3本の映画では、どれも郊外で暮らす家族が登場するとはいえ、その設定はずいぶん異なっている。その3本に描かれた家を、〝ぼくの家だ〟と言い切るところに、郊外の世界に対する彼のこだわりをかいま見ることができるのだ。

それでは、『未知との遭遇』の家族の場合には、郊外の印象的なショットとの間にどのようなギャップがあるのだろうか。こちらの家族もロイというパパはいるものの、いい雰囲気だとはいえない。ＵＦＯが出現する直前、家族は遊園地に行くの行かないのといった些細《ささい》なやりとりが高じて、ピリピリとした雰囲気になっている。

『未知との遭遇』に関しては、スピルバーグ自身が小説も発表し、邦訳もされている。その小説『未知との遭遇』では、ロイと妻ロニーのピリピリとした雰囲気がもっとくっきりと描かれ、スピルバーグの問題意識が浮かび上がってくる。家族の行楽に関心を示さない夫に不満を持つロニーと夫の間で、こんな会話がつづいていくのだ。


「きみはひどく不満そうだな」

「しようがないでしょ」

「いいかい。電力会社でぼくのやっている仕事が素晴らしい生活だとでも、きみが思っているのなら…」ロイの声がしだいに小さくなって途切れた。妻がどれくらい怒っているのか、考えてみたのだ。

ロニーは、ぼんやりと彼を見た。「みんながいつも言ってるけど」

「何をだい？」

「生活様式よ。わたしたちも生活様式を変えなくてはいけないと思うの」

「そんなのは金持ちのやることさ。連中は、店へ電話して、最新のライフ・スタイルをそっくり注文するんだから」
「そんなのはライフ・スタイルとは言わないと思うわ。雑誌なんかで言っているのはもっと別のことよ……つまり生活の質ね」

生活様式とか生活の質といった言葉まで飛びだしてくる会話は、なかなか深刻である。この生活様式という言葉は、もちろんサバービアの生活様式を意味している。そして、UFOをめぐる騒ぎのなかで、父親ロイと家族が離れていくことになるのはご存知の通りである。

この『未知との遭遇』の小説や映画に描かれる家族の場合も『E.T.』と同じように、こうした会話からさらに突っ込んで、家族の背景が語られることはない。それだけに『未知との遭遇』の場合も、スピルバーグが、印象的なショットと家族のギャップに含みを持たせているといえる。また、郊外と何の関係もないように見える『激突!』のような作品もまた、背景に郊外のライフスタイルがあることはスピルバーグ作品を取り上げる第10章で細かく触れる。

筆者がアメリカの郊外の世界について意識して考えてみるようになったのは、こうしたスピルバーグがあえて語ろうとはしない〝含み〟の部分に対する好奇心が出発点になっている。

この郊外に対する関心は、それから様々な方向へと広がっていった。たとえば、すでに文学史の本などで郊外の中流を描く作家として認められているジョン・チーヴァーやジョン・アップダイクの小説を読み直してみると、スピルバーグよりも上の世代とか、あるいは人生半ばにして郊外に転居した人間と、生まれながらに郊外で育った世代との違いが浮かび上がってくる。〝バッド・テイスト〟で有名になったジョン・ウォーターズ監督の映画は、スピルバーグの世界とはずいぶん隔たりがあるが、彼のユニークなセンスもまた郊外体験がルーツになっている。

また、ウェス・クレイヴンのホラーやデイヴィッド・リンチの『ブルーベルベット』、ティム・バートンの『シザーハンズ』、マイケル・レーマンの『ヘザース』や『アップルゲイツ』、リンチの世界を小説に置き換えたようなA・M・ホームズの『The Safety of Objects』といった作品に出会うと、郊外がますますありふれたものから遠ざかっていく。そうした映画や小説以外にも、アメリカの雑誌を読んでいて、郊外で起こった凄惨な事件を取材した記事を目にしたり、郊外の体験を綴《つづ》ったノンフィクションも出てきた。

そして、こんなふうに視野が広がってくるに従って、一方では、〝アメリカン・ウェイ・オブ・ライフ〟といわれるようなライフスタイル、あるいは、郊外のあの〝アメリカン・ファミリー〟のイメージがいつどんなふうにしてできあがり、定着していったのかということにも興味がわいてきた。

というようなわけで、本書は、第1章から第6章にかけて、郊外の世界の出発点や背景について様々な角度から触れ、第7章以降では、そうした現実を踏まえ、郊外を描いた作家や作品を取り上げ、ありふれた世界の向こう側を眺めていくという構成になっている。

それではまず、懐かしいホームドラマに描かれたような、幸福な郊外の世界へと入っていくことにしよう。

第1章　50年代の郊外の世界へ

アメリカにおいて、中流の人々が続々と郊外を目指すといってもいいくらいに郊外化がものすごい勢いで進んだのは、第二次大戦後から50年代にかけての時期である。それが、あの郊外の典型的なアメリカン・ファミリーのイメージが作り上げられた時期だ。

そうした50年代の郊外化に関する具体的なデータと実情については、次の章で詳しく触れることにして、ここではまず、当時の郊外の全体的なイメージを身近なものにするために、その参考になるような映画から入っていくことにしたい。

最初に取り上げるのは、誰もが知っているであろうロバート・ゼメキス監督の『バック・トゥ・ザ・フューチャー』（１９８５）だ。この映画の主人公マーティが暮らしているのは、１９８５年の郊外の世界である。彼の家庭も、スピルバーグの家庭像ほど深刻な含みはないものの、あまりうだつが上がらないパパに、生活に疲れているようなママと、全体にだいぶガタがきているように見える。

そして、この主人公マーティが、ドクの発明したタイムマシンに乗って訪れるのが、１９５５年の世界なのである。郊外化がどんどん進行し、アメリカン・ファミリーのイメージが定着しつつある時代だ。この50年代半ばの世界で、マーティがひょんなことから紛れ込んでしまう彼の母親（といっても30年前の彼女だから未来の母親だが）の家庭は、当時の郊外の家庭の一例ということになる。

この55年から85年まで、ファッションが変わったり、技術的な進歩によって何かと便利なものが増えるといったことはあったわけだが、郊外の基本的なライフスタイルといったものは変わっていない。『バック・トゥ・ザ・フューチャー』のシリーズは、過去から未来に渡っていろいろな時代を訪れることになるが、この第１作の面白さは、基本的なライフスタイルが変わっていないことが大きな要因になっている。

これが、55年よりもさらに10年とか20年さかのぼってしまえば、マーティもすぐに異変に気づくだろうが、郊外の世界に限っていえば、55年は現在のライフスタイルのベースができあがった時代だけに、30年というギャップはあっても、どこか身近な風景を見ているような気がしてしまうわけだ。また、テレビ番組に関する話題のズレで笑わせるようなユーモアも、これより前の時代では成立しにくくなる。

本書の流れもまたこの映画と同じように、まずアメリカン・ファミリーの典型的なイメージができあがった50年代を訪れ、それから、この映画のように一足飛びにではなく、ゆっくりと現在に向かっていくことになる。ライフスタイルが変わらなければ、同じことが繰り返されるだけで、1冊の本のテーマにはなりえないように思われるかもしれないが、序章でも少し触れたように、その世界から予想もしないイメージや事件が浮かび上がってくるところが、郊外の世界の奥深さともいえる。

ところでこれは少し余談になるが、次の章以降で触れていく郊外の現実に照らしてみると、この『バック・トゥ・ザ・フューチャー』の展開には、いささかリアリティが薄れてくる部分がある。もちろん、タイムマシンが出てくるような話だということを考えれば、些細《ささい》なことになってしまうが、郊外というテーマからすれば念頭に置いておくのも悪くないだろう。

ひとつは、この映画では、マーティの母親の両親とマーティの両親というふたつの世代が、同じ郊外の町に暮らしていることになるが、そういった確率は現実にはどの程度なのか？そしてもうひとつは、マーティが55年という過去の世界に少し手を加えたおかげで、彼が現在に戻ってみると、パパは成功した作家になっているわけだが、もし彼らの周囲が何も変わっていないとしたら、同じ町の同じ土地（これは広さの問題ではない）に、以前とは見違えるような家を建てることが可能かどうか？　これは、後で現実に則して答えを出してみることにしよう。

＊＊＊

今度は、当時の夢の郊外のイメージをもっと明確にするために、フランク・オズ監督の『リトル・ショップ・オブ・ホラーズ』（１９８６）を見てみよう。

これは、B級映画の帝王ロジャー・コーマンが60年に監督した同名作品をミュージカル仕立てでリメイクした作品だ。この映画は、その内容とかストーリーを少しかじっただけでは、郊外と関係があるようには見えないことだろう。舞台は、ニューヨークのダウンタウン。売れない花屋の店員シーモアがひょんなことから手に入れた珍しい植物が、実は血を吸い、人間を餌食《えじき》にするモンスターだったことから、大騒動へと発展していくホラー・コメディなのだ。

ところがこの映画をじっくり見ると、50年代の郊外への憧《あこが》れが凝縮されている場面があるばかりではなく、そうした憧れをめぐって、ひねりのきいたユーモアが盛り込まれているように思えてくる。そのユーモアについては後の章で触れるが、とりあえずここでは〝凝縮〟の場面の方に注目してみたい。それは、シーモアと同じ花屋で働き、彼に密《ひそ》かな想いを寄せるオードリーが、シーモアと同じ屋根の下で暮らす夢を、歌と書き割り風の映像で綴《つづ》る場面である。
それでは、歌詞を織り交ぜながら、50年代のアメリカの典型的な郊外の夢のイメージをたどることにしよう。ダウンタウンのアパートのなかで、オードリーはこんなふうに歌い出す。

マッチ箱のような家でいい
チェーンをつなげた垣根をめぐらし
中庭にはバーベキュー・グリル
流しにはディスポーザル
洗濯機に乾燥機
それにスチーム・アイロン
緑に囲まれたささやかな建て売り住宅

彼は庭の手入れ
芝刈りが彼の趣味
あたしは台所でお料理
テレビのドナ・リードのように

家具はビニール張り
傷やほこりがつかぬよう
さわやかな洗剤の香る
緑に囲まれた家
（『リトル・ショップ・オブ・ホラーズ』のプレス資料より引用）

彼女は、アメリカ版「暮しの手帖」ともいわれる「ベター・ホームズ・アンド・ガーデン」誌を手にとって、ページをめくり始める。雑誌のなかでは、母親が清潔なキッチンから身を乗り出すようにして、窓の外で遊ぶ子供たちを眺めている。次のページでは、子供たちがわきから覗《のぞ》き込むのを横目に、母親が魔法でも披露するように、洗濯機のスイッチに手をかけている。オードリーの視線は「ベター・ホームズ～」誌から想像の世界へと羽ばたき、映像は書き割りで作られた郊外の世界に変わる。

家の前に広がる庭では、シーモアが芝刈り機で庭の手入れをしている。彼女は優雅にダンスしながらキッチンへ。テーブルの上のチョコレート・ケーキをちょっとつまみ食いして、流しのわきのピカピカに磨かれたトースターの曲線を両手でなぞる。それからサンドイッチを食卓に持っていく。そこでは近くに住む主婦たちが、たくさんのカラフルなタッパーウェアを広げたテーブルを囲み、会話に花を咲かせている。いわゆるタッパーウェア・パーティである。

オードリーの歌はつづく。

美しい緑に囲まれて
冷凍ディナーをいただいて
9時15分には眠りにつく
〝アイ・ラブ・ルーシー〟を
12インチ・テレビで楽しんでから

彼と結婚するのは12月
パパは何でも知っている
子供たちにはハウディ人形
太陽が西へかたむくころ
〝ベター・ホームズ〟マガジンから
抜け出たような夢のわが家

テレビの前に、ふたりの子供と犬が横になり、その向こうでは夫婦がソファに座って子供たちの様子を楽しげに見ている。それから場面は変わり、シーモアとオードリーは、子供部屋を覗き、そして寝室に消える。

この歌と映像には、50年代の郊外を象徴するような固有名詞やイメージが、とてもコンパクトにまとめられている。これから探ろうとしているのは、このあまりにもくっきりしたイメージが、いったいどんな背景からできあがってきたのか、ということである。次の第２章から第６章にかけては、このイメージをいくつかの要素に分けて、その背景を探っていこうと思う。

まず第１に、芝生のある一戸建ての家である。引用したこの曲の題名が〈緑ある所(Somewhere That's Green)〉というだけあって、歌詞にも緑が何度となく出てくる。芝生のある家は、芝刈りの趣味やバーベキューパーティといったライフスタイルにもつながっていく。次の第２章では、こうした芝生のある一戸建てに、人々のどのような憧れが投影され、それがどうして急激な郊外化を招くほど身近な夢に変貌《へんぼう》していったのかといったことを明らかにしていく。ちなみに本書の後半では、芝生を愛し、郊外の世界のなかで芝刈りを一生の仕事として選んだ男を主人公にした小説なども登場してくる。

それから、オードリーの歌からも、生活にひときわ大きな影響を及ぼしていることがうかがえるテレビ。第3章では、このテレビの普及が郊外の娯楽をどのように変え、生活のなかにどのように浸透していったのかを見てみる。オードリーは当時の雑誌の広告に見入り、何もかもが新しく見える電化製品や家具に囲まれた生活を夢見るが、第4章では、50年代の広告と大量消費の時代をテーマにする。第5章では、こうしたライフスタイルの急激な変貌のなかで、人々の価値観がどう変化していったのかを、「パパは何でも知っている」といったホームドラマなども取り上げて考えてみる。

最後に第6章では、郊外に対する視点を少し広げ、郊外と都市との関係から郊外の意味を探る。ここでは人種差別の問題も絡んでくる。ちなみに、『リトル・ショップ・オブ・ホラーズ』も、都市のダウンタウンを舞台に、郊外への願望が浮かび上がる映画という見方ができる。この映画で歌われる〈スキッド・ロウ（ダウンタウン）Skid Row（Downtown）〉という曲には、「こんなところで埋もれたくない／ここを逃げ出す道はないのか／はきだめからはいあがり／こんな所とおさらばしたい」といった詞が織り込まれている。先ほどこの映画には、ひねりのきいたユーモアがあるように思うと書いたが、それについてはこの第6章で触れることにする。

それでは、50年代の郊外化の実情を覗いてみることにしよう。

第2章　新しい郊外の現実

アメリカ人が好むあの芝生のある一戸建ての住宅。これが一般的なものとなったのは、激しい勢いで郊外化が進んだ50年代のことだが、サバービアそのもののルーツはだいぶ昔にさかのぼる。アメリカの住宅に関する研究書などを読むと、ひと口に一戸建てといっても様々な様式に分かれ、時代によって流行などが変化していることがわかるが、本書は建築様式がテーマではないので、ここでは基本のなかの基本と思える要素をふたつだけ取り上げておく。

ひとつは、イギリスからアメリカに渡った初期の移民が、新天地に本国にあった荘園の邸宅とか別荘のイメージを植え付けたということ。もうひとつは、人々がフロンティア・スピリットに駆り立てられた開拓時代の土地の所有や生活が、一戸建ての独立した住宅に結びつき、アメリカン・ドリームの一端を担っているということである。郊外を舞台にした小説などを読んでいると、植民地風とかランチ・スタイルの家という表現によく出くわすが、それはこうした背景からきているわけだ。

アメリカでサバービアが本格的に成立するようになったのは、デイヴィッド・リースマンの『何のための豊かさ』によれば、19世紀の初めからということになる。具体的にはその時期に、アメリカにおいて都市化と工業化が急速に進んだこと、またその一方で、新しい移民がアメリカに流入してきたことから、旧アメリカ人が、古きよき時代の田園が消滅しつつあるという危機感を抱くようになった。そこで、田舎に小さな土地を持ち、そこに自分の家を持ちたいという欲望は、イギリス的な荘園の邸宅や別荘のイメージを引き継ぐと同時に、アメリカのイメージを再び求めることにもなったということだ。

都市の状況ということでいえば、それから時代が進んで1920年代にヨーロッパからの移民が中断されると、今度は南部から、貧しい白人や黒人、ヒスパニック系の人々が北部の諸都市に流れ込むようになり、だんだんと都市の荒廃が進み、多くの白人が郊外に移住するようになっていったという。

50年代以前の郊外の住宅は、こうして見るとあくまで都市に対する相対的な価値観や懐古的な感情を反映したものとして、都市の周縁に散在していたような印象を受ける。もちろん50年代以降の郊外化の波でも、そうした価値観や感情はひとつの要因になってはいるが、さらに政治、経済、技術の進歩など様々な要素と結びついて、そのかたちを整え始め、ライフスタイルや人間関係など郊外独自の発展を遂げていくことになる。

あるいは、フロンティアという観点からいえば、かつて人々は東から西へ西へと進み、西海岸に到達してフロンティアが消失すると、今度は都市化によって上へ上へと向かった。そして50年代に人々の欲望は、摩天楼のはるか彼方にある宇宙へと向かいつつあったが、現実的な視点に立てば、郊外に新しいフロンティアを見出《みいだ》していたともいえる。新しい郊外には、もちろん消え去る田園を求める気持ちを満たすような緑もあったが、もう一方でそこは、明らかにテクノロジーに支えられた人工の楽園でもあった。第1章で引用したオードリーの歌に出てくるような電化製品から、緑あふれる自然やスカイラインを際立たせるために地下に埋設されたケーブル、あるいはクルマにハイウェイなど、この人工の楽園は、快適な生活を目指して都市からさらに進化した空間ということになる。

＊＊＊

一戸建てやサバービアのルーツを含めた前置きはこのくらいにして、いよいよ50年代に始まる新しい郊外の現実を探っていくことにしよう。

その手順としては、まず新しい郊外について全般的な流れを展望し、それから具体的にある特定の郊外の町に関する文献／資料を取り上げて、その内側を覗《のぞ》いてみることにする。

それではまず全体的な展望である。ここで参考にしているのは、アメリカの中流階級にとって成功とは何かを探るローレン・バリッツの『The Good Life』である。この展望には、戦後の郊外化を具体的に示す数字が出てくるが、それを目にするといかに激しい勢いで郊外化が進行していったのかよくわかることだろう。

この郊外化を理解するためには、戦後の状況を把握しておく必要がある。戦後に続々と戦地から引き揚げてきた兵士や、戦時に軍の工場労働者として駆り出されていた人々が、新たな生活を始めるにあたって、まず問題になったのは、住宅が圧倒的に不足しているということだ。その上、後にベビーブーマーと呼ばれる世代を生むことになる爆発的な出産ラッシュが追い打ちをかけることになった。そのために新たに両親となった人々は、苦しい生活を強いられていた。1947年の時点では、こうした事情のために600万戸の家族が親戚《しんせき》といっしょに暮らし、50万戸の家族が兵舎や廃車になった電車、倉庫といった仮の宿に暮らさざるをえなかったという。しかし、そうした生活を送る人々の大多数は、いつでも新しい郊外住宅に入居する余裕があった。というのも仕事はたくさんあり、復員軍人への有利な貸付が、中流の家庭の数を大きく増やしていたからだ。

連邦政府はその財源を住宅政策に注ぎ込んだ。ニューディール政策で誕生した連邦住宅局（FHA）や戦後の在郷軍人局（VA）といった連邦政府の機関が、家を持つための資金を積極的に貸し出すことによって、自分の家を所有することは、膨張する中流の人々にとって実現が可能なアメリカン・ドリームへと変貌《へんぼう》していく。家を購入するのに必要な頭金は、ニューディール以前の50～67%から10%にまで引き下げられ、返済の期限も10年から30年に引き延ばされた。これだけ買い手にとって有利になれば、人々が郊外の一戸建てに群がるのも頷《うなず》けることだろう。

こうなると都会でアパートを借りて暮らすよりも、郊外の一戸建てを所有する方が安くつくことも珍しいことではなくなってくる。たとえば、当時ニューヨークのアパートを毎月50ドルで借りていたあるカップルは、毎月29ドルの支払いでニュージャージーの郊外に家を購入することができたという。こうして労働者が郊外に転居することも難しいことではなくなり、郊外の一戸建てはアメリカ人が暮らす住宅の主流として定着していく。

この時代のアメリカ人のライフスタイルの急激な変化は、数字が明確に物語っている。1955年までには、なんと一日平均4000戸の家族が都市を離れ、郊外へと転居するまでになった。その郊外には、すでに全国民の25%が暮らしていた。そして50年代末までには、国民全体の三分の一にあたる人々が郊外居住者となり、その多くは1900万戸の住宅、ほとんどが戦後に建造された植民地風かあるいはランチ・スタイルの住宅に入居したのだった。

これはもうアメリカ人の大移動といっても大袈裟《おおげさ》ではないだろう。郊外がどうしてこれほど人々を惹《ひ》きつけることになったのか。その背景をもう少し細かく検証してみよう。

現実的な生活ということからいえば、やはり出産ラッシュという要因が大きい。都市は人口の増加によっていっそう過密化し、生活費も高くつくうえに、危険が多く、人種問題も激化している。子供が生まれ、生活にも余裕ができた人々は、そんな住みにくい場所から離れることを考えることだろう。そこで中流の人々の目標は、同じ理想を持った人々とともに、都市から独立した快適な生活を送ることになっていく。郊外化はまず何よりも、子供たちを育てるうえで望ましい環境、新しく清潔で、緑にあふれたコミュニティという展望のうえに成り立っていた。

また現実的な生活からくる要因以外に、政治的な状況からくる精神的な要因も大きいといえる。戦後のアメリカ人は、外部から侵略されることにひどく敏感になっていた。たとえば、反共ヒステリーを引き起こしたマッカーシズムが、当時の侵略もののSF映画にまで反映され、核爆弾の脅威が学校の授業にまで盛り込まれるなど、外的な脅威が閉塞感を生み出し、一般の人々のなかでは、政治からの大規模な逃避が進んでいた。50年代には人々にとって最も重要な目標は、仕事と家を確保することになり、この時代の教育の目標は、いかに危険を避け、安全を手にするかということにあった。当時の郊外を舞台にした小説では、芝生の庭に穴を掘って核シェルターを作るといったエピソードを目にすることもそれほど珍しいことではない。

そしてもうひとつ精神的な要因をあげるならば、それは前の章のオードリーの歌とイメージにも満ちあふれていた新しさということだろう。新しさは、伝統的にアメリカの特に若い世代にアピールする魅力を備えていた。家、クルマ、電化製品、生活、そして人間関係まで、すべてが最初から始められる。すべてが新しいということは、戦後の核家族を大いに惹きつけることになった。

こうした要因が結びつくことによって、郊外の発展は爆発的なものとなった。1944年には新たに建造された住宅の戸数が10万戸にとどまっていたのに対し、その2年後には100万戸近くまではね上がる。その後も数字は伸びつづけ、1950年には170万戸に達した。その後の20年間で、郊外の人口は3600万人から7400万人に倍増し、初めて郊外に暮らす市民の数が、都市あるいは農村部のそれを上回った。こうして郊外の生活が、〝アメリカン・ウェイ・オブ・ライフ〟に、郊外の新しい家族が、〝アメリカン・ファミリー〟として定着していく。

日本では一般的には、1度購入したマイホームは家族が一生暮らす場所ということになるが、50年代のアメリカの郊外化の場合には、家族がおいそれと根を下ろしてしまうことはない。都市の伝統的なライフスタイルや楽しみから解放された中流の郊外居住者たちは、それと同時に、場所に定着するという考え方からも解放されていく。というのも郊外にはそこに根を下ろすための歴史や伝統がなかったからだ。そこで、これまで受け継がれてきた家族の習慣とか、馴《な》れ親しんだ都市の眺めや喧騒《けんそう》からひとたび生活を切り離してしまえば、定着することよりも自由に移動することが新しい刺激になる。

ある郊外の町が暮らすのに快適な場所であったならば、別の町もまた同じように快適なはずだということだ。歴史や伝統といったものが欠落した郊外の生活は、移動を容易なものとし、しかもアメリカ人の属性ともいえる移動願望とも結びつくことによって、定住よりも移動と密接な関係を持つようになる。あるデータによれば、平均的な郊外居住者は、3年に1回の割で転居するという。都市からの最初の脱出は、2度目の移動をより楽なものにするという結果を導くのだ。そして特に若い中流層は積極的に移動し、なかでも教育水準が高ければ高いほど、移動の頻度も高くなっているという。

一方、過去という要素が欠落した郊外の生活は、当然のことながら現在への依存の度合いを強める。伝統的な縦のつながりよりも、いま目の前にある横のつながりがいっそう重要なものになるわけだ。そこから新しいコミュニティが形成され、コミュニティ精神が発展していくことになる。

＊＊＊

そうした郊外のコミュニティの実態を明らかにするために、今度は具体的に特定の郊外の町を対象にした文献／資料をひもといてみることにしよう。

郊外化をめぐってこれほど急激な変化があっただけに、アメリカではすでに50年代から、アカデミックな分野で郊外の住宅やライフスタイルに関する研究が始まっている。ウィリアム・Ｈ・ホワイトの『組織のなかの人間』には、当時の郊外で実際に調査を行った結果が盛り込まれ、初期の研究書として興味深い。

『組織のなかの人間』では、ホワイトが〝オーガニゼーション・マン〟と呼ぶ人々の価値観を通して、アメリカ社会の変貌が浮き彫りにされる。オーガニゼーション・マンというのは、「組織の生活に忠誠を誓って、精神的にも肉体的にも、家郷をみすてたわが中産階級の人々」である。

もう少し詳しく説明すると、戦後の経済的な発展によって中流層が膨張すると同時に、企業が全国レベルで組織化されていくようになった。そこでアメリカ社会は、家庭の結びつきや地域社会の縁故よりも学歴がものをいう世界へと変化し、組織に順応するホワイトカラーが増大していく。彼らは故郷を捨て、組織に命じられるままに積極的に移動していくというわけだ。このオーガニゼーション・マンがどうして郊外と結びつくのかといえば、彼らの多くが暮らし、彼らの価値観が明確なかたちで反映されているのが、新しい郊外住宅地であるからだ。

ホワイトは「フォーチュン」誌の企画で、50年代半ばに、シカゴのパーク・フォレストを中心に、フィラデルフィアのドレクセルブルック、ペンシルヴェニアのレヴィットタウン、サンフランシスコのパーク・マースドで実際に調査を行っている。これらの町はどれも先ほど触れた戦後の状況から生まれた新しい郊外住宅地だ。たとえば、シカゴのパーク・フォレストを作った実業家たちは、「兵役を退いた若い人間の数が莫大《ばくだい》であるにもかかわらず、(1)子持ちで、(2)転任の見込みがあり、(3)快適な生活にひかれ、(4)さして多額の金はもたない、といった条件を備えた若い人間が利用できる適当な住居がほとんどない」という実情に応《こた》えて開発に乗り出したということだ。

業者が大儲《もう》けするほどの成功を収めたこのパーク・フォレストでまず興味深いのは、入居してきた住人たちが、業者が予想もしなかったほど活発な活動を始めたということだ。趣味を同じくする者同士が次々とグループを作ったり、生活必需品をお互いに貸し借りするルールのようなものができたりするようになったのだ。そのことに着目した業者が、広告会社に依頼して作った広告のコピーというのがなかなか面白い。

パーク・フォレストでは、あなたは帰属感をもつことができます。
私たちの町に足を踏みいれるや否や、あなたは気づくでしょう。
あなたは温かく迎えられ、
大きなグループに仲間入りでき、
孤独な大都会にかわって、友情に溢《あふ》れた小さな町で生活することができ、
あなたなしではすませない友達をもつことができ
——そしてその人たちとの交際を楽しむことができることを。
さあ、おいでなさい。パーク・フォレストの精神がどんなものであるかをみつけだして
下さい。（パーク・フォレストの住宅会社の広告。一九五二年十一月八日）

一杯のコーヒー——それはパーク・フォレストのシンボルです。パーク・フォレストでは、コーヒーポットが一日中湯気を立てています。この友情のシンボルは、お隣り同士が互いの交わりをどんなに楽しんでいるかを物語るものです。——その人たちはお互いに毎日の楽しみをわかち合うこと——そうです、憎しみもまたわかち合うことができる

ことを嬉《うれ》しく感じているのです。小さな町の友情に花咲くパーク・フォレストにおいでなさい――しかもなお、あなたは大都会にこんなにも近く住んでいるのです。（一九五二年十一月十九日）

この広告からわかるのは、住宅そのものというよりは、従来の都市にはなかった新しい幸福、親密な人間関係の輪を売り物としていることだ。郊外住宅地からは、業者が予想もしていなかった付加価値が生まれ、それに目をつけた業者と住人の相乗効果によって、郊外のコミュニティ精神が独自の発展を遂げていくのだ。

この趣味や悩みを同じくする人々のグループとは、ポーカーであったり、園芸や読書であったり、あるいは婦人有権者連盟やＰＴＡに関係するものであったり多種多様だが、こうした集団への帰属という傾向の進行は、もう一方で、郊外の内側と外側に目に見えない壁を作り上げていく。

パーク・フォレストのような所には、人々をスポイルするような傾向のあることは否定できない。諸設備が一切完備した地域社会に移ってくる大概の連中は、単なる経済的な理由で入ってくるのであるが、いったんこのような環境に接すると、或《あ》る者たちはそこに暖かさと支援をみいだし、ひいては、他の環境の様子が不当に冷ややかなものにみえるようになる。――たとえば、新しい郊外の或る居住者たちが「外の世界」について語るのをきいていると、その話しぶりには何か人騒がせなものがある。

また、集団に対する帰属意識の拡張は、もっと大きな価値観の変貌もうながしていく。大都市の民主党の地盤から出てきた人が、郊外に転居し、中流の仲間入りを果たすと共和党支持に変わる傾向、あるいは保守的になるという傾向が、統計的にはっきりと出ているという。民主党支持者が郊外に続々と流入してくるにもかかわらず、パーク・フォレストやレヴィットタウンでは、共和党に投じられた票の割合が、ほぼ一定になっているということだ。また、宗教から、洋服や家具の趣味までががらりと変わるというのは、なかなか注目すべきことである。

郊外の世界のなかで、人々は新しいライフスタイルの技術を習得し、隣人たちと社交的で友好的で、協調性にあふれた関係を作り上げていく。しかしこの郊外のライフスタイルには、奇妙なパラドックスがある。彼らは、子供たちを媒介にした集まりや様々なパーティを通して、外の世界が冷ややかに見えるほど密接な関係を作り上げていく。それは、彼らが選んだ郊外の町に根を下ろしていこうとする作業のようにも見える。しかし一方では、彼らは先ほど触れたように積極的に移動していく。現在の家を最終的なマイホームとは考えていない。あくまで上っていく階段のひとつ、通過点だと考えている。郊外住宅地は移動を多く経験し、それに慣れている家族ほど落ち着くことができるというのは、ある主婦の言葉を要約したものだが、これは郊外の特徴を示す奇妙なパラドックスといえる。

＊＊＊

ホワイトは『組織のなかの人間』のなかで、50年代の新しい郊外住宅地について２００ページ以上に渡って様々な角度から分析をしているが、そこにはすでに微妙なジレンマや問題があることも示唆されている。微妙なというのは、そうしたジレンマや問題が、郊外のライフスタイルの長所に関わることを意味している。

たとえば、郊外は階級のない社会である。同じエリアに暮らす人々にとっては、家はほとんど見分けがつかないくらい似通っているし、地位や年収などもほとんど差がない。民主的で平等の理念に基づく世界というわけだが、差がないだけに、個人的で些細《ささい》なことのように思える行為が、コミュニティ全体を敵に回してしまうことに結びつく場合がある。

筆者は以前、テレビでこんなニュースを耳にしたことがある。あるアメリカの郊外の町で、ある家が入り口の階段かなにかの色を塗り替えたところ、その郊外のコミュニティが、塗り替えた色が町全体の美観を損ねているということで議論を行い、結局、家の持ち主はもとの色に戻すように命じられ、その通りにしたという。『組織のなかの人間』にも、このニュースを思わせるような記述がある。

どの家もガレージを白で塗っているようなブロックで、或る人が消防ポンプの赤で塗ったとした場合、彼は文字どおりにも、また心理的にも、自分自身をマークされた人間に仕立てることになろう。生垣についても同じである。すなわち、もし明らかに子どもたちの安全を考えて、生垣をデザインしているのならば、驚くには当たらないが、もし生垣の高さや装飾具合が何か他の動機をあらわしているようであれば、そこには何らかの感情が動くだろう。

所有物を世間に向かって自慢することは、個人的な攻撃ではなく、共同体に対する攻撃とみなされる。

また郊外では、社交的な活動が活発に展開されるために、必然的にプライバシーの領域が狭いものとなる。これも基本的には郊外の長所となっている。人々はお互いに何でも語り合い、積極的に相手を理解しようと努める。これもある意味ではガレージの色などと同じで、個人の問題は共同体の問題でもあるといったコミュニティ精神が反映されている。そこで郊外では、どこまでがオープンな関係で、どこからがいらぬおせっかいや詮索《せんさく》、単なる好奇心になるのかという線を引く場合、オープンな関係が占める比率が非常に大きくなる。出発点は間違いなく善意なのだろうが、ひとつ間違えば、詮索や好奇心に歯止めがかからなくなるということもありうる。

『組織のなかの人間』には、最も外交的な人間ですら、ときとしてそうしたオープンな関係に神経がまいり、電話に出るのもうんざりといった気持ちになることがあるといった告白も取り上げられている。またある郊外の町では、これ以上我慢できなくなったときには、見晴らし窓のいちばん下まで板のブラインドを下げることが、放っておいてほしいというシグナルに決定したというようなエピソードも紹介されている。

映画『シザーハンズ』をご覧になっている方は、エイボンレディの仕事をするペグがエドワードをクルマに乗せて、パステルカラーで統一された郊外の町を走り抜けていったときのことを思い出されることだろう。郊外に異分子が運び込まれたことは、主婦たちのネットワークを通じて電撃的にコミュニティに行き渡り、ペグの家の電話は、隠し事を許さない主婦たちからの質問攻めでパンク寸前になるのだ。あの光景は、郊外の世界に馴染《なじ》みのない人間にとっては、ヒステリックな主婦たちに対する風刺的な表現ということになるだろうが、郊外のモラルに照らしてみればノーマルな日常ともいえるわけだ。

＊＊＊

さて筆者は、前の章で『バック・トゥ・ザ・フューチャー』の展開について、ふたつの疑問をあげたが、郊外の現実が少しばかり明確になってきたところで、その解答を探ってみたいと思う。ひと口に郊外住宅地といっても、鉄道やハイウェイの発達にともなってまったく新しく作られた住宅地や、後の章で取り上げるリチャード・イエーツの『家族の終わりに』やジョン・アップダイクの『カップルズ』のように、スモールタウンが社会の変化にともなって郊外住宅地に変わっていく場合など、様々なかたちがある。この章で取り上げたのは、まったく新しく作られた住宅地であり、『バック・トゥ・ザ・フューチャー』の場合は郊外化したスモールタウンなので（マーティの家とその周辺やモール、１９５５年に彼の母親が暮らす家はすべて、ロサンゼルスにあるいくつかのサバービアで実際に撮影され、郊外化が進行した世界をかたちづくっている）、それを単純に比較することはできないが、少なくとも参考にはなるだろう。

まずマーティの両親とそのまた両親というふたつの世代が、同じ町に暮らしている現実的な確率はどの程度のものなのか。地元に密着した特別な産業でもあれば話は別だが、マーティの家庭はどちらかといえば珍しいケースということになるだろう。同じ町で幼なじみとの縁がつづいているというのも例外的だ。ただ、学歴が高く、出世に期待が持てる人ほど移動性が高いことを考えるなら、あのうだつが上がらないように見えるマーティのパパが、ずっと同じ場所に暮らしているというのも不思議はないのだが。それから、マーティが過去に手を加えたために成功を収めたパパが、同じ場所に立派な邸宅を建てて暮らすというのも、スモールタウンの伝統を頑《かたく》なに守りつづけている町ででもない限り、やはり難しいだろう。

郊外の世界は同じ場所に長く暮らせば何かと不自由になる。そういう意味で、移動に慣れている家族ほど落ち着けるという先ほどの主婦の言葉は鋭いところを突いている。郊外の世界は、奇妙な表現ではあるが、階級のない世界の階段を上っていけるような構造になっている。たとえば、あるコミュニティのなかで収入が増加し、所有するものが贅沢《ぜいたく》品とみなされるようになれば、それは移動のときを迎えたことを意味する。要するに、もっと豊かな生活が必要となれば、その場で豊かにするのではなく、もっと豊かな生活が平均化したコミュニティに移動すればいいのだ。そうすれば、以前よりも立派な家やものを手にしても、新しいコミュニティでは必然ということになる。

こうして奇妙な安心感のなかで、郊外居住者たちは上へと向かい、活発な消費をつづけていく。但し、この郊外の階段は上にしか向かわない構造になっている。もし何らかの理由で生活レベルが後退することになったとき、その家族は〝平等な〟郊外のなかで孤立するという脅威にさらされることになるが、そのことについては郊外の消費がテーマになる第４章で考察することにする。

＊＊＊

いまも触れたように、郊外住宅地は一様ではない。歴史や伝統が欠落しているとはいえ、イギリス的な伝統が残るニューイングランドの諸州と西海岸の極端に人工的な郊外ではそれなりに違いがあることだろう。鉄道の沿線に開けた郊外もあれば、ハイウェイの開発にともなって開けた郊外もある。何もない土地に新しく作られた郊外もあれば、交通網の発達によっていくつかのスモールタウンが合併してできた郊外もある。また、ブルーカラーの郊外から、生活レベルについては限りなく上流階級に近い郊外まで、階級のない世界の階段のどこに位置するかによっても違いが出てくる。あるいは、この章の冒頭で書いたように、都市に対する相対的な価値から郊外に転居した人々と、アメリカン・ドリームに憧れて郊外を目指した人々など、郊外に対する考え方によっても違いが出てくるだろう。

そしてもちろん、郊外を描く映画や小説などを取り上げていく第7章以降では、そんな様々な郊外が舞台になることになる。

第3章　娯楽を変えた50年代のモンスター

『バック・トゥ・ザ・フューチャー』で、主人公マーティが1955年を訪れ、まだティーンである彼の母親の家庭の闖入者《ちんにゅうしゃ》となってしまったとき、食卓を囲む家族が熱心に見入っていたものといえば、それは買ったばかりのテレビである。

50年代は、テレビに対する需要が激しい勢いで伸びていった時代でもある。55年といえばおそらく、わが家もついにテレビを購入したという家庭が急増していた時期だろう。あの映画では、マーティが自分の家にはテレビが2台あるといったとき、彼の母親の家族たちはひどく驚いて、彼のことを相当な金持ちだと思い込んでいた。

50年代には、第2章で書いたように、戦後の住宅政策によって郊外の一戸建てが実現可能な夢になった。郊外には都市にはない緑があり、バーベキューを楽しんだり、芝刈りを趣味とすることもできる。また、すぐに隣人と打ち解けあうことができる友好的な雰囲気もあるし、様々なグループ活動やパーティといった楽しみもある。そうした楽しみが人々を惹《ひ》きつけたことは間違いないが、それでもテレビという新しいメディアの台頭がなかったら、これほどたくさんの人々が、都会の楽しみを離れて郊外に出ていったかどうかは疑わしい。

バリッツの『The Good Life』によれば、戦後の１９４６年には、テレビを持っていたのはわずか８０００軒にすぎない。それが数年後には５００万軒に達し、１９５９年には４４００万軒に達したという。それから、50年代のティーンエイジャーをターゲットにした一連の映画にスポットをあてたトマス・ドハティの『Teenagers & Teenpics / The Juvenilization of American Movies in the 1950s』によれば、１９４７年には、テレビのネットワークとその系列局の総収益は１９０万ドルだったが、10年後の１９５７年までには、９億４３２０万ドルに達している。また、１９６０年には、アメリカ人の家庭の10軒に8軒が少なくとも１台のテレビを持ち、毎日5時間以上テレビを見ていたという。

このことは、郊外化が大きく進展した50年代に、アメリカ人の娯楽の内容が大きく変わったことを物語っている。それまでの映画やスポーツ観戦、あるいは、都会のレストランでの外食といった娯楽に代わって、テレビが娯楽の中心になったのだ。そして、この娯楽の変化は、様々なかたちでライフスタイル全体を変えていくことにもなる。

第1章で紹介した『リトル・ショップ・オブ・ホラーズ』のオードリーの歌には、冷凍ディナーを食べながらテレビを見るというような一節が出てくるが、これはいわゆるＴＶディナーである。加熱するだけですぐに食べることができる冷凍のインスタント食品のことだが、テレビを見ながらでも簡単に作れるところからそんなふうに呼ばれるあたり、やはりテレビの時代を思わせる。映画『ストレンジャー・ザン・パラダイス』で、ジョン・ルーリーがテレビを見ながらこれを食べていたのは記憶に新しいところだが、このＴＶディナーが初めて世に出たのは１９５４年のことである。

テレビの出現によるライフスタイルの変化は、50年代のグラフ雑誌の商品の広告にもよく表れている。

たとえば、「コリアーズ」誌の１９５３年10月号に載ったビールの広告はなかなか印象深い。そこには、郊外の生活を楽しむ若々しいカップルたちの姿が描かれている。彼らは庭にテレビを持ち出し、その前に小さなテーブルを置いてビールとホットドッグを並べ、パーティ気分でテレビの野球中継に熱中している。テーブルのわきの芝生の上には、植木ばさみと庭いじりをするための手袋が置いてある。

テレビは単なる娯楽にとどまらず、都市から独立した理想的な生活を送る人々にとって、〝外の世界〟とのパイプの役割を果たしているといってもいいだろう。第２章の冒頭で触れたような、50年代以前のテレビのない郊外と新しい郊外を比べた場合、都市から独立したといった感覚は、後者の方がいっそう希薄になっているはずだ。新しい郊外のなかで、人々は都市から失われた緑を楽しむ一方で、テクノロジーの進歩から生まれた新しいメディアを娯楽の中心にすえ、新しいライフスタイルを作り上げていったわけだ。

こうしたライフスタイルの変化は、テレビの出てこない広告からも読み取ることができる。1950年11月号の「ライフ」誌に載っているシュリッツ・ビールの広告では、郊外の主婦が買物から戻って冷蔵庫を開けてみると、中身がみんな外に出されて、その代わりにシュリッツ・ビールが詰まっていたといった光景が描かれている。それは旦那《だんな》様の仕業というわけだが、こうしたイメージなども、バーやダンスホールで飲むのではなく、家で飲むことが自然に強調されている。実際、統計的にこの時代には、外に飲みに出る人々が減り、酒を小売店で購入して家で飲む人々が急増したという。

そして、こうしたテレビの文化的な意味を探るのにとても参考になるのが、テレビというメディアを様々な角度から分析した評論がまとめられた『Logics of Television : Essays in Cultural Criticism』という研究書だ。なかでも、テレビと家族の関係を探るリン・スピーゲルの論文は、テレビの広告なども含めて50年代のテレビの意味が分析されていて、実に面白かった。

この論文によれば、戦後という時代背景とテレビの登場のタイミングも無視することができない。というのも、戦争中に離れ離れになっていた家族にとって、ライフスタイルが大きく転換する場合には、精神的に彼らを結ぶものが潜在的に必要とされていたからだ。そこで単に娯楽というだけではなく、テレビは家族の絆《きずな》の象徴ともなっていた。こうしたテレビの意味はまた、戦後の住宅の間取りとも結びついている。いわゆる〝ファミリールーム〟である。このファミリールームの出現は、家族の団結という理想を具体化したものだが、その中心に位置するのがテレビというわけだ。こうした背景から、当時のアメリカにおけるテレビの重要性は、番組の内容ではなく、テレビを見るという習慣にあったといった分析も発表されているという。

そしてテレビの広告にも、テレビに対するそうした価値観が反映されている。つまり、住宅を作った業者が、広告を通して住宅そのものではなく幸福を売り物としたように、テレビの広告も、視聴者のグループがテレビを囲むように輪を作るといったイメージを強調することによって、テレビそのものではなく家族の絆や一体感を売り物にしたのだ。ちなみに、先ほど参考資料として取り上げた『Teenagers & Teenpics』には、テレビに見入る郊外居住者の姿をとらえた１９５５年の写真が掲載されているが、その写真のなかで人々がテレビの前で見事に輪を作り、視線がすべてテレビに集中している光景はひどく印象的だった。

スピーゲルの論文ではさらに、ひとたび家族の絆の象徴という意味を与えられたテレビが、広告のなかで、家族を基調としたイメージを通してどのように変化していくのかが分析されていく。

たとえば50年代のテレビの広告のなかに、父親と母親を、テレビの魅力によって〝両親〟の役割から切り離すことを暗示するものがある。１９５３年のセンチネルＴＶの広告では、夫婦がクリスマス・イヴに新品のテレビに見入る光景が描かれている。この広告に漂うのは、両親としての楽しみではなく、子育てから一時的に解放された夫婦がテレビを楽しんでいるという、ロマンティックな雰囲気だ。しかし、子供の存在が完全に除外されているわけではなく、テレビはあくまで家庭の輪郭を守っている。というのも、この広告には子供の姿も含まれているからだ。パジャマ姿でベッドから抜け出した子供が、両親の様子をドアの陰から盗み見しているのだ。夫婦にとってちょっと後ろめたい密《ひそ》かな楽しみが強調されているというわけだ。

テレビやテレビを中心としたライフスタイルと結びつく商品の広告は、突き詰めれば、家族をいかに郊外の家に釘《くぎ》づけにするかといったことを狙ってアイデアを絞っているのではないかと思う。このセンチネルＴＶの広告も、テレビがあればベビーシッターを呼んでどこかに外出しなくとも、十分に夫婦のロマンティックな時間が過ごせるといっているようなものだ。

そしてテレビが家庭に普及するに従って、広告は今度は2台目を売り込むために、家庭における性的な役割を利用する。たとえば1955年のジェネラル・エレクトリック社のテレビの広告はその実例だ。この広告では、母親と娘がキッチンに置かれた2台目のポータブルテレビで料理番組を見ながら料理をし、父親はファミリールームでアメフトに見入っている。こうしてファミリールームからキッチン、そして子供部屋にまでテレビが進出し、消費者の嗜好《しこう》が多様化していくことになる。

こうなると新しい郊外で家族を結びつける役割を果たしたはずのテレビは、一方では家族それぞれに性的、あるいは社会的な位置づけを暗黙のうちに行い、家族を結びつけるというよりは、家族をある決まったかたちに仕切る機能を果たすことになってくる。しかし、そこまで話を進める以前から、果たしてテレビが本当に郊外の家族を結びつけていたのかといえば、それはいささか疑わしい。

第1章で紹介した『リトル・ショップ・オブ・ホラーズ』の歌に合わせた映像では、ソファに座った両親が、彼らの前でカーペットにうつ伏せになってテレビに見入る子供たちの姿を幸福そうに眺める光景が描かれている。これもまた、テレビが家族を結びつけている光景ととれるが、別の見方もできる。要するに、両親には子供たちの後ろ姿は見えても、テレビに見入る表情や反応などはまったくわからないということだ。

些細《ささい》なことのように思われるかもしれないが、この光景が気になったのは、第18章で触れるウェス・クレイヴンの映画『デッドリー・フレンド』にまったく同じシチュエーションが出てくるからだ。ここでは具体的なストーリーについては省くが、その場面で主人公である子供たちは、母親に密かに睡眠薬を飲ませ、家を抜け出そうとしている。そこで、薬が効いてくるまでそうしたシチュエーションでテレビに見入ったふりをするのだが、母親に後ろめたそうな表情を読み取られずにすむという意味で、子供たちにとっては実に好都合なことになるのだ。

テレビがこのように家族の間に距離を作るといったことについて、スピーゲルはニコラス・レイ監督の『理由なき反抗』（1955）を例にあげているのだが、この考察はなかなか興味深かった。

スピーゲルが注目するのは、ジェームズ・ディーン扮《ふん》する主人公ジムがあの有名な断崖《だんがい》での〝死のレース〟を終え、わが家へと戻ってきたところから始まる家族のやりとりである。この場面というのは、じっくり見るとテレビが奇妙な存在感を放っている。ジムはテレビの前で眠っている父親を見て、それからソファに横になる。カメラは、上下が逆さまになったジムの眼差《まなざ》しで、2階から下りてくる母親の姿をとらえる。彼女は、スイッチが入ったままで何も映っていないテレビの前を横切るようにジムの前にやってくる。ジムは立ち上がって、テレビを背にするように戸惑いをあらわにし、自分の犯した罪の告白を始める。そして最後に彼は、ふがいない父親と取っ組み合いを始める。混乱する部屋の雰囲気のなかで、何も映っていないテレビは彼らを冷たく見つめているようでもある。

この場面でスピーゲルが関心を持つのは、ジムの告白とテレビの関係である。ジムにとって重要なことは、その事件に対して自分がどう対処すべきかということだが、彼が事件の話をしたとき、父親はテレビですでにその事件のことを知っている。つまり父親は、家族という枠組みのなかで息子からダイレクトにメッセージを受け取ることもできず、テレビが伝えたパブリックな出来事としてしか事件をとらえることができない。その事件が自分の息子にとって何を意味しているかということも考えることができないのだ。そうなると、つけっ放しになっているテレビのイメージは、父親を支配しているかのようであり、不気味なものに見えてくる。

こうした郊外の生活とテレビとの関係については、もっと後の章で、スピルバーグの『ポルターガイスト』なども含め、何度となく取り上げることになる。

この章は『バック・トゥ・ザ・フューチャー』とテレビのことから書き出したが、最後にテレビについてあの映画をもう一度振り返ってみたい。

主人公マーティが過去に向かう前に、気弱でうだつが上がらない彼の父親は、家のなかでずっとテレビにかじりついていた。それは、マーティが55年という時代に彼の母親の家庭で目撃するのと同じ光景ともいえる。ところがマーティが両親の運命を少し変えて現代に戻ってみると、父親はテレビにかじりついているのではなく、テニスから戻ってきたところである。この変貌《へんぼう》には、テレビに支配された人々に対するささやかな皮肉が込められているように思える。

第４章　広告と商品から浮かび上がる郊外の幸福

何年か前の「ローリングストーン」誌で、50年代の小特集をやっている号があった。その特集ページには、50年代のポスターや写真などの図版が何点か使われていたのだが、そのなかの一枚の写真がとても印象に残っている。

背景はちょっと薄っぺらな感じがする郊外住宅で、まだ完成していないのか、プレハブの建材が家のわきに積み上げられている。家の前の芝生には、冷蔵庫や洗濯機、テレビ、オーブンから、パーティで役に立ちそうな、丸椅子が組み合わさった奇妙な格好のソファにテーブル、それに鍋《なべ》やミキサーなどこまごましたものまでが、庭を埋め尽くすように広げられている。そしてよく見ると、芝生の中央で様々なものに囲まれるように、パパとママ、まだ小さな息子と娘の４人が、カメラに向かって笑みを浮かべて立っているのだ。

写真には特に解説はそえられていないが、おそらくは郊外に引っ越してきた家族のスナップ写真なのだろう。その光景は、消費を楽しむ〝アメリカン・ウェイ・オブ・ライフ〟の楽天的な雰囲気にあふれている。郊外の一戸建てにテレビとくれば、あとはおびただしい数の商品の山、大量消費の世界である。この写真が、現実のものであると同時に、50年代の広告を見ているような気分にさせるのは、住宅業者が単に家を売るのではなく幸福を売り物としたように、テレビが単なる娯楽ではなく家族の絆《きずな》の象徴になったように、50年代の商品の広告が、商品そのものではなく魅力的なライフスタイルを売り物としていたからだ。

それは『リトル・ショップ・オブ・ホラーズ』のオードリーの歌の場面にもよく現れている。彼女は「ベター・ホームズ・アンド・ガーデン」誌に載っていた商品の広告を見ながら、郊外の夢の世界に入っていく。彼女の歌は、「〝ベター・ホームズ〟マガジンから抜け出たような夢のわが家」という詞で締めくくられる。このとき彼女は、商品の広告を通して見えてくる生活全体に憧《あこが》れを抱いているのだ。

実際、彼女が見入る広告には、当時の広告の特徴がよく出ている。テレビの場合もそうだったが、50年代の広告では、宣伝する商品だけをクローズアップするのではなく、商品は生活の一場面に巧みに組み込まれている。オードリーが見入る広告では、母親が清潔なキッチンの窓から身を乗り出すようにして、外で遊ぶ子供たちを眺めていたり、あるいは、母親が魔法を披露しているかのように、子供たちが洗濯機を覗《のぞ》き込んでいる。こうした生活の断片は、すべてアメリカン・ウェイ・オブ・ライフへとつながり、冒頭で触れた写真のように、人々はトータルなイメージを持った生活を追い求めることになる。

このことは、第3章で取り上げた「コリアーズ」誌のビールの広告からもわかる。あれはあくまでビールの広告ではあるが、芝生のある庭やテレビのある暮らしとビールが完全に結びついている。おそらく、そうした生活を送っていない人々にとっては、この広告におけるビールは、あまり魅力的なものに見えないか、あるいはオードリーのように、ビールだけでなくその生活すべてを手にしたいと思うことだろう。

50年代の広告は、もちろん全体の印象としてはアメリカの豊かさといったものが際立っているが、個々の広告について見ていくと、ただ豊かさを直接的に強調するよりも、家庭生活の雰囲気を商品にいかに投影するかということに工夫がこらされている。

たとえば、１９５０年の「ライフ」誌に載ったあるトースターの広告では、鏡のようにものを映すトースターの金属製の胴体に、盛装した若いカップルの姿が浮かび上がっている。『リトル・ショップ・オブ・ホラーズ』のオードリーが、トースターを大切そうに両手でなぞる場面からもわかるように、この時代、トースターは新しい消費生活を象徴するもののひとつであり、この広告のトースターは、まるでカップルの記念写真を飾るための写真立てのようにも見えてくる。

また別のトースターの広告では、主役のトースターのまわりに、細かなイラストで家族の様々な娯楽の様子が描かれている。それは家族がテレビを囲む光景であったり、新年やクリスマスのホームパーティであったり、テーブルを囲むカードゲームなどである。トースターがあれば、映画やナイトクラブではなく、家庭を中心とした様々な娯楽が楽しめるというわけだ。

要するに、50年代の広告から浮かび上がる商品は、テレビというモンスターと連動して、家族を家庭に引きつけ、結びつけるための媒介になっている。

1952年の「サタデー・イヴニング・ポスト」誌に載った冷蔵庫のイラストの広告では、両親と4人の子供たちが買物から戻ってきて、買ってきたものをみんなで楽しげに冷蔵庫に詰めている場面が描かれている。この冷蔵庫の売りは、たくさんのものが入るということだが、イラストが暗示するのは、大きな冷蔵庫であれば、いつも家族が全員で欲しいものを買いにいくことができるということだろう。外出したままの格好で、ジャケットも脱がずにものを詰めている家族の姿は、それまでの買物の楽しさを強調しているように見える。

そして、家族が娯楽も含めて、家庭を中心とした生活を送るということは、横のつながりを大切にする郊外を中心とした生活を送るということでもある。社交的な関係があまり発展することのなかった郊外などでは、商品が媒介になって隣人同士の交流をスムーズなものにする。

オードリーの歌の場面にも出てきたタッパーウェアパーティなどは、こうした郊外の理想と商品が結びついた商法の好例といえるだろう。これはホームパーティを開いて、タッパーウェアの使い方を実演しながら商品を販売する商法である。そこで、お互いのことをよく知らない隣人同士は、タッパーウェアがきっかけとなって、ごく自然に社交の輪を広げることができるようになり、同時に商品がコミュニティにも浸透していくことになる。商品が家庭ばかりでなく、コミュニティをも活性化させていくわけだ。

特に、過去の伝統的な価値観から切り離され、根無し草的に移動する郊外生活者の場合には、彼らのなかに絶対的な基準があるわけではなく、何を買うかという選択についてもコミュニティに左右されるところがある。ホワイトは『組織のなかの人間』のなかで、消費と集団の関係についてこんなふうに書いている。

贅沢品《ぜいたく》がいつ必需品になるかを決定するのは集団である。このことは一種の批判的な大衆が集合するときに起こる。たとえば自動乾燥機を持っている奥さんが、或るブロックでほんの数人しかいなかったような初期の段階では、自動乾燥機を欠くべからざるものとしてほめちぎる口伝えの噂話はあまりひろまらない。だがその後、時期がたち、隣り近所の奥さん連中が真似して自動乾燥機を買うにつれて、それを持たない他の人々は、自動乾燥機の利点についてのお喋《しゃべ》りをますます多くきかされるようになる。やがてそれを持たないことがほとんど非社交的な行為になり――他人の判断や嗜好《しこう》に対する暗黙の中傷となる。この段階でなお持ちこたえることができるのは最も頑固な個人主義者だけである。なぜならば、集団は、あまりに早く買いすぎるといった成員を罰すると同様、それを買わないからといっても、罰するのだから。

それでは、実際の郊外居住者たちの経済感覚はどのようなものだったのだろうか。『組織のなかの人間』によれば、彼らはほとんど貯蓄をしないという。当時の銀行預金の全国平均が１３４２ドルであるのに対し、シカゴのパーク・フォレストやペンシルヴェニアのレヴィットタウンでは、銀行の報告によると平均預金額が３００ドルだということだ。

但し、郊外のコミュニティの影響が大きいとはいえ、誰もが同じように消費に邁進《まいしん》しているとはかぎらない。それは世代の違いによる。不景気な時代の記憶がいまだに生き生きと残っているような比較的年長の夫婦は、周囲である商品が贅沢品から必需品に変わろうとも、ものによっては購入を控えることがあるという。しかし、郊外のライフスタイルの主流を占めているのは、あくまで若い世代の夫婦である。

彼らは希望が湧きでる時代に青年期に達し、成人としての初期の時代を通じて、社会一般についても、個人についても、たえず繁栄が増大していくことしか知らなかったのである。

新しい郊外居住者たちが、移動することによって郊外の階段を上へ上へと上っていくことについては第2章で触れたが、これは繁栄しか知らない人々が作り上げた階段だけに、下りるということが難しいというのも頷《うなず》ける気がする。50年代の人々は、未来が保証されているという展望に立って前進をつづけていったが、その展望にかげりがさすときには、果たしてどのような感覚に襲われることになるのだろうか。『組織のなかの人間』には、郊外居住者がその収入の最低線を下回ることになった場合について、こんなふうに書かれている。

ただ単に、家庭から幾つかの贅沢品がとりあげられるかもしれないという脅威になるだけではない。それは彼らを一つの生活様式からほっぽりだしかねないのだ。郊外住宅地はチャチなお上品振りを大目にみたりはしない。支出がひどく切りつめられれば、おそらくはかえりみられないような楽しみ事も、二義的な付属的なものではないのである。中産階級の端くれに位置している家庭にとっては、それらは社会的な必需品なのである。

これは、冒頭から書いてきたような、商品がアメリカン・ウェイ・オブ・ライフのイメージ全般と結びついていることの裏にある恐ろしさともいえる。人々はひとつの商品から生活全体を求めるが、生活全体を手にした後では、今度はひとつが欠けることによって生活全体が崩壊しかねないということだ。大袈裟《おおげさ》な表現に思われるかもしれないが、ある意味で歯車が完璧《かんぺき》にかみ合って回転している郊外の世界では、ひとつの歯車が狂ったためにすべてが狂っていくということがありうるのだ。

実際、本書で取り上げる小説や映画には、アメリカ社会の景気後退のなかで、職を失ったり、レイオフに対して普通ではない脅威を感じるために、奇妙な行動に走る郊外居住者も登場することになる。

第5章　アメリカン・ファミリーの出発点

これまで50年代に作り上げられた郊外のアメリカン・ファミリーのイメージについて、戦後の住宅不足、テレビという新たなメディアの台頭による娯楽の変貌《へんぼう》、大量消費の時代など、様々な外的要素を取り上げてきた。

第1章で明らかにした50年代のイメージは、あたかも明確な方向性をもって作り上げられたライフスタイルであるかのように、日常に浸透し定着している。しかし、そのイメージを作った外的要素を個別に考えていくと、イメージそのものは明確であるにもかかわらず、そこで暮らす家族が具体的にどのようなライフスタイルを理想として目指していたのかということは、あまりはっきりとしていない。むしろ限られた時代に、政治からの逃避、経済的な成長や技術の進歩、社会の変貌といった外的な要素が、偶然にも見事に結びついてしまい、中流となった人々は考える余裕もないままに時流に押し流されて、イメージだけが先走る世界のなかに入り込んでしまったようにも見えてくる。

それでは実際に郊外に転居した人々は、こうした時代の流れのなかで、どのような感情を抱いていたのだろうか。再びバリッツの『The Good Life』を参考に、そのことを探ってみたいと思う。

50年代に中流の人々は先を争うように郊外に転居した。郊外に切り拓《ひら》かれた歴史というものを持たない空間。そこで新たな生活を始める彼らはまさに根無し草だが、時代の流れをもう少しさかのぼってみると、彼らが別の意味でも根無し草であることがわかってくる。50年代の新しい両親たちは、大恐慌や戦争といった大きな動乱によって彼らの両親たちの世界や価値観と隔てられ、倹約をモットーとするような環境で育ち、まったく異質な消費社会に飛び出した。

だから、たとえば郊外の新しい母親は、伝統といったものを背負っていないし、計画的なヴィジョンを持って郊外にやって来たのではない。子供を育てることはできるが、どのように教育すべきかといった考えはない。自由な移動と新しい生活が作ったこれまでとは違う母親なのだ。

この新しい両親たちが自然に考えることは、彼らの子供たちを、少なくとも自分たちの子供時代よりも幸福にすることができるということだ。彼らは、子供たちのためによい環境に安価で住宅を購入することができるし、広告やテレビが次々と楽観的な幸福のイメージを提供する。それが子供を幸せにできるという確信を与える。そんなヴィジョンのなかでは、古い親の権威といったものは、子供の自由な創造性や自発性を伸ばす妨げにしかならない。50年代の家族を描いた広告のイメージのなかには、親の権威といったものはまったく見当たらない。

新しい両親が考える幸福は、伝統的な価値観に立脚した幸福ではなく、もっと合理的ではあるが、あまりに合理的すぎて、考えようによっては抽象的といわなければならないような幸福なのだ。若い両親たちは、過去についての知識が欠落しているだけに、前の章における商品の選択と同様に、現在といったものをどのような物差しで測ればいいのか明確に判断することができない。

50年代に確固としたアメリカン・ファミリーのイメージができあがった背景として、こうした伝統の欠落という要素も無視することができない。伝統に対する根強い支持があれば、これほど一気に新しいライフスタイルが中流の間に浸透してしまうことはなかっただろう。人々はそうした伝統の欠落のなかで、押し寄せてくるような抽象的な幸福のイメージを受け入れ、結果的にそれを補強することになったと考えることもできる。コミュニティの独自の発展は、このイメージを補強する作業でもあるからだ。郊外の中流は、友人や近隣の人々の生活、あるいは広告などを物差しにして、何ら確信もないままに抽象的な幸福のイメージと同化していった。

ここで50年代の広告のことをもう一度思い出してもらいたい。そこには明らかにこうした抽象的な幸福が反映されている。50年代の広告は、常に楽天的な雰囲気にあふれている。人々は明るく、決まったように笑みを浮かべている。一般的に考えればそれは、戦争が終わり、豊かなアメリカン・ライフが到来したことゆえの明るさであり、笑みということになるのだろう。しかしその楽天的な雰囲気の本質はといえば、やはりひどく抽象的である。

特に50年代の広告では、ソフトなタッチのイラストが多用されていたことも興味を引く。60年代に入ると広告でも写真を使ったものがだいぶ増えるが、50年代はイラストによってある種のトーンがかたちづくられていた。しかも、イラストの広告が主流を占める当時の雑誌を振り返ってみると、広告以外のページでは、「ライフ」誌などのフォト・ジャーナリズムが大きな広がりを見せていた。そうした写真のインパクトは、テレビという新しいメディアの台頭によって次第にかげりを見せていくことにはなるが、それでも世界各地で起こった様々な出来事を生々しいリアリティでとらえた写真とあのソフトなイラストとでは、そのコントラストが際立っている。そんな隔たりからも、政治や社会問題に対する関心を失い、抽象的な幸福のベールに包まれた郊外に逃避し、遠巻きに世界を見るような中流の人々の状況が見えてくるような気がする。

そして、父親の立場というものもまた50年代に大きく変わった。新しい郊外に暮らすようになった父親たちの主流を占めるのは、ホワイトが語るような組織に忠誠を誓うオーガニゼーション・マンだ。それ以前の世代までの伝統からいえば、男は仕事を通して父親を乗り越え、その先に進むことが理想とされ、そのために常にリスクを背負い、新天地を求めて仕事を変えることも少なくなかった。しかし、経済の成長のなかで企業の組織化が進み、管理職が主流を占めるようになった時代に、男や父親にとっての成功とは、できるだけ安定した企業に就職し、平穏な幸福を手にすることに変わり、そのために彼らは組織のなかで上司に認められるために努力することになった。

そこで、仕事においてフロンティアを失ってしまったような父親にしてみれば、郊外の一戸建てという新しいフロンティアはいっそう魅力的なものとなるようにも思える。しかし、郊外の新天地がこれまでのフロンティアと決定的に違うのは、主役が母親と子供であって、父親が男らしさを発揮して切り拓くような領域はほとんど残されていないということだ。郊外の新天地で父親が自らの手で作り、家族に見せるものがあるとすれば、それはせいぜい日曜大工の産物くらいのものだろう。

こうした変貌は現代の視点からみれば大したことでもないように思えるが、50年代以前の伝統的な価値観を背負った人々にとっては重大な変化だった。バリッツの『The Good

Life』には、伝統的な価値観を育みながらこうした職種の移行を体験した人物の実例として、ボストンの郊外に暮らす中年の銀行員の話が取り上げられている。彼はハイスクールを中退し、20年間、精肉の仕事にたずさわってきたが、50年代に将来性のある仕事ということで銀行に入り、経験もいらない単純な仕事をあてがわれることになった。彼は一般の基準からすれば、自分が成功したことを認めている。スーツに身を固め、欲しいものをたくさん購入することができた。しかしそれでも、自分が何かを作る本物の仕事ではなく、単なる書類のやりとりをしていることを恥じていたという。

そんな話からも、50年代の流れに順応した新しい父親とその前の世代の断絶がくっきりと浮かび上がってくる。新しい父親もまた、過去の伝統から切り離されることになったわけだ。そして父親のイメージは大きく変貌していくことになる。

50年代に絶大な人気を誇ったテレビドラマ「パパは何でも知っている」からは、そんな新しい家庭像、父親像が見えてくる。この人気番組には当時の中流の理想が反映され、中流の人々の生活にも大きな影響を及ぼした。主人公のアンダーソン一家は、保険会社に勤めるパパと専業主婦のママ、長女のベティ、長男のバド、次女のキャシーの5人家族で、スプリングフィールドという郊外住宅地で暮らしている。彼らは、オーガニゼーション・マンの家族の典型といっていいだろう。

この番組は深夜に再放送され、筆者も何回か見たが、当時の中流の価値観を知るうえでなかなか興味深かった。タイトルからすれば父親には威厳がありそうだが、実際には家族に対して威厳というものを示すことがほとんどない。子供たちにとっては人生の先輩ではあるが、ときとして友だちに近い存在にもなる。子供たちが、友だちを相手にするように対等な口のききかたをすることも珍しくないし、ほとんど馬鹿にしているのではないかと思えることを言っても、パパは受け流している。

こうした父親像は、やはり先ほど触れたような職種の変化と無縁ではないだろう。このドラマではその世界から、父親の仕事というものがまったく締め出されている。父親が仕事に対してどんな苦労や努力をしているかといった現実はまったくない。極端にいえば、決まった時間だけ家を空けている大人である。但し筆者の知る限り、例外的に家庭から仕事が浮び上がってくることが一度だけあった。しかしそれは、ママの〝虫の知らせ〟で、パパが保険の契約のために遠出するのをとりやめるというエピソードだった。要するに仕事が出てきても、家族の絆《きずな》が優先されるのだ。

これでは確かに父親の威厳の示しようもないし、友だちのような存在になるのも不思議はない。そしてこのドラマで、パパがベッドまで朝食を運んでもらえるサービスを受けられるのは、休日に塀を直したり、壁を塗り替えたりと家庭における仕事を果たしたときなのである。

それでは、息子が将来のことをあれこれと考えるようになったとき、父親は息子に何を教え、どのように力になろうとするのだろうか。このドラマから、それに関係のあるエピソードを拾い出してみよう。

ひとつは、息子のバドが姉ベティの友だちの父親に憧《あこが》れを抱き、彼を見習おうとする話である。その父親はきこりから出発して山を少しずつ買い取り、1代で成功を収め、テニスコートにプール、執事に運転手つきのクルマ、カントリークラブにパーティといった裕福な生活を送っている。パパは、どうすればそんなふうに成功を収められるのか考え込むバドに、どん底から自動車王国を築き上げたフォードの話をしたり、意志と忍耐と勤勉さという古い価値観を引っ張り出したりするのだが、その言葉にはどうも説得力がない。結果としてバドが始めるのは、町のハンバーガーショップのバイトである。

そしてここでも、親と子供の間に友だちのような関係が顔を出す。バドがその店に雇われたのは、自分を雇えば〝友だち〟がすぐに客として来るからという約束をしていたからだったのだが、その友だちというのは実は両親と姉妹なのだ。

そしてもうひとつ、バドがＹＭＣＡでボクシングを始めるというエピソードがある。パパは、コーチからバドには素養があるといわれて鼻高々だったが、息子の思い込みが激しくなり、ハイスクールのチャンピオンに挑戦するといいだすと、途端におどおどし、ひどく困り出すのである。

50年代の父親は、過去の伝統から自由になり、古い親の権威といったものは子供の自発性や創造性の妨げにしかならないと考えるようになった。とはいうものの実際には、独創性や個性を磨くよりも、やはり抽象的な幸福を与えることを優先しているように思える。

そして父親はまた、子供たちと対等な友だちであるばかりでなく、子供たちの協力すらあおぐことになる。このドラマのなかに、パパが突然、老け込んでしまうというエピソードがある。これは、成長する子供たちを見ながら、自分が取り残されるような気持ちになるという、いわば子離れできない父親の話だ。子供中心の郊外の世界で、しかも友だちのような関係となれば、それもわからないではない。このエピソードでは、賢いママが知恵を働かせ、老け込んでしまったパパの前で、子供たちが、まだ子供なのだということを示すために、馬鹿騒ぎを演じてみせる。

こうなると「パパは何でも知っている」というタイトルは皮肉な響きすらおびる。もしかするとこのドラマは、仕事におけるフロンティアや威厳を失ってしまった父親を、唯一の慰めの場所である家庭が守り立てるという意味合いを持っていたのではないかとさえ思えてくるのだ。

こうした抽象的な幸福の世界は、子供たちがまだ大人の世界を遠目に見ている時代であれば破綻《はたん》をきたすこともなさそうだが、大人の世界に入りかけたときには、そういうわけにはいかない。ということで、今度は両親とティーンエイジャーの関係を見てみることにしよう。

たとえば、『理由なき反抗』を思い出してもらいたい。あの映画のなかでジェームズ・ディーンの父親は、家庭のなかで家族を尊重するあまり、自己主張をすることを完全に放棄してしまっている。息子は、エプロン姿で彼の前に現れるような父親に、何とか威厳を取り戻させようとする。この光景は、抽象的な幸福がぶつかるひとつの壁といっていいだろう。この父親の態度はもちろん、男女平等といった理念に基づくような前向きのものではない。バリッツは『The Good Life』のなかで、50年代には男の仕事が、自分の上司を助けるという当時としては女性的な立場に身を置くことに変わったという分析もしているが、そうした変化が家庭にも反映されていたということになるのかもしれない。

『理由なき反抗』はジェームズ・ディーンに注目が集まるために、ティーンエイジャーという視点だけから見られがちになる。そうなるとこの物語は、単に〝大人は判ってくれない〟ということになってしまうが、ティーンばかりではなく親もまた流動的な存在になっている。父親も息子も、それぞれに集団とか組織といったものに対する二者択一を迫られている。そこで、組織に帰属し女性化した父親と、男らしさを示すことによって組織の力をはねのけようとする息子の対照が際立つことになる。この映画では、ナタリー・ウッド扮《ふん》する娘の家庭にも同じような断絶が見られる。ティーンになった娘が、子供の頃と同じように父親にキスしようとする場面である。ここでは父親の方が娘を扱いかね、キスしようとする彼女を不器用にはねつけてしまう。父親もまた、子供を育てることはできるが、教育することはままならないのだ。

また、『ヘビー・ペッティング』（1988）という映画でも似たような場面に出会える。これは50年代のアメリカのティーンの性意識を、当時の教育映画、ニュース、テレビドラマ、映画、そしてデイヴィッド・バーンやローリー・アンダーソンらのインタビューなどを通して浮き彫りにしたドキュメンタリーである。それゆえテーマはほとんどセックスに限られているが、挿入されるテレビドラマの断片には、子供の成長をめぐる親子のやりとりも含まれている。

そのテレビドラマの断片のなかに、父親と娘のやりとりをめぐって思わず吹き出してしまうような場面があった。スリップ姿で居間をうろうろする娘を父親が注意したことから口論になるという設定だが、父親の態度が実に面白かった。彼は理由を問いただす娘を、思わず平手打ちしてしまう。そして娘ばかりでなく、殴った父親自身が信じられないという表情を浮かべる。キッチンからその様子を見ていた母親は、どうしたのかと父親に尋ねる。父親は、母親が見ていたにもかかわらず「娘を殴った」と答える。母親は当然「なぜ？」と問い返すが、父親は不思議そうに「わからない」と答えるのだ。

こうしたティーンエイジャーの存在は、最初に注目されるようになったときには、ひどく危険な存在のようにも見られたが、50年代に限っていえば、それはすぐに少数意見になってしまった。というのも、この大量消費時代の売り手の側が、すぐにティーンの世界が大きな市場であることを見抜き、ティーンが魅力的な消費者となったからだ。

そして、この消費に支えられた、抽象的な幸福に満ちたアメリカン・ファミリーのイメージは、第7章以降で様々に変化していくことになる。

第6章　郊外と都市のはざまで揺れる理想

さてここまで、50年代の郊外化をいくつかのポイントから探ってきたが、いよいよこの章で現代までつづく郊外のライフスタイルのルーツを確認する作業も最後ということになる。

これまでは、戦後の背景から出発して、郊外の世界の内側に迫っていくような視点で話を進めてきたが、この章ではその視野を広げ、郊外の外部の世界と郊外の関係について考えてみたい。都市から郊外へ、あるいは郊外から都市に向けられた人々の意識が交錯する境界線には、どのような感情がうごめき、また具体的にいかなる制度が介在しているのかといったことを明らかにしてみたいと思う。

50年代の郊外の世界は、都市に対する相対的な価値観の反映から独自のコミュニティ精神が発展していったが、ある出来事がきっかけとなって、都市から独立したように見えるこのコミュニティの壁に突然、亀裂が生じることがある。

たとえば、人種差別の問題は、そうした亀裂を招くひとつの大きな要因となる。一目瞭《りょう》然《ぜん》だが50年代の広告には、黒人の家庭などはまったく登場しない。このことについては、人種差別の問題がまだ表面化していない時代だからという説明もできそうだが、人種の問題が表面化してきたからこそ郊外が発展したのだと考えることもできる。

それでは実際のところ、新しい郊外では、人種の問題がどのように処理されていたのだろうか。まず『組織のなかの人間』で、パーク・フォレストの場合を検証してみることにしよう。これは、ある出来事がきっかけでコミュニティの壁に亀裂が入る実例ともいえる。

黒人の入来を許可するかどうかについて、激しい論争がおこなわれた。根本から二派にわかれてしまう勢いであった――一方の少数グループにとっては、黒人の転入を許可することは、その人たちのもっている社会理想を実現することであった。だがもう一方のグループ――それは以前彼らの住んでいたシカゴの区域が、今や黒人に「分捕ら」れた連中が大部分である――にとっては、黒人の転入許可は、いったん去ったと思った脅威の再来であった。だがおそらく一番ひどく苦しめられた人たちは中道派の人たちであった。彼らの大部分もまた許可に反対であった。しかし黒人は一人として入ってこなかったにもかかわらず、痛手は受けたのである。論争がおこなわれたのであり、この問題について人々が議論しなければならなかったというその事実によって、これまで大事にされてきた平等主義の理想がもはや無垢《むく》のまま保持することは不可能になったのである。

この引用で興味深いのは、中道派の人々に関する後半の部分である。そこには人種差別の問題に限らず、もっと広い意味で郊外居住者の意識がよく表れているように思う。

郊外は、それぞれのレベルで収入や地位に差がない人々で構成される。当然のことながら、人々の価値観にもそれほど差があるわけではない。そうした人々の交際が活発化し、横のつながりが強固になれば、彼らの価値観から欠落しているものは、次第に存在が希薄になり、いずれ存在しないものとなる。この引用についていえば、対立する二派の人々にとっては、立場の違いはあれ黒人の存在は揺るぎない現実だったが、中道派の人々にとっては、自分たちの意識のなかに黒人は存在しないも同然だったことだろう。

そんなふうに郊外の日常からかけ離れたものが唐突に顔を出すとき、安定しているかに見える郊外の価値観はひどく揺らぎやすいものになる。

たとえば『組織のなかの人間』には、郊外のあるエリアにストリッパー上がりの女性が転居してきたというエピソードが盛り込まれている。彼女は自分の素性を隠すどころかおおっぴらに吹聴《ふいちょう》し、そのエリアは混乱におちいり、人々の関係はもと通りというわけにはいかなくなったという。もちろん、郊外の住人もセックスの話をしないわけではない。むしろパーティなどでは、積極的にそうしたことを話題にすることもある。しかし、それはあくまでコミュニティの関係をスムーズなものにするための潤滑油のようなものだ。町の腐敗を恐れて、歓楽街といったものを排除する郊外の世界にとって、元ストリッパーの実話は、存在しないものが唐突に現れるのに等しいだろう。

＊＊＊

話は人種の問題に戻るが、第2章を振り返ってもらえばおわかりのように、郊外の発展は戦前、戦後を問わず、人種の問題が背景に潜んでいる。移民が都市に流入したり、黒人たちが南部から北部へ、農村部から都市部へと大きく移動したことが背景となって、スラム化する都市を嫌う人々が郊外へと流出したということだ。そして、この都市と郊外の境界からは、人種差別と深く関わる制度が浮かび上がってくる。

現代のアメリカで、黒人が置かれる複雑な立場を探る上坂昇《こうさかのぼる》の『アメリカ黒人のジレンマ』には、住宅をめぐる黒人に対する差別と制度の結びつきが、このように記述されている。

これまで長い間にわたって住宅地の人種差別に利用されてきたのが、土地利用規制法

（ゾーニング）である。地方政府の多くは歳入の多くを財産税に依存しているので、比較的高価な住宅建設のみを許可するような土地利用の制限を実施する傾向がある。その第一号が実施されたのは、１９１９年、ニューヨーク市でのことだ。過密を阻止するという名目で多くの地方自治体がこの法律を導入し、今日ではアメリカの大部分の市町村が土地利用を規制する地方条例を持っている。白人の富裕層は、排他的な郊外住宅地を守るために、この法律に力を貸した。結果的には、一定価格以下の建物の建築の禁止、一定規模以下の敷地の禁止などによって、低所得層の郊外への流出を抑制することになった。つまり、黒人は郊外に来るなということをこの法律を利用して示したのである。

住宅の売買契約のさいに、将来その住宅を手放すことがあっても黒人やユダヤ人には売らないという証書をかわすこともよく行われている。

このゾーニングが、人種差別以外にも、郊外の住人にとって好ましくないものを排除するために、様々なかたちで利用されていることは後の章で触れるが、確かにこうした制度や契約が広く行われているとなれば、黒人が郊外にやって来るのは難しくなる。そして、あの50年代のアメリカン・ファミリーのイメージは、こうしたシステムにも支えられているということになる。

それでは、マイノリティではあるが、少なくとも郊外に家を買うことができた人々の場合には、果たして郊外でどのような体験をすることになるのだろうか。都市から郊外に移るということは、都市の生活と同時に過去も捨てることになるということについては、すでに第2章で述べた通りである。それは移民の子供たちにとっては、難しいだけではなく、苦痛にもなるはずだ。郊外の町のなかで、あくまで民族や宗教の伝統を維持しようとすれば、コミュニティとの衝突は避けられないだろう。そういう意味では、マイノリティの人々は、郊外に転居することについて、厳しい二者択一を迫られることになる。

バリッツの『The Good Life』には、二者択一を迫られた人々の体験について、対照的な例が紹介されている。

ひとつは、50年代初頭にニューヨークから郊外に転居することを決めたあるユダヤ人の場合だ。彼は、転居先の候補にあげたコミュニティを実際に見にいくと、他にユダヤ人が暮らしているかどうかをチェックする。そして、誰もいないかあまりにも少数であれば、周囲の運動によって町から締め出されるときのことを考え、さらに別の町を探す。そうやって完全なユダヤ人のコミュニティを探しつづけるのだ。

もうひとつは、あるイタリア人の場合である。彼と仲間たちは、都市の黒人を嫌って郊外に転居した。彼らはGI Bill（復員兵援護法）のおかげで、土地と家を手に入れるというアメリカン・ドリームを実現したが、それと同時に伝統を失い、アメリカナイズしてしまったという。彼は、自分たちの文化が破壊されてしまったことを嘆いている。

こうなると50年代の楽天的なアメリカン・ファミリーのイメージは、ある種の踏み絵のようにも思えてくることだろう。

こうした郊外の人種差別やマイノリティのアイデンティティの喪失については、後の章で何度となく触れる。そのなかには、中流の白人の郊外に転居したユダヤ人家庭をブラック・ユーモアで描いたブルース・J・フリードマンの小説『スターン氏のはかない抵抗』、白人の郊外に暮らす黒人やアジア人の家庭の姿をとらえた写真も含まれるビル・オウエンズの写真集『Suburbia』、白人の郊外に転居したユダヤ人家庭の少女の体験を綴《つづ》ったノンフィクション『Grown-up Fast』などがある。

またもっと時代が進むと、黒人の立場も新たな局面を迎える。黒人たちは、中流を形成する人々と下層の生活を余儀なくされる人々に大きく二分され、中流の人々は郊外に流出し、下層の人々は都市のスラムに取り残されることになる。そうした郊外と都市をめぐる黒人の理想については、後に映画『ストレート・アウト・オブ・ブルックリン』を取り上げたところで、詳しく語ることにする。

これまで主に人種差別をめぐって郊外と都市の関係について書いてきたが、当時の白人のなかにも、郊外よりも都市を選んだり、あるいは郊外に転居したものの、都市に復帰する人々が皆無だったわけではない。

それは簡単にいってしまえば、都市と郊外、それぞれのライフスタイルの特性をどのように見るかで決まる。

第2章で引用したパーク・フォレストのコピーには、〝孤独な大都会にかわって、友情に溢《あふ》れた小さな町で〟という文句が含まれているが、都市の生活を孤独と見るか、あるいはプライバシーが保たれていると見るか。一方、郊外が友情に溢れていると見るか、プライバシーが侵害されていると見るかということである。もちろん、現実的には他にもっと微妙な要素が絡んでくるので、これを単純に判断することはできない。移動に慣れた人々が社交を技術として体得してしまえば、親密な関係というのもそれほど抵抗を感じることはないだろう。それでも、郊外の黄金時代である50年代に、郊外から都市に復帰する人々がすでに存在していた。

＊＊＊

『爆発するメトロポリス』は、『組織のなかの人間』のホワイトを含む何人かの識者が、郊外化の時代における都市の再開発の可能性について分析した結果をまとめた研究書で、ホワイトが書いている第1章「都市は反アメリカ的か」には、郊外から都市に復帰した人々の考え方について、こんな記述がある。

都市内への復帰者たちは、プライバシーの確保を喜び、そして多くの人が、社会生活が前よりずっと面白くなったと言っている。彼らはプライバシーと社会生活の両方を持つことができるのである。彼らは大学時代の旧友や若い頃会社の出張で知り合った人々とよく会えるようになった。「以前は旧友たちが町を通る時、郊外の私たちの家にも訪れるようにといっても、郊外まで出てくるのは大変なことであった」と或る重役さんは言っている。友人関係はもっと選択ができるようになり、単に近くに住んでいるからというつき合いは少なくなり、共通の興味によるつき合いが多くなる。

後に紹介する小説や映画では、夫婦のどちらか（主に妻の方だ）が、郊外よりも都会の生活を好んでいるにもかかわらず、郊外に転居してきたという家族が何度となく登場してくる。転居する彼らの言い分は、きまって〝子供たちのために〟ということだが、この「都市は反アメリカ的か」のなかには、それとはまったく対照的な両親の意見も取り上げられている。

街頭では多くの暴力沙汰《ざた》があるにもかかわらず、多くの親たちが、郊外より都市の方が子供を育てるには良い所の筈《はず》であると信じている。そしてこのことは子供のためばかりでなく、大人にも言えることである。新しい郊外のコミュニティのように、ひとつの階層だけを対象としたものではなく、有色人種、白人、老若、貧富を問わず、あらゆる人々に子供たちを接触させる機会を与え得るからである。

郊外か都市か、この問題はこれから章を追うごとに何度となく登場してくる。そのなかには、これまで明らかに都市の存在であったゲイの人々が、郊外に浸透するといった、ふたつの世界の境界線が変貌《へんぼう》するような展開も含まれている。

＊＊＊

さて、郊外のルーツを明確にする作業はこれで終わりだが、最後にささやかなおさらいの意味も込めて、もう一度『リトル・ショップ・オブ・ホラーズ』を振り返っておきたい。

ニューヨークのダウンタウンを舞台にしたこの映画が、ミュージカル仕立てということはすでに書いたが、登場人物たちの歌には、曲によって黒人女性3人組のバックコーラスが入る。さすがに白人であるオードリーが郊外で暮らす夢を見る歌には、彼女たちのコーラスは入らないが、それにしても当時の郊外と黒人という観点からみると、映画を盛り上げるための黒人女性のコーラスには、複雑な気分にならざるをえない。

しかしそれゆえに、この白人カップルには〝緑〟の罰が準備されている（と筆者には思える）。この映画に使われる曲には、緑にまつわる曲が2曲ある。ひとつはもちろん、オードリーが歌う〈緑ある所（Somewhere That's Green）〉である。そしてもうひとつは、シーモアが手に入れた悪魔的な植物が歌う〈Mean Green Mother from Outerspace〉という曲で、こちらは同じ緑でもたちの悪い《ミーン》緑だ。

緑にまつわるこのふたつの曲は、主人公のカップルの立場と共鳴している。オードリーが緑の向こう側に郊外の生活を夢見る一方、シーモアは気の弱さから、オードリーとは違う緑に魂を売り渡してでもダウンタウンから逃げ出そうとする。そんなふたりは結局、緑の怪物によってとことん痛い目に遭わされる。安易な緑の夢は緑の悪夢に変わるというわけだ。作り手にそんな深い意図があったのかは定かでないが、筆者はひねりのきいたユーモアとして楽しませてもらった。

第7章　変わりゆくアメリカの風景
――郊外の観察者ジョン・チーヴァー

これまでわずかながら映画なども引用しつつ50年代の郊外の現実を探ってきたが、この章からはいよいよ本格的に郊外を描いた小説や映画を取り上げていく。

各章は、取り上げる作家や監督の世代、作品が発表された年代、あるいは作品のなかに描かれた時代などに従って、基本的には時代の流れに沿うような構成になっている。但し、章のテーマによっては時代が前後することもある。たとえば、80年代と50年代の関係を探る第14章や、スティーヴン・キングとかデイヴィッド・リンチのように50年代にある種のこだわりを持った作家や監督を取り上げる章では、50年代が再びクローズアップされる。また、郊外の子供たちや郊外に進出するゲイをテーマにする章などでは、時代が重複しても異なった視点から郊外の世界が見えてくるのではないかと思う。

＊＊＊

この第7章ではまずひとりの作家を掘り下げる。

小説家のジョン・チーヴァーだ。チーヴァーが郊外を舞台にした短編を発表するようになったのは50年代前半のことであり、彼は小説の世界における郊外の発見者ともいえる。それまで小説の舞台といえば、都市や牧歌的な田舎町、南部などであり、郊外が舞台として選ばれることはほとんどなかった。郊外はテレビのホームドラマの舞台になるのがせいぜいで、れっきとした小説とは縁がないと思われていたのだ。チーヴァーは、一見するとありふれた幸福のイメージに塗り固められたような郊外の世界に、実はたくさんの影があり、様々なドラマがあり、微妙な感情がうごめいていることを発見した。

それだけにアメリカ文学史の本などをひもといてみると、チーヴァーについては、次の章に登場するジョン・アップダイクとともに、郊外の中流家庭を描く作家として、すでに評価が確立されている。しかし、これまで書いてきたような50年代の郊外に関する基礎知識を踏まえて彼の作品を振り返ってみると、文学的な評価とはまた違った意味で、彼が描く世界がリアルで興味深いものになるのではないかと思う。

チーヴァーの作品の舞台になるシェイディ・ヒルやブリット・パーク、メープル・デル、プロクシマイア・マナーといった郊外の町は、どれもニューヨークやボストンといった都市にある職場まで列車で通勤するような場所に位置している。これらの町は、チーヴァーが実際に暮らしていたニューヨーク郊外のスカボローやオシニングの町がモデルになっている。そうしたチーヴァー自身の郊外における生活については、また後に触れることにして、ここではまず彼がフィクションとして作り上げた町に足を踏み入れ、郊外ならではのドラマがどのようなものであるのか、少し探ってみたい。

まずは「シェイディー・ヒルの泥棒」という短編を取り上げ、タイトルにあるシェイディー・ヒル（※基本的に「シェイディ・ヒル」と表記しているが、この短編と後述の「カントリー・ハズバンド」については参照した邦訳の表記に倣った）の町を覗《のぞ》いてみることにする。主人公は妻子とともにこの町に暮らし、会社に通勤する36歳のジョニー・ヘイク。彼は会社の経営者から、欠勤を繰り返すようになった彼の上司の家に行き、首を言い渡すように命じられる。上司の家を訪ねたヘイクは、彼の優しい人柄に同情するあまり、話を切り出すことができず、自分が会社から身を引くことで上司の首をつなぐ。

当然のことながら彼は金に困る。シェイディー・ヒルのコミュニティに属している彼にはたくさんの友人がいる。しかし彼は、借金を頼んだりすれば友人を失うことになると考える。

なぜなら、第4章で書いたように、生活の後退がコミュニティのなかで公になるということは、「彼らを一つの生活様式からほっぽりだしかねない」からだ。郊外の世界は、普段はそれぞれの家庭が外の世界よりもはるかに密接に結びついているが、生活の後退に対しては寛容ではないのだ。

そんなわけで彼は、金の悩みを胸のなかにしまったまま、いつものように妻と近所のウォーバートン家のパーティに行く。そして、そこでウォーバートン夫人から聞いた話が頭に焼きついてしまう。彼女の夫のカールは、外出するときにいつも何千ドルも持ち歩いているというのだ。

読者はここで、ヘイクがカールのあとをつけ、暗闇で襲いかかって金を奪うというようなことを想像するかもしれない。しかし郊外の世界に属していれば、問題は心を決めることであって、行動するのはそれほど難しいことではない。

その晩、夜中の3時に目を覚ましたヘイクは、ウォーバートン家に忍び込み、カールの財布を持ち去る。それはあまりにも簡単なことだった。シェイディー・ヒルのようなコミュニティでは、夜中にわざわざ戸締りをする家はなく、しかも社交パーティが習慣になっているため、隣人の家のなかのことは誰もがよく知っている。だから暗闇でも、隣人の家のどこに何があるのかよくわきまえていて、音をたてずに歩き回ることができる。しかも、ウォーバートン家に忍び込んだヘイクを迎えたのは、家に飼われている犬だったが、その犬はヘイクを見ておとなしく自分の小屋に戻っていくというわけだ。

チーヴァーの短編は、こんなふうにささやかな（この短編の場合は、比較的深刻だが）出来事がきっかけになって、主人公が自己を見直したり、馴《な》れ親しんだ世界を異なる視点で見るようになるといった展開が少なくない。そして、どこかにいつもユーモアが漂っている。

ヘイクは、郊外のコミュニティを支える不文律を破ってしまったことで罪悪感に苛《さいな》まれたり、都会で頻繁に起こる強盗の記事を読んで自分の行為をありふれたこととして正当化しようとする。やがて盗むという言葉を聞くと顔に痙攣《けいれん》が起きるようになる。しかし一方では、盗むことに好奇心を抱き、町の人間に出会うとその家の内部のことをあれこれ考えてしまう。そんなある晩、真夜中に別の家に忍び込もうと夜道を歩いているときに、雨が降り始める。彼は、雨に濡《ぬ》れながら自分の姿を思い描き、笑い出してしまう。そして夢から覚めたように、そのまま家に帰っていく。

物語の結末も郊外の世界ならではといっていいだろう。ヘイクは、彼がかばった上司から会社の経営者が死にかけていることを伝えられ、仕事に復帰することになり、金の都合もつく。その晩、町の最後の明かりが消えた後で、彼はこっそりウォーバートン家に忍び込み、金が入った封筒を置いてくる。家を出たところで彼は警官に呼び止められ、何をしているのかと質問される。彼は犬を散歩させていると答えて、犬の名前を呼ぶ。犬の姿はどこにも見当たらないが、警官がシェイディー・ヒルの住人のことを疑うはずもない。

真夜中に隣人の家のなかを歩き回る主人公ヘイク。郊外では、コミュニティの不文律から逸脱すると、奇妙な世界に迷い込むことにもなるのだ。

それでは今度は、チーヴァーの初期の短編の代表作といわれる「カントリー・ハズバンド」を取り上げてみよう。

主人公は、やはり妻子とシェイディー・ヒルに暮らすフランシス・ウィードだ。物語は、彼が出張の帰りにミネアポリスから乗った飛行機が、悪天候のために不時着を試みるところから始まる。旅客機は不時着に成功し、彼は列車でシェイディー・ヒルに戻ってくる。新聞が伝えるよりも速く移動してきた彼は、帰宅すると家族に真っ先に事故で死にかけたことを話そうとする。ところが家族は、誰ひとりとして彼の話に耳を貸そうとはしない。

その事故の翌日、ウィード夫妻は、近所で親しくしているファーカーソン家のパーティに行く。フランシスはその家の新しいメイドに見覚えがあった。大戦が終わろうとするころ、フランスにいた彼は、彼女がドイツ人の司令官と暮らしていたために髪を剃《そ》られ、裸にされ、恥辱を加えられる光景を思い出した。そしてパーティの雰囲気のなかで、戦争、すなわち死や拷問といったものが隣り合わせにある世界が遠い昔のことで、誰かに話すことはできないと思う。
もしそんな話題を夕食の席で持ち出したりしたら、社交上の過ちばかりか、人間としての過ちまでもおかすことになっただろう。ファーカーソン家の居間にいる人々は、過去など存在せず、戦争も存在せず、世界には危険もトラブルもないという暗黙の了解のもとに結束しているように見えた。

この作品は短編とはいえけっこうな長さがあり、これはその冒頭のささやかなエピソードに過ぎないが、主人公が自分と郊外の関係を見直すきっかけになる出来事として興味深い。第6章で、共通の価値観や理想を持った人々が集まって作り上げるコミュニティでは、彼らの価値観に反するものは忘れ去られ、世界に存在しないものになるといったことを書いたが、これはそのことを思い出させるエピソードだ。そして、フランシスが戦争体験の話（それは不時着の話とも結びつけられる）をしたとしたら、『組織のなかの人間』でパーク・フォレストの住人たちが黒人の入来をめぐる討論で傷ついたように、隣人たちを傷つけることになったことだろう。しかし、そのことに気づいてしまった当のフランシスは、それと同時に彼の記憶と感情の扉が開いてしまう。そして、周囲を見る彼の眼差《まなざ》しが変化していくのだが、その後の展開についてはまた後で触れることにしたい。

＊＊＊

こうした郊外の世界をめぐる視点やドラマは、ホワイトのように郊外に関心を持った学者でもない限り、外の世界からの観察で浮かび上がってくることはないだろう。実際、ジョン・チーヴァーは50年代が始まったころに、大都会ニューヨークから郊外に転居し、郊外の世界の観察者になった。

それではチーヴァーは、どのようにして郊外の世界と出会うことになったのだろうか。チーヴァーの娘で、作家でもあるスーザン・チーヴァーの『Home Before Dark』は、娘の目から見た父親についての回想録であり、ジョン・チーヴァーと郊外の出会いを知るうえでとても参考になる。

ニューヨークに暮らしていたチーヴァーが家族とともに郊外に転居したのは１９５１年のこと。チーヴァーは１９１２年生まれだから、もうすぐ40歳になろうかという時期のことだ。彼は「ニューヨーカー」誌に作品を発表する作家ではあったが、当時の生活はまだ決して楽とはいえなかった。

郊外に転居する前にチーヴァー一家が暮らしていたのは、ニューヨークの東59丁目400番地にあるアパートで、道を隔てた向かいには、クイーンズボロ橋がかかっていた。スーザンによればここの暮らしは、橋の往来による賑《にぎ》やかさはかなりのものだったが、コンサートやスポーツの試合、芝居、そしてセントラルパークの動物園など、楽しい毎日だったようだ。

しかし、1948年にスーザンの弟ベンが生まれたことで、生活がたいへんになってきた。スーザンによれば、「アパートが突然狭くなったようで、しかも橋が以前にも増して騒々しくなった」ということだ。そして最終的には、その橋の騒音があまりにもひどいために、1951年に郊外に転居することになった。

チーヴァーが家族とともに移ったのは、ニューヨークの都心からクルマで30分ほどの距離にある郊外の町スカボローだった。そこに住んでいるチーヴァーの友人が近くに家を建てたため、チーヴァーが前の家を借りることになったのだ。チーヴァー一家の新居は、小さな白い家で、芝生と木々に囲まれ、プールもあった。

というように、チーヴァーは作家というよりは一家の主として、生活の必要に迫られて郊外へと転居した。そしてスーザンは、スカボローのコミュニティに溶け込んでいく両親の姿をこんなふうに綴《つづ》っている。

スカボローでわたしの両親は、楽天的な若い夫婦たちに囲まれていた。そこには、両親と同じ時期に郊外に引っ越したむかしからの友達もいれば、ＰＴＡや婦人有権者連盟の会合で知り合った新しい友達もいた。（中略）そして、カクテル・パーティ、ディナー・パーティ、誰もがジルバを踊り、わたしの父は、わが家の中古の小型ピアノでブギウギが弾けるようになった。母は婦人有権者連盟に参加し、父は有志の消防団に入った。作家だということで、消防団の幹事に推された。友人や近所の人たちが、一杯やるために立ち寄ったり、昼食や夕食をともにすることも珍しくなかった。ほとんどの人が煙草を吸い、誰もがきついお酒を飲んでいた。

そんなふうにしてチーヴァーは、50年代初頭という郊外が発展していく時期に、郊外居住者の仲間入りを果たした。このスーザンの言葉から察すると、チーヴァー夫妻もまた一般の家庭と同じように、郊外のライフスタイルを享受していたようだが、チーヴァーが一家の主ではなく作家として郊外の世界に関心を寄せるようになるまでには、それほど時間を必要としなかったのではないかと思う。

というのも郊外の世界では、そのライフスタイルやコミュニティの不文律、家庭における役割などによって、人々がその世界の一面しか見えない、あるいは見ないようになっている。

その最も端的な例は、普通の家庭では夫が朝、出勤して夕方まで戻ってこないということだろう。ホワイトの『組織のなかの人間』のなかにこんなエピソードがある。彼がインタビューのために昼間に家庭訪問した家に、夫が帰宅すると同時に電話がかかり、女の声がこういった「あなたが知っておくべきことがあります。今日の午後、一人の男がお宅にうかがい、あなたの奥さんと三時間一緒でしたよ」。そしてホワイトはこんなふうにつづける。

配達人かお医者さんか、何かそんな人でないかぎり、昼間、郊外に入っていくと、女連中をして何かトラブルがやってきたと感じさせかねないのであり、彼女たちの防御本能が前面に出てくる——芝生に腰をおろした一群の奥さん連中がおしゃべりに花を咲かせている傍らを通ってみたまえ、彼女たちの不審の眼を非常に強く感じることだろう。

もちろん、作家としてコミュニティに受け入れられているチーヴァーの場合には、昼間に外をうろついていても問題はない。彼には、普通の夫には見えない世界も見えてくるだろうし、妻や子供の視点に立ってこの世界を見ることも可能になるだろう。彼は、コミュニティの目に見えない境界を自由に往復することができた。そして、快適な環境、パーティや様々な会合など楽しさに満ちあふれた世界に、存在しないはずの影があり、世界が明るく見えれば見えるほど、影の部分の闇も深いと感じたことだろう。スーザンは、郊外の世界を見つめる小説家チーヴァーの姿をこんなふうに綴っている。

父にとって人生とは耐えがたいものであるか理解しがたいものであるかのどちらかだった。父は、郊外の女性たちが毎日、クルマで夫を駅まで送っていく姿を目にした。彼女たちは、ねまきにコートをはおった天使たちの一団であることもあったし、愛用のステーションワゴンを運転しながら、小言を言ったり金切り声をあげる復讐の女神たち《フューリーズ》になることもあった。父は、男たちが電車で帰宅する姿を目にした。彼らは、良識ある立派な紳士であることもあったし、自分で犯した好色な過ちの責任逃れをする放蕩《ほうとう》な敗者でもあった。郊外のパーティの明かりや音楽が、美男美女が交際を楽しむ華やかな家からこぼれてくることもあれば、パーティが、不義を重ねるゴルファーと浮気性の妻たちのグロテスクな時間になることもあった。父は、友人や隣人が、自分たちのためにあまりに念入りに作りあげてしまった快適な生活が、古代人の本能的な欲望を退けるのに効果のない防壁であることを十分に心得ていた。そんな本能が、男と女を駆りたて、彼らは、自分自身の欲望という岩にぶつかって叫び声をあげるのだ。この時代に彼が書いた小説は、ディテール、喜び、不安などがあまりにもリアルに伝わってくるために、長いあいだ、それが彼の作品のすべてであるかのように、人々の脳裏に焼きついていた。

作家として39歳の時点ですでに20年以上のキャリアがあったチーヴァーは、こうして郊外との出会いによって〝自分の場所〟を見出《みいだ》す。彼は、56年から57年にかけて家族とともにイタリアで暮らした時期を除いて、50年代をスカボローで過ごし、61年には2、3マイル北にあるオシニングに移り、郊外の世界を見つめつづける。スカボローやオシニングをモデルにした彼の短編には、郊外における彼の体験が投影されているに違いない。

＊＊＊

それではチーヴァー自身の郊外の生活が明らかになってきたところで、あらためて彼の短編を振り返ってみることにしよう。

まずは先ほど取り上げた「カントリー・ハズバンド」の主人公フランシスのことを思い出していただきたい。隣人のパーティで「人間としての過ち」を犯しかけ、コミュニティのなかの暗黙の了解が作り上げる平穏な日常に気づいてしまった彼は、忘れ去っていた過去や自分の率直な感情に目覚めてしまう。

パーティから戻ったフランシスは、ベビーシッターがいつもの年取ったヘンライン夫人ではなく、若い娘だったことに驚き、その娘アンに恋をしてしまう。暗黙の了解に支配された世界のなかで彼は、彼女に自分を解放してくれるような救いを見出す。その一方では、偶然に出会った町の古株であるライトソン夫人に失礼な態度をとってしまう。そしてフランシスはこんなふうに思う。

この前、誰かに対して意図的に非礼な振る舞いをしたことで愉しい思いをしてから、何年が経過しただろうと思うと、彼はふと正気に戻った。彼の友人や隣人の中には立派な、才能ある人々もいたが（そのことに間違いはない）、しかし大半は退屈きわまりない阿呆だった。そして彼は、これまでずっと全員の話に同じ注意深さを持って耳を傾けるという愚を犯してきた。

自分を取り戻したかのようにふるまうフランシスだったが、同じ町に住む若者クレイトン・トーマスとの対話が、彼の感情に波紋を広げていく。クレイトンの父親は戦死し、彼の家はシェイディー・ヒルで唯一の母子家庭だった。クレイトンは大学に通っていたが、以前に盗みの問題を起こし、しばらくカリフォルニアで暮らしていた。そのクレイトンとフランシス、妻のジュリアのあいだでこんな会話が交わされる。

「いつ大学に戻るんだね、クレイトン？」とフランシスが尋ねた。

「大学に戻るつもりはありません」とクレイトンは言った。「母にはお金がありませんし、今さらあれこれ見かけを繕っても無意味です。ぼくは仕事を見つけますし、家が売れたら、二人でニューヨークに行ってアパートメントを借ります」

「シェイディー・ヒルを去るのは寂しくない？」とジュリアが尋ねた。

「いいえ」とクレイトンは言った。「ここは好きになれません」

「どうしてかね？」とフランシスが尋ねた。

「そうですね、ここにはぼくが受け入れがたいものがいっぱいあります」クレイトンは生真面目な声で言った。「クラブでのダンスみたいなものです。先週の土曜日の夜、終わり頃にちょっと顔を出したのですが、そこでミスタ・グラナーがミセス・マイノットをトロフィー・ケースに無理矢理押し込もうとしているのを目にしました。二人とも泥酔していました。ぼくは過度の飲酒みたいなのが好きじゃないんです」

「まあ、土曜日の夜だからね」とフランシスは言った。

「そしてすべての平和な鳩小屋はまがい物です」とクレイトンは言った。「人々が自らの人生をがらくたで埋めている、そのやり方。ぼくはそのことについてずいぶん考えてきました。そしてシェイディー・ヒルにとって本当にまずいのは、そこには未来がないように思えることです。その場所を無疵のものとするために、あまりに多くのエネルギーが費やされています。好ましくないものを排除するとか、そういうことです。みんなが抱いている未来の姿といえば、もっともっと通勤電車に乗ってもっとたくさんパーティーを開いて、というようなことでしかありません。それが健康的なことだとはぼくには思えません。人は未来についてもっと豊かな夢を夢見るべきです。大きな夢を心に抱けるというのが大事なことです」

しかもフランシスは、クレイトンがベビーシッターのアンと婚約していることを知らされる。ショックを受けた彼は、自分を取り戻すどころか、自分の居場所を見失っていく。過去や未来、夢や欲望、若さと喪失など、フランシスのなかで交錯する様々な感情が、気づかぬうちに彼をコミュニティの異分子に追いやっていくのだ。シェイディー・ヒルを牛耳るライトソン夫人は、彼をパーティからつまはじきにし、子供たちも仲間はずれにされる。夫に対する妻の恨みも吹き出してくる。追い詰められた彼は、精神科医のところに飛び込み、治療法として木工を勧められる。

彼は結局、木工の作業のなかに慰め、ささやかな幸福を見出す。飛行機事故で自分の命が危険にさらされるよりも、郊外のコミュニティのなかで孤立するというもっと恐ろしい体験を経て、フランシスは平和なコミュニティに復帰するというわけだ。

本書の第2章で、50年代の郊外化の背景には、政治や核の脅威から逃避しようとする大衆の感情も働いていると書いたが、次に取り上げる短編「ライソン夫妻の秘密」からは、そんな背景も浮かび上がってくる。舞台は同じくシェイディ・ヒルで、主人公のライソン夫妻が郊外の理想を追求することを唯一の生きがいにしているようなカップルであることは、作品の冒頭だけでもよくわかる。

ライソン夫妻は、郊外住宅地シェイディ・ヒルのもろもろのことがいつもきちんとしていることを望んでいた。彼らは変化を、秩序が少しでも乱れることをひどくおそれていた。ラーキン家の土地が養老院に売却されたときなどライソン夫妻は町議会まで出かけていき、どんな老人が入居してくるのか説明を求めた。ライソン夫妻の公的活動は地域美化の問題に限られていたが、この問題に関してだけは彼らは実に積極的だった。(中略)たしかに誰でも自分の住む町のよさは保っておきたいと思うものだが、ライソン夫妻の場合は少し度が過ぎていた。

彼らは、「庭のバラをダメにしたり不動産価値を損ねたりする始末に負えない子供たちの父親」などがいないかどうか、町のなかで目を光らせているような夫婦だ。新しい郊外では、個人や家庭の問題が共同体全体の価値観を揺るがしかねないということはすでに触れた通りだが、彼らはそれを象徴するような人物ということになる。前に取り上げた２本の短編の主人公は、郊外の秩序から逸脱しかかる人物だったが、彼らはあくまで秩序を守ろうとする立場にある。

ところで、ライソン夫人は奇妙な夢を見ることがある。

　彼女は月に一度か二度、敵か、運の悪いアメリカ人のパイロットか誰かが水爆を爆発させてしまう夢を見た。昼間の明るい光のなかにいるときは、自分がどうしてそんな夢を見るのか、彼女には理解できなかった。その夢は、日常的な彼女の家の庭とも、彼女が町の秩序に神経質になっていることとも、快適な暮らしとも関係がなかったからだ。

これは郊外の明るい世界と影の部分のコントラストが浮かび上がる文章だ。

ライソン夫妻は、郊外の外見には一生懸命になって気を配っているが、内側のことを忘れている。ふたりは文化的な活動にはいっさい加わらないし、家には読むべき本もない。要するに中身が空っぽなのだ。そこで、外見にこだわればこだわるほど、意識的であるにせよ無意識にせよ、内面の空白を埋めようとする力が働くのではないかと思う。ライソン夫人の場合には、無意識のなかにある不安が、空洞に広がり、夢のなかに具現化される。

彼女の夢の結末は、いささか皮肉な表現のようにも思えるが、このように締めくくられる。

シェイディ・ヒルでの彼女の穏やかな生活は、単なる一時的な気休めでしかないことを、彼女はあたかも以前からずっと気づいていたかのように、目の前の光景を見続ける。

こうした展開は深刻な話を思わせるが、チーヴァーはそこから奇妙なユーモアを生み出す。夫のドナルドはライソン夫人と違って、意識的に内なる空洞を埋めている。空洞を埋めるのはノスタルジーである。彼にとって少年時代の唯一の幸福な思い出は、母親の作るケーキだった。そこで一年に一度くらいの割合で、妻が眠っている間にひとりでケーキを作り、ノスタルジーに浸っていたのだ。

ところがある晩、水爆の悪夢とケーキの思い出が重なってしまう。夢から覚めた夫人は、ケーキがこげて出た煙を死の灰だと思い込む。その誤解はすぐにとけるが、「彼らは以前にもまして人生がわからなくなっていた。そして以前にもまして外見をきちんとすることに努力しようと思っていた」という結びは、皮肉なようでもあり、またもの悲しくもあり、不思議な余韻を漂わせる。

郊外を舞台にしたチーヴァーの短編は数多いが、最後にもう一本、「ジャスティーナの死」という作品を取り上げてみたい。

土地利用規制法（ゾーニング）については、第6章で人種差別に利用されたと書いた。あの場合は、この法律を使って敷地面積をある程度以上の広さに定め、低所得者層が郊外に入ってくることを阻止したということだが、「ジャスティーナの死」では、この土地利用規制法が人種差別ではなく死と結びつくかたちで物語に盛り込まれ、郊外居住者である主人公が皮肉なしっぺ返しを食らうことになる。

舞台はシェイディ・ヒルからプロクシマイア・マナーに変わる。

タイトルにあるジャスティーナは、主人公モーゼスの妻の年老いた従姉妹《いとこ》である。80歳になろうとしていた彼女は、主人公の家に滞在している間に亡くなってしまう。モーゼスは医師に連絡するが、モーゼスの家があるB地区ではジャスティーナの死亡証明書を書くことができないという。ここで土地利用規制法が問題になる。2年前にそのB地区の屋敷を買った新しい住人が、そこを葬儀会社にしようとしたところが、異質なものが入り込むことに神経質な町の議会が、あわてて強引な条例を作ってしまった。その結果としてこのB地区では、葬儀場を作れないばかりか、埋葬もできないし、死ぬこともできないことになっていたのだ。だからジャスティーナが間違いなく死亡していても、彼女をB地区から運び出すか、この法律に対する例外措置を講じない限り、彼女は死んだことにはならない。これが主人公モーゼスへの皮肉なしっぺ返しだ。町長にかけあいに行ったモーゼスに、町長はこう語る。

「いいかね、もし議会のひとりでもこの法律に例外を認めたとしよう。そうしたら私は、いまここできみがガレージにサロンを開くことを許可することだって出来るんだ。ネオンをつけて楽団を雇い、それでわれわれがこれまで必死に守ってきたこの地域の人間関係はめちゃめちゃになる。変な奴が入ってくるし、地価だって下がる」

唐突にこんなエピソードを目にしたら、現実離れした茶番劇のように思えるところだが、「世界には危険もトラブルもないという暗黙の了解のもとに結束している」人々や水爆の不安を遠ざけようと秩序を守るのにやっきになる夫人のことを考えると、いかにもありそうな話に思えてくる。

要するに、住人たちが自分たちの楽園から締め出したいものを突き詰めれば、それは死に対する不安や恐怖なのだ。そんな世界のなかに、突然、死を生々しく具体化し、象徴する葬儀場が作られるということになれば、人々はヒステリックになることだろう。まさにひとつの屋敷、ひとりの住人の問題は、共同体全体の問題なのだ。

この短編は、このエピソードだけでも郊外の土地利用規制法をめぐる皮肉なドラマとして興味深いが、チーヴァーはこのエピソードをさらに、閉鎖的な郊外よりももっとはるかに広い視野のなかに放り出してみせる。モーゼスは、彼の前に広がる世界を目にしながら、郊外から遠く隔たった過去、歴史に思いをはせる。

私は、比喩《ひゆ》的にいうと、はじめてアメリカ大陸に着いたピルグリム・ファーザーズのように、濡れた片足をプリマスの岩の上に乗せて立ち、彼らが見た、手ごわい、挑みかかるような荒野のかわりに、中途半端な文明の風景をじっくりと眺めているようなものだ。父が新しい世界を打ち立てようと旧大陸を捨てたのがつい昨日のことのように思われたにもかかわらず、私は魂から若々しい力が失せていくのを感じた。そして私はこの国を素晴らしい国と思わせた旧大陸のさまざまな過去を思ってみた。カラブリアという残酷な町と残酷な貴族、ダブリン北西部の荒地、ゲットー、独裁者、娼婦《しょうふ》の家、パンを買うための行列、子どもたちの墓、耐えがたい飢え、堕落、絶望……いま高台の上に見えるかすかな柔らかい光は、そうしたものが生みだしたものなのだ。これはつまらないものに見えるかもしれないが、生活という民族大移動につながっているのだ。

チーヴァーは、主人公モーゼスを通してアメリカの歴史をさかのぼり、先人たちの歩みを見直し、フロンティアの先端に郊外の世界を置いてみる。郊外の世界を新しいフロンティアのようにも見ることができることはすでに書いたが、郊外が過去を切り捨てるように発展してきただけに、あらためて振り返ると、これまでのフロンティアとの間に、もはや埋めようがない溝があるように思えてくる。

人々は、自由や希望を求めて最終的に郊外の世界にたどり着いたのだが、そこは果たして理想の楽園だったのだろうか。死んでも死んだことにはならないというのは、何とも皮肉な〝天国〟の光景ではないだろうか。

こんなふうに見てくると、郊外はその向こう側とか出口といったものが見当たらないフロンティアの行き止まりを思わせる。そして、出口がないだけに、人々は何かを切り拓《ひら》いていくのではなく、ささやかな土地から自分たちの理想と相容《あいい》れないものを必死になって締め出そうとするのだ。

＊＊＊

チーヴァーはたくさんの短編以外に、決して数は多くないが、何本かの長編を発表している。この章の「変わりゆくアメリカの風景」というタイトルは、短編からそのイメージを感じ取ることもできないではないが、どちらかといえば長編の方を意識してつけたものである。チーヴァーは本質的には間違いなく短編の作家だと思うが、こうしてチーヴァーを掘り下げる章の最後に、彼の長編を取り上げるのは、作品の質を云々《うんぬん》するというよりも、郊外をめぐる〝変わりゆくアメリカの風景〟が興味深いからである。

ここで取り上げるのは、チーヴァーの最初の3本の長編、『ワップショット家の人びと』（1957）、『ワップショット家の醜聞』（1964）、『ブリット・パーク』（1969）である。1作目と2作目は、タイトルからもわかるように、物語につながりがある。『ブリット・パーク』は、登場人物など前2作と何ら関係がないが、後に触れるように「変わりゆく風景」というテーマで登場人物たちの世代を対比してみることができる。ここではそんなふうに、3本の長編を3世代にわたる物語として読んでみたいと思う。

＊＊＊

『ワップショット家の人びと』は、変わりゆくアメリカの風景というテーマに則していえば、〝消えゆくアメリカの風景〟の物語である。

舞台となるのは、マサチューセッツ州にあるセント・ボトルフスという田舎町、川沿いの古い港町だ。この町が人々で賑わっていたのは南北戦争があった１８６０年代のことで、いまでは人口も減少し、独立記念日などには賑わいを取り戻すこともあるが、明らかに寂れつつある。主人公であるワップショット家の人々の祖先がこの町に住みついたのは17世紀のことだった。以来、一族はこの町に住みつづけ、現在に至っている。

この小説の主人公は、ここで取り上げる３本の長編を３世代の物語と見る場合には、１代目にあたる父親のリアンダー・ワップショットと、２代目になる息子のモウジスとカヴァリである。リアンダーは、川を往来するおんぼろ蒸気船の船長である。

この小説では、物語の語り手が「私たちは今ここで大都市の文化生活を取り上げているのではなく、年々人口が減ってゆく古い港町での生活について語っている」というように、主に牧歌的な田舎町の生活風景が綴られていく。しかも、一族代々の生活を記録したリアンダーの手記なども盛り込まれ、過去や歴史が振り返られる。リアンダー自身が町とともに、歴史や失われるものを代表しているのだ。

この小説が発表されたのは1957年のことだが、50年代に入って郊外に転居し、郊外を舞台にした短編を次々に発表してきたチーヴァーが、このような内容の長編を発表するのも頷《うなず》けるような気がする。郊外を舞台にした短編の主人公たちは、ふとしたことから自分の過去や歴史を振り返ることになるが、チーヴァー自身もまた、郊外の生活のなかで自分の過去や歴史を振り返るようになったのではないだろうか。実際この小説には、チーヴァーの父親や叔父《おじ》の日記をもとに書いた部分があるという。

しかし、物語が過去への郷愁だけで終わるわけではない。2代目にあたるモウジスとカヴアリは、田舎町の単調な生活を捨て、希望を胸にニューヨークやワシントンといった大都会に旅立っていく。そこで、このふたりが自分という個人をどのように位置づけているのかがわかる文章を引用しておこう。これは実は、2作目の『ワップショット家の醜聞』からの引用だが、ふたりの少年時代のことがこんなふうに綴られている。

二人は、運動場のこちら側から向こう側へ名字をどなっていれば家名は不滅性を与えられるとでも思っているかのように、互いに大声で声援の言葉をかけ合う。

ふたりはそんな気持ちで都会に出ていくのだ。カヴァリはニューヨークに暮らすおばさんを訪ね、仕事にありつこうと思う。縁故の力ですぐに仕事につけると思ったカヴァリだったが、親戚《しんせき》の人間から精神科医の面接を受けるようにいわれる。カヴァリと医師の間には、こんなやりとりがある。

カヴァリがいった、「セント・ボトルフスからきました。それがどこか、知っておられるはずだと思います。ワップショット家の人間はみんなそこに住んでいます。ぼくの曾祖父は、ベンジャミン・ワップショットといいました。祖父はアーロン。母方の姓はカヴァリで……」

「私はきみの家系より」医師がいった、「きみの感情の組織要因のほうにより関心があるんだ」

結局、正直者のカヴァリは、同性に対する関心や奇妙な夢の内容を素直に話したところ、縁故があるにもかかわらず面接で落とされてしまう。家名や地域的なつながりがものをいう時代が終わり、組織と郊外の時代がやってきたことはすでに書いたが、これはそれを思い出させる会話である。そして、カヴァリとモウジスは、過去の世界を振り返る間もなく、組織のなかに取り込まれていく。小説の終盤には、都会につづいて郊外を思わせる風景も見えてくるが、それは2作目の方で触れることにする。

この小説は、リアンダーの死で幕を下ろすが、彼の死はまさに消えゆくアメリカの風景を象徴しているといっていいだろう。

1964年に発表された続編ともいえる『ワップショット家の醜聞』では、成長したカヴァリやモウジスの世代が主人公になる。ふたりとも結婚し、ともに小さな男の子がいる。セント・ボトルフスの町も出てくるが、中心となる舞台は変わり、風景もがらりと変わっている。28歳のカヴァリはミサイル発射場に勤め、その基地に隣接した住宅に暮らし、モウジスはいかがわしい仲介会社に勤め、彼の一家は「ジャスティーナの死」の舞台と同じプロクシマイア・マナーに暮らしている。

この小説には、郊外を舞台にしたチーヴァーの短編の世界がある一方で、コンピュータや宇宙開発、ミサイルなど、テクノロジーが変える世界が広がっていく。一見平穏な郊外の世界に暮らす人々は、歴史や伝統を失い、急激な変化を遂げていく社会に包囲され、自分がよってたつ精神的な支柱を失いつつある。

この小説で中心的なキャラクターになるのは、カヴァリと、モウジスの妻メリサだが、ここでは郊外の主婦であるメリサとその周辺に注目してみたい。プロクシマイア・マナーに暮らす彼女は、ちょっと家に立ち寄った隣人ローラの言葉に愕然《がくぜん》とする。

「わたしがあなたに知らせたかったのは」ローラがいった、「ガートルード・ロックハートが淫乱女だということなの」部屋の向こう側でシェリイを注いでいたメリサは、その言葉を聞いて、あまりにも無神経な表現なので、自分の聞き違いではあるまいか、と考えた。あのような知らせを家から家へと告げていくことなど、ありうるものなのだろうか？　彼女は、自分が住んでいる社会の実際の性格や意図について、一度として確信をもつことができなかった——すべてがきわめて実験的なのだから、もちうるはずがない——が、この社会は、本当にこのような一面をそなえているのだろうか？

筆者はこの引用の後半部分がとても印象に残っている。チーヴァーがこれをどのような意図で書いたのかはわからないが、この文章からは連想が広がる。

第6章までに書いたように、郊外の世界は、戦後の状況から生まれた様々な事情がある意味では偶然に、しかも見事に組み合わさって確固たるイメージを作り上げてしまったわけだが、そのイメージに具体的な理想や明確な方向性が投影されているかといえば、これはひどく心もとない。要するに、抽象的な幸福のベールの向こう側には、確固たる支柱が見当たらないのだ。そんなふうに考えたとき、「自分が住んでいる社会の実際の性格や意図について、一度として確信をもつことができなかった」という言葉には、非常に説得力があると思う。また「実験的」という言葉は、次の章で取り上げるアップダイクの『カップルズ』を連想させるものがある。詳しくは次の章にゆずるが、『カップルズ』には郊外という容器に10組の夫婦を放り込み、その化学反応を見つめるような視点を感じるからだ。話はメリサの世界に戻るが、淫乱と噂されたロックハート夫人もまた、自分の世界に支柱がないことを肌で感じているような人物だった。そして、そういう人々はひとつ生活の歯車が狂うことで崩壊していってしまう。

彼女の転落は、昔もいまも変わらない欲望のせいではなくて、例年になく寒さのきびしい冬に、彼女たちの家から下水処理タンクに通じる地下施設管が凍りついたことが、そもそもの始まりであった。

彼女は家の設備の故障に過敏になり、しだいに「酒浸りと淫乱に」追い込まれ、「自分が退化した無益な存在」だと思い込み、最後にはガレージで自殺してしまう。「(彼女は) 律法がなく預言者もいない世界を悲しんで泣いた」という表現もあるが、これは支柱のない世界の悲劇といっていいだろう。

そしてメリサもまた、ロックハート夫人と同じではないかという不安に苛まれつつも、食料品店の配達係の若者エミールに惹《ひ》かれていく。変わりゆく風景というテーマに則していえば、チーヴァーはこのエミールを、社会の変貌から生まれた新しい風景の産物のように描写している。それはエミールが同じ高校に通うガールフレンドとドライブインシアターにいる場面から浮かび上がってくる。

その高速道路のクローバーの葉の形のインターチェンジと周辺の見事に設計、造園された緩斜面は、緑のスポーツ公園、バラ園、家畜小屋、農場、牧草地、鱒《ます》釣り場の川、森林、入植者の自作農場、過去の黄金時代の教会などを呑《の》み込んでできたものである。

彼が裸に近い姿で車の後部座席に座っているのは、高速道路の下に埋もれているバラ園やスポーツ公園が復讐しているかのように、彼が踊る音楽や見る映画が、心とのつながりがますます薄れて、露骨なセックスが主題になっていることで、説明がつくかもしれない。

カヴァリやモウジス、メリサは、消えゆく風景を記憶にとどめる世代だが、エミールは彼らよりもさらに新しい世代に属している若者だ。彼は高速道路の下に埋もれたものの感触をほとんど知らないが、それでも急激に変貌を遂げていく風景のなかで、変わらないものの存在に何かを感じる目を持っている。彼は、メリサとボストンで落ち合った後、彼女と別々の車両でプロクシマイア・マナーに戻る間に、ある郊外住宅地の風景を目にする。

ボストンの南のどこかで、列車が郊外住宅区域のそばを通った。家はみんな新しく、設計者と庭師がそこここに変化をつけてはいるが、結果的にはたいへん単調であった。彼の興味をひいたのは、開発区域のまん中にそびえている無色の大きなかたまりのような醜い花崗岩《かこうがん》の崖《がけ》であった。道路は、多額の費用をかけてあれを一周しなければならない。家の土台を支えるのには、斜面が急すぎる。その無用の長物が、片意地に強情を張って勝ち誇っているように見えた。見渡すかぎり、変化に屈服していないのはその岩山だけであった。ダイナマイトで崩すことはできない。砕いて細かくした石を運び去るわけにもいかない。その岩山は、無益であり、無敵である。彼と同じ年頃の男の子たちがその急な斜面を登っており、あれが彼らの最後の逃げ場なのだろう、と彼は思った。

これも小説のなかで非常に印象に残った部分だ。この唯一変化に屈服していない岩山は、メリサの引用における〝確信〟やロックハート夫人の〝律法〟や〝預言者〟といった言葉と呼応しているのではないかと思う。もちろん岩山自体は、高速道路に呑み込まれた「過去の黄金時代の教会」などに比べれば無益なものかもしれないが、中心とか支柱といったものを失って、まったく方向性を持つことなく均質化していく社会のなかでは、変化を拒むというただそれだけのことが大きな求心力を生み出すようにも思える。

郊外を舞台にしたチーヴァーの短編では、住人である主人公の視野がある程度限られるが、長編では視野が広がり、風景の変化を通して異なる角度から郊外が見えてくるところが興味深い。

＊＊＊

最後に取り上げる『ブリット・パーク』は、前2作とは違い、あくまで独立した作品である。しかしながら、主人公の世代や設定を考えると、前2作と結びつけて読むことができる。

この作品でまず中心的なキャラクターとなるのは、タイトルになっているブリット・パークという郊外の町で家族と暮らす42歳の父親ネイルズと10代後半にさしかかった彼のひとり息子トニーである。ネイルズに関していえば、彼は、前作で20代後半という設定になっていたカヴァリやモウジスの十数年後の姿と見ることができる。

69年に発表されたこの作品を読み出して、冒頭の部分でまず感じることは、少しおかしな表現だが、郊外はもはやチーヴァーだけの世界ではないということだ。60年代という若者たちの反抗の時代に、郊外が標的になったであろうことは容易に想像できるが、この作品の冒頭はそんな時代の空気が反映されている。ブリット・パークにあるパウダー・ヒルという丘の風景はこんなふうに描写されているのだ。

パウダー・ヒルの明かりがきらめき、煙突が煙をふき、ピンク色の優雅な便器おおいが物干し綱ではためいた。非現実的な距離をおいて見ている激しい不満にみちた思春期の若者の目には、その一枚の布が、女房を交換したり、ユダヤ人いじめをしたり、アルコールのとりこになっている大ぜいの精神的破産者が、しかつめらしく上べを装う生活を、世間の目からさえぎる丘、ゴルフ場を見下ろすパウダー・ヒルに与えられた認可、報償、栄誉、表象と映るに違いない。みんなくたばってしまえばいいんだ、若者が思う。（中略）やつらの偽善、もったいぶった物の言い方、クレジット・カード、人間精神の荒廃を割り引きして受け取る考え方、非のうちどころのない身なり、淫乱さ、なかでもとくに、人生に意義を与える力、悪臭、個性や熱意を漉《こ》し取ったことを、呪い、呪い、呪い尽くせ。ハッハッハ、大笑いさ。

冒頭からこんな表現が飛び出してくると、このブリット・パークはすべてが混乱をきたした世界として描かれていると思われるかもしれない。しかし主人公ネイルズの周囲の世界は、一見すると平穏そのものである。このネイルズについては、「パパは何でも知っている」の父親を思い出してもらってもいいだろう。彼は、本意とはいえないようだが、組織に属し、うがい薬を売る仕事にたずさわり、常に家族のことを第一に考えている。50年代的な価値観を象徴する父親ということだが、特にひとり息子に対しては過剰といえるかもしれない。

彼は、息子が、彼の家、あるいは、彼の愛情の絆《きずな》を自由に出入りできることが完全に理解できないようである。息子が他所《よそ》へ行っているのを知りながら、事実、自らの車で空港へ行き、飛行機に乗せておきながら、家に帰ってくると、息子を求めて庭を捜す。ネイルズが妻とひとり息子に感じている愛情は、二人を取り巻き、おおい、保存し、肉ゼリーの中身のように、隔離しながらも外から見えるようにしておく、透明な琥珀《こはく》色の液を絶えず放出している感じだった。

実際には、彼は、息子が経験するかもしれぬ苦痛を恐れる、というよりは、息子が異常な苦痛を経験した場合、彼、ネイルズが、自分の愛する世界――彼の王国――が破壊されるのを目の当たりに見る恐ろしさから自らを守るための手段が、なに一つないことを恐れているのである。息子なくして、彼は生きてゆくことができない。彼は、自分自身の死を恐れた。

ある意味では、このネイルズの存在そのものが、郊外の世界を象徴しているといえる。小説の冒頭の部分からの引用とは見事に対照的である。こうした、それぞれに50年代と60年代を思わせる表現が交錯するところは、『Home Before Dark』のなかにあったスーザンのこんな言葉を思い出させる。

50年代のニューヨーク郊外は、共通の関心事――子供、スポーツ、浮気、そして、社交パーティー――によって結びつけられた同種の広大なコミュニティだった。それは、戦勝によって誕生し、60年代の激動によって破壊された時代だった。わたしの両親の世代は、倹約と勤勉、そしてささやかな善行が、自分たちに快適な暮らし、近所との楽しい付き合い、おおむね素直な子供たちを与えてくれるのだと、何の疑問もなく信じているようだった。そして、後に疑問がもたげてきた。

『ブリット・パーク』では、そんな相容れない価値観が様々な局面で対決を繰り返す。そうした対決は、暴力をもたぐり寄せる。対立のひとつは、ネイルズと息子のトニーの間に起こる。3本の長編を3世代にわたる物語と見るとき、前作に登場したエミールよりも若いトニーは、3世代のなかでいちばん新しい世代を代表している。

父親のネイルズの世代が都市から郊外に転居したときには、郊外が具体的にどんな世界であるのかは定かではなかったかもしれないが、少なくとも自分の意思で——もちろん、正確には組織や時代の力なのだが——その世界を選んだ。郊外にやって来たときには、それと対照できる価値観を持っていたわけだ。

しかし『ブリット・パーク』の時代になると、郊外で生まれるか、あるいは生まれて間もなく郊外にやって来て成長した世代が登場してくる。彼らは、両親の選択で郊外で成長し、最初から郊外という世界で価値観や感性を身につけていくことになる。

そんな新しい世代を代表するトニーは、「この家がトランプでもできているような気がするんだ」といって、寝たきりになってしまう。その原因は、父親と息子の間に、父親が息子に殺意を抱くほどのいさかいがあったからだ。次の引用の前半の発言は、息子のものである。

夕方になれば美しい妻のもとへ帰り、手足がすんなりと伸びた息子たちとソフトボールをして遊ぶような人間になりたくないと、自分が考えるようになるかもしれないことを、なんとしても理解してほしい、と言った。自分は泥棒か、聖人か、アル中か、ごみ集め人足か、ガソリン・ステーションの給油係りか、交通巡査か、隠者、になる気を起こすかもしれない、と言った。そのとたんに、私が忍耐心を、例のふかふかした毛布を、失い、くだらないことを言っていないで、なにか有益なことをしろ、と言うと、彼が言った、〈なにを？　うがい薬を人に売り付けるようなこと？〉私はパターを振り上げ、頭《ず》蓋骨《がいこつ》をまっ二つに叩《たた》き割ってやるつもりだったが（後略）

これは50年代に組織化する社会のなかで、親の威厳といったものを捨て、郊外のなかで子供の幸福を求めた親がぶつかる壁ということになるだろう。そして、こうした対立が一挙に殺意にまで発展する背景には、彼が守ろうとする世界の外側の脅威が、ライソン夫人の水爆よりもっと身近なものに変化していることも影響を及ぼしているのではないかと思う。たとえばある朝、銃声で目を覚ましたネイルズの妻ネリーは、こんなことを考える。

これまでにスラム街で何度か暴動が起こっており、ネリーは、一瞬、過激派の連中が、貧民窟から大挙進発して、チェスナット通りの白い家を占拠することに決めたのではあるまいか、と考えた。

ちなみにこの銃声は、家の庭に闖入《ちんにゅう》した亀をネイルズが撃ったものだが、チーヴァーは〝銃弾《ブリット》〟という名前がついている郊外の町に、銃をめぐるこうした皮肉なユーモアを盛り込むことで、この長編を前2作とはいささか趣が異なるブラック・コメディに仕立てている。そしてネイルズもまた、ネリーと同じような不安を抱え、会社（というよりも都市）に足を運ぶことすら難しくなる。

自分はネリーと息子を守るために街へ行かねばならない。自分が街に行けなければ、あの二人は防御のすべがなくなる、と彼は、二人が、焼け落ちた都市からの避難民や、寒さ、飢え、恐怖、といったもろもろの敵に包囲されているかのような想像にかられた。

こうしてネイルズは、妻と息子を守るために麻薬の力を借りるようになっていく。ネイルズには、物語の結末に向かってもうひとつの対決が準備されている。ブリット・パークに引っ越してきたハンマーという男との対決だ。釘《ネイルズ》と金槌《ハンマー》という名前は、彼らが対決を運命づけられていることを暗示する。そのハンマーは、ネイルズとは対照的に庶子として生まれ、家庭とは無縁の放浪生活を送り、郊外の日常に反乱を企《くわだ》てる男である。

小説の結末で、ハンマーはトニーを拉致《らち》し、教会に立てこもって彼を殺害しようとする。教会は、かつてはコミュニティの中心に位置していたが、新しい郊外の世界のなかでは、本質的な求心力を失っている。精神的な支柱もなく、外部から脅威がひたひたと迫る郊外の世界において、ネイルズとハンマーがそんな教会で対決するというのは、皮肉なことでもあり、そのギャップが時代を浮き彫りにしてもいるのだ。

第8章　アメリカン・ファミリーの亀裂
――リチャード・イエーツ、ブルース・J・フリードマン、ジョン・アップダイク、『泳ぐひと』

本書の最初から書いてきた郊外の現実は、ジョン・チーヴァーの小説を通してだいぶ具体性をおびてきたのではないかと思う。また同時に、郊外に対する関心も広がってきたことだろう。

いったい郊外のコミュニティは何を作り、どこに向かおうとしているのか。個人の存在は、どうなるのか。アメリカン・ファミリーの幸福とは何なのか。

60年代に入るとチーヴァーの作品ばかりではなく、郊外の中流を描く小説もだんだん数が増えてくる。この章では60年代に発表されたそうした作品のなかから、異なる作家の作品を何本か取り上げてみたい。どれも郊外を描く作品とはいえ、郊外化の始まりからある程度時間が経過し、しかも作家が異なるだけに、50年代を振り返るものや主人公がユダヤ人のものなど、様々な視点から郊外の世界が見えてくることになる。

＊＊＊

最初に取り上げるのは、１９２６年生まれの作家リチャード・イエーツが１９６１年に発表した最初の長編『家族の終わりに』である。この長編は物語のなかに本書の展開と見事に重なるような部分があり、とても興味深い作品だ。

ここで取り上げる小説のなかで、この作品を最初に持ってきたのは、50年代の郊外化を振り返るような視点も盛り込まれているからだ。この小説の時代は１９５５年に設定されている。１９５５年といえば、『バック・トゥ・ザ・フューチャー』のマーティが訪れた世界でもあり、とりあえずあのような雰囲気を念頭に置いてもらってもいいだろう。

但し小説の内容は、この章のタイトルが暗示するように、そんな雰囲気を吹き飛ばしてしまうことになるのだが……。

『家族の終わりに』の舞台となるのは、ニューイングランドの州のひとつ、コネティカット州西部の町。ハイウェイが通ることになったために、沿道にあった３つの田舎町がひとつになった郊外の町である。交通網が整備されたことで急激な郊外化が進む地域といっていいだろう。主人公は、あと何日かすれば30歳になるフランクと29歳のエイプリルのホイーラー夫妻で、彼らには6歳の娘ジェニファーと4歳の息子マイケルがいて、2年前にこの町に引っ越してきた。フランクは、ニューヨークの都心にあるノックス・ビジネス・マシーン社で販売促進の仕事をしている。家族の年齢や構成といい、父親の職業といい、一見すると彼らは絵に描いたような郊外のアメリカン・ファミリーである。

郊外にやって来る家族は、だいたい望んで郊外に移るものだが、この小説のフランクの場合には、2年間の生活で郊外に嫌気がさしたというよりも、最初から望んで郊外に来たのではないという気持ちが物語の前半から見え隠れしている。その気持ちは、郊外をめぐる深い問題と結びついていることがしだいに明らかになってくるのだが、まずはこの主人公夫婦の関係に亀裂を入れることになるエピソードに触れておいたほうがいいだろう。そのエピソードもまた郊外の世界と関わりがある。

3つの田舎町がひとつになったこの町では、新しい町のコミュニティ精神を育むために演劇を選んだ。住人たちから有志を募り、劇団を結成したのだ。フランクの妻エイプリルは、10年前にニューヨークで名の知れた演劇学校に通っていたことがあり、劇団の初舞台のヒロインに抜擢《ばってき》される。主婦業に退屈し、刺激を求めていた彼女は、舞台への期待に胸を膨らませるが、にわか劇団の公演はさんざんな結果に終わってしまう。

エイプリルはひどく傷つき、この出来事がきっかけとなってフランクと言葉を交わすのを避けるようになり、夜もいっしょのベッドではなく居間のソファで眠るようになる。妻の態度の変化に頭を抱えるフランクは、劇団の大失敗について心のなかでこんなふうに考えていた。

要するに、これはそんなに落胆するほどのことではない。考える力のある知的な人間なら、こんなことは苦もなく乗り越えられるはずだ。都会での死ぬほど退屈な仕事とか、郊外での死ぬほど退屈な家庭とか、それよりもっとばかげたことを乗り越えていくように。経済的な事情からこういう環境で生活せざるをえないとしても、重要なのはそれに染まらないようにすることだ。重要なのは、いつだって、自分が何者かを忘れないことなのだから。

フランクは18歳で兵役につき、ドイツに送られた。戦後、ヨーロッパを旅してアメリカに戻り、コロンビア大学に通った。そこで、大学を卒業すればホワイトカラーとして組織のなかへ、というのが時代の流れだが、大学時代に目標が見出《みいだ》せず憂鬱に取り憑《つ》かれるようになった彼は、卒業後も臨時のバイトで生活費を稼ぎながら悩みつづける日々を送っていた。そんなときにあるパーティでエイプリルと出会い、彼らは結婚し、フランクが暮らしていた二ューヨークのアパートにいっしょに住むことになる。そしてエイプリルは、「主人がほんとうにやりたい仕事を見つけるまで」パートで働くことにする。

ふたりの生活は順調であるかに見えたが、エイプリルが妊娠してしまう。彼らは将来、子供ふたりの4人家族を作る計画をたててはいたが、それはまだ何年も先のことであるはずだった。彼女は子供を堕《お》ろす決意を固めるが、フランクが彼女を説得し、彼らの運命は変わっていく。

彼らの最初の子供が生まれたのは1940年代末という計算になるが、彼らが現在の郊外の町に行き着くまでの道のりをたどっていくと、50年代に両親になることは決定的な出来事で、未来につながる1本のレールが敷かれてしまうように見える。

もちろん、進んでそのレールに乗る人々は数知れなかったが、わずかな例外である主人公たちは、いわば押し流されるようにして郊外の世界にたどり着いてしまったのだ。フランクの心の声がそれを物語る。

ぼくは彼女と同じくらい赤ん坊を望んでいなかった。あの瞬間以降、自分の人生のすべてがほんとうは望んでいないことの連続になったのではないか？　ほかのどんな所帯持ちの男にも負けないほど責任感の強い人間になれることを証明しようとして、絶望的に退屈な仕事に就き、きちんとした健康的な生活という基本原則を尊重する大人であることを証明するために、高すぎる気取ったアパートに引っ越し、ひとりめのこどもが間違いではなかったことを証明するために、ふたりめのこどもをつくり、そのあとはそうするのが当然であり、自分にもそのくらいはできることを証明するために、郊外に家を買ったのだった。

彼は、何とか郊外の父親らしく芝刈りやマイホームの補修に精を出そうと心がけるのだが、郊外の世界にリアリティを見出すことができず、精神的に追い詰められていく。しかも著者のイエーツは、小説の舞台となる郊外の町を、50年代の表層的なイメージのベールをはぎ取るかのように、リアルに描写していく。たとえば、劇団のエピソードの部分で、町と新しい住人はこんなふうに描かれる。

プレイヤーズの団員たちは、各人各様のキッチンのドアから出てくると、立ち止まってコートのボタンをかけ、手袋をはめながら、眼前の風景に目をやった。あたりの風景に溶けこんでいるのは、非常に古い、長年風雨にさらされてきたほんの数軒の家だけで、彼ら自身の家は少しの重みもなく、永続性もない、ひどく場違いなものに見えた——まるで一晩中外に忘れられて雨に濡れた、おびただしい新品の玩具《おもちゃ》みたいだった。彼らのピカピカの車もやはりこの土地には不似合いで、不必要に幅が広く、キャンディやアイスクリームみたいな色で、泥が撥《は》ねるたびに縮み上がりながら、四方から12号線に向かうでこぼこ道路を、申し訳なさそうにそろそろと進んでいく。

これはなかなか意味深い文章である。先ほども触れたように、この郊外の町は小さな田舎町がいっしょになったもので、建ち並ぶ新しい郊外住宅の間には、田舎町の時代の建物がわずかながら残っている。もちろんそうした古びた家は、土地に根をはり、歴史や伝統といったものを象徴している。

そこで、〝根無し草〟である住人たちは、自分たちが捨て去った過去という〝縦〟の価値観をふと思い起こして、虚しさを覚える。しかも50年代には町によっては、住宅を供給するのがやっとで、道路やその他の設備などが間に合わない住宅地も少なくなかったということだが、この町のでこぼこ道の光景は、そのことを思い出させる。そんな状況のなかで、住人たちは〝横〟のつながりを確かなものにするために、劇団というコミュニティの活動に力を注ぐのだ。

そして、このような郊外の世界のなかで、横のつながりに埋没できず、虚しさに目をつぶることができないのがフランクなのだ。彼は会社の女子社員との情事に走ったりもするが、救いを見出すことはできない。しかしフランクが30歳の誕生日を迎えたとき、心の落ち着きを取り戻したエイプリルは、彼の気持ちを受け入れ、郊外の家を引き払い、家族でフランクがずっと憧《あこが》れていたパリに移って暮らすことを提案する。

筆者がこの小説のなかで、本書の展開と共鳴するものを感じたのは、賛同者を得たフランクが、彼を取り巻く問題について力を込めて妻に語ってきかせる場面である。この場面のフランクの言葉はこんなふうにつづいていく。

「この国全体が感傷に溺れて腐りかけている。それが長年のあいだ世代を越えて伝染病みたいにひろがって、いまや手でふれられるすべてがふにゃふにゃになっているんだ」「じつは、ほんとうに重要なのはそこなんじゃないか？　欲得ずくで動いているとか、精神的価値を喪失したとか、原爆の恐怖があるとかいうことより、むしろそのほうが重要な問題なんじゃないか？　あるいは、これはその結果なのかもしれないが。そういうものを吸い上げる本格的な文化的伝統もないまま、いろんなものが同時に動きだしてしまうと、こういう結果になるのかもしれないが。ともかく、これが何の結果であれ、いまや合衆国は死にかけている。そうじゃないか？　あらゆる思想や感情をこれでもかというほど俗化して、母親が嚙みくだいた知的ベビーフードみたいなものにしてしまう。そういう楽観的で、いつもにこにこしていて、なんでも簡単に解決できるという気分が、あらゆる人の人生観に沁みこんでしまっているんだ」
「つまり、男たちがみんな完全に骨抜きになっても少しも不思議じゃないということだ。まったく、実際、そうなりかけているんだからね。『順応』とか『安全』とか『一体感』とかぐだぐだ言っているのは、まさにその反映だろう——まったく、どこもかしこも、そういうたわ言だらけになっている。テレビのくだらない番組では、あらゆるジョークが父親は間抜けで、母親はいつもガミガミそれに文句をつけているという前提できているし（後略）」

この長い引用にはあまり説明の必要もないことと思うが、まるで第6章までに書いてきたことを、ひとつの視点で凝縮したような文章ではないだろうか。ここには、激しい勢いで進んだ郊外化から、楽観的な消費社会、順応、安全、一体感といったコミュニティの意識、そして父親の立場の変化まであらゆる要素が盛り込まれている。なかでも筆者がいちばん興味を覚えたのは、いろんなものが同時に動き出して、50年代の世界ができあがったというくだりである。

この小説はあまりにも長く、これ以上ここでストーリーをたどる余裕はないが、パリ行きを直前にひかえてエイプリルが再び妊娠し、夫婦の運命は救いのない悲劇へと突き進んでいく。結局、彼らは家族というかたちに縛られ、50年代のアメリカ社会を振り切って脱出することができないのだが、悲劇に向かうふたりの絶望的なあがきをみていると、50年代の世界がとても恐ろしいものに思えてくるのだ。

＊＊＊

60年代といえば、集団における個人の疎外といった主題に関して、アメリカ文学で〝ブラック・ユーモア〟が盛り上がりを見せた時代でもある。もちろん郊外の世界も、その主題の一端を担っていることは、いまさら細かく触れるまでもないだろう。

ユダヤ系の作家ブルース・J・フリードマンが1962年に発表した処女作『スターン氏のはかない抵抗』は、そんな郊外の世界をブラック・ユーモアで描いた作品である。大都会から白人（WASP）ばかりが暮らす郊外の町に引っ越したユダヤ人スターン氏の物語といえば、どのようなブラック・ユーモアが広がっていくのか察しがつくかもしれない。郊外におけるユダヤ人や黒人に対する差別については、第6章で触れた通りだが、この小説はそうした状況や現実をブラック・ユーモアの題材にしているわけだ。

しかしこの小説は同時に、ユダヤ人の自己言及的な語りを通して、ユダヤ人に限らない中流、あるいは郊外居住者の内面に潜んでいる小市民的な感情を、皮肉な笑いを誘うように描き出す作品でもある。主人公スターン氏は、外見的にはお尻《しり》の大きな恰幅《かっぷく》のいい人物という設定になっているが、その中身については、ウディ・アレンあたりを頭に思い浮かべると面白く読めるのではないかと思う。アレンは、周囲で起こったささやかな出来事が心のなかでしこりとなり、くよくよと悩み、様々な妄想にとらわれるようなキャラクターを得意としている。そんな彼の存在は、滑稽《こっけい》で可笑《おか》しくはあるのだが、同時にどこか切なく悲しげでもあり、しかもそのはざまにリアリティを滲《にじ》ませる。この小説の主人公スターン氏にも、そんなキャラクターを連想させるところがある。

広告代理店に勤める36歳のスターン氏は、これまで暮らしていた都会を離れ、妻とひとり息子とともに郊外に家を買う。ところが、この実に小市民的な主人公は、家を購入する段階からすでに夢を実現するのだという前向きな気持ちとは程遠い。彼の気持ちの描写には、おどおどした落ち着きのない感情が見える。

手続きのいっさいが終わったところで、スペンサー氏は家の鍵《かぎ》を引き渡し、市内にしか住んだことのないスターンは、とたんに、郊外に出ることが恐くなった。「こんな所」で、おれはほんとうに暮らす気があるのかどうか、考えるとゾッと寒気がするのだった。

そして実際のところ、郊外の家は住めば都というようには事が運ばない。気づいてみれば彼は、都心の会社まで往復3時間かけて通わなければならないはめにおちいっている。しかも近道の木々がしげる場所は、スターン氏が通るたびにどこかの家の番犬が現れ、彼の手首をくわえ込む。庭の木々はちょっと手入れを怠ったすきに、毛虫に襲撃され、すべての木が半分だけ食い荒らされて、〝半ペラ〟になってしまった。そして、こうした不満も何とかなるのではないかと楽観的な気分になったときに、スターン氏にとって最もいまいましいことが起こる。

彼の妻が、近所で息子の遊び相手になってくれそうな男の子のいる家を、息子と訪問したときのこと。子供たちが駆け寄ろうとしたとたん、子供の父親が芝刈りの手を止め、彼女を突き飛ばし、自分の息子を抱きかかえて「ユダ公とは遊ばせんぞ、ここじゃ」といった。さらにスターン氏にとって打撃（?）だったのは、突き飛ばされて転んだときに、妻のスカートがまくれあがり、しかも、下には何もつけていなかったという話だった。

こうしてスターン氏の頭のなかで、このユダヤ人を差別する男は宿敵〝ユダ公男〟となり、被害者意識がどんどん膨れ上がり、町の住人全員を敵に回し、彼ははかない抵抗を始める。通勤の行き帰りにその男の家の前を通るたびに、彼のなかで男に対する妄想が膨らみ、何とか復讐《ふくしゅう》できないかと考え込む。そんなふうにしてストレスがたまるうちに、彼は胃潰瘍《いかいよう》になり、会社を休んで療養所に入らなければならなくなる。

彼のイライラはこんなふうに表現される。

毎日、この時刻になると、家に帰ることを考えねばならぬ。長い時間列車に揺られたあげく、車でユダ公男の家の前を通らなければいけない。人に話しかけたり、無理に冗談を飛ばしたり、いろいろ気をまぎらわそうとやってみるが、結局は会社という安全地帯を後にするほかない。（中略）ユダ公男めがけて帰って行かざるをえぬ。毎晩、スターンは駅で新聞を買い、元気はつらつとした男たちの間に腰を下ろし、通称「チャーリー旦那《だんな》」という顔なじみが下水管の冗談をいえば、頭をもたげて聞き、落ちのところではばか笑いする——まるで、スターン自身も家の下水管の故障に悩まされており、やはり下水のトラブルが人生の一大関心事であるといった顔をして。やがて、新聞に顔を埋《うず》めたスターンは、海運面といったもっともらしい部分に目を注ぎ、ほとんど物理的とさえいえる努力を重ねて、周囲の人間のなかに融け込もうとする。まわりの連中と同じ姿になれば、同じ人間になることができ、下水管と郊外生活の楽しみが待っているわが家へまっしぐらに帰って行ける、とでも言いたげに。が、降りる駅が近づくと、のどのあたりで、パニックが始まる。海運ニュースはぼっとかすみ、スターンは思う——もう一駅乗りこして、新しい土地に降り立つことができればどんなによいか。

ここには第6章で触れたような、郊外のなかでマイノリティの人々が民族的なアイデンティティを喪失するという現実が、ブラック・ユーモアとして描き出されている。主人公スターン氏はこんなふうに、抵抗するというよりは自分の世界のなかでひたすら悩みつづけていくのだ。そんな悩みから膨らむ想像や妄想は、戦争中の軍隊生活や療養所の生活と結びついて、〝組織のなかの個人〟を掘り下げていくことになる。スターン氏の気持ちを通して、常識はずれの危険人物もいるにはいるが、個性的な人々であふれる療養所と、郊外の世界が対置されるあたりには、いかにも60年代らしい視点を感じる。

そして、いまいましい出来事から1年半くらい、様々な妄想に悩まされたスターン氏は、ついに意を決してユダ公男に決闘を申し込む。殴り倒されて家に戻ってきたスターン氏は、〝ちょっと芝居がかったことをやってみたくなり〟、妻と子供を抱きしめてみる。この結末には、誇大な妄想からふと目覚め、自分の前にあるものをそのまま見つめるような落差があり、ウディ・アレンにも通じる話術が印象に残る。

＊＊＊

60年に『走れ、ウサギ』を発表して注目を集めるようになったジョン・アップダイクは、平凡な中流の世界を描く代表的な作家といっていいだろう。アメリカ文学の最先端に位置する作家たちを網羅した（といっても、発表されたのはだいぶ昔であることを考慮に入れてもらわなければならないが）『言語の都市』のなかで、著者のトニー・タナーはアップダイクという作家について、次のように書いている。

アップダイクはニューイングランドの郊外生活に題材をとっている。そしてアメリカの大部分の小説家が、中産階級をリアリティを持たぬ不毛の領域と見なしていると思われる現代において、彼は中産階級の生活はアメリカ文学で一般に認められている以上に複雑であると主張し、またそれを証明しているのである。

そんなアップダイクの作品のなかで、郊外という主題で最も注目したいのは、68年に発表された長編『カップルズ』である。この実に長大な小説は、郊外化をめぐるひとつの時代をまったく独創的な視点で切り取ってみせる野心的な作品である。

この作品には、ターボックスという郊外の町に暮らす10組の夫婦の物語が描かれ、情事やスワッピングなども盛り込まれているので、セックスを題材にした野心的作品とも思われかねないが、それだけではこの小説に込められた野心がずいぶん底の浅いものになってしまう。その独創的な視点を短い言葉で要約するのは容易ではないが、チーヴァーの章で少し触れたように、郊外という容器に10組の夫婦を放り込み、その化学反応を見つめるといえばわかりやすいだろう。この化学反応には、歴史や世代、信仰など様々な要素が触媒になっている。

実験の容器であるターボックスは、マサチューセッツ州プリマスにあり、ボストンから27マイルの距離に位置する海辺の町である。この古い歴史を持つ町は、時代の流れのなかで郊外の町へと生まれ変わろうとしている。

ターボックスの中央部一マイル四方の中には、いまではプラスティック工場に変わったメリヤス工場、四十軒に近い店舗、数エーカーの駐車場、何百軒もの小さな庭のついた住宅があった。様々な家がまじりあっている。十七世紀の原型をとどめた塩入れ型（植民地時代の建築で前面は二階、後ろは一階の建物）のキンボール家、シーウェル家、ターボックス家、コグズウェル家が、緑地からのびる不安定な、いかめしい風変わりな名前の田舎道にそって並んでいた。屋根に手摺《てすり》つきの物見台のある北部連邦特有の四角ばった家。織物のさかんな時期を現わしているけばけばしい邸宅。織物職人たちがポーランドから輸入した堅い煉瓦《れんが》で作った路地が家までつづいている。ずんぐりしたヴェランダ、せまい煙突、辛子、パセリ、石墨、葡萄《ぶどう》酒などの様々な色彩を組み合わせた下見板の、大恐慌前に建った中産階級の住宅。

時代は1963年。物語はまずこのターボックスの町に新しく夫婦が転居し、他の登場人物たちのコミュニティに迎え入れられるところから展開を始める。この新来の夫婦が加わったことで、中心的なキャラクターとなる10組のカップルがそろう。その10組、20人のキャラクターはていねいに描き分けられ、小説はかなりの長さがある。それだけにまともにストーリーをたどれば、誰が誰だかわからなくなってしまうのがおちなので、物語の流れは無視して、〝化学反応〟の面白さを中心に書いていくことにする。

古い家も残っていて、歴史を感じさせるターボックスの町だが、住人については、「ほんとうのターボックスの住人の最後の生き残り」である老夫人を除くと、すべてどこかから転居してきた人々である。住人たちの交流には、世代や学歴、階級意識、町にやって来た時期などの違いが反映され、必ずしもひとつにまとまったコミュニティを作っているわけではない。

63年に新来の夫婦が加わって10組になった夫婦たちは、彼らだけでひとつのコミュニティを作っているが、他の9組の夫婦ももちろんいっしょになってこの町にやって来たわけではなく、何年かたつうちにかたちができあがっていった。彼らのなかで最初に町にやって来たのは、アップルビイ家とリトル＝スミス家で、それからオング家とサルツ家が57年に、ハネマ家とギャラガー家が58年に、コンスタンティン家が60年に、そして63年のいまホイットマン家が引っ越してきた。わざわざ10組全部には触れなかったが、だいたいこんなふうにして50年代半ばから63年にかけて8年の間に彼らのコミュニティが作られたことになる。それは、町の他の住人たちの価値観や新来の夫婦が加わるたびに持ち込まれる価値観などが相互に作用してできあがっていったコミュニティだ。

郊外を舞台にした小説は、すでにコミュニティができあがっていて、設定の一部になっているものがほとんどだが、この小説の場合は、コミュニティの生成過程が緻密《ちみつ》に描かれていくところにまず興味をそそられる。たとえば50年代半ばに、アップルビイ家やリトル＝スミス家がターボックスにやって来たとき、この町はそれこそまだ牧歌的な田舎町だった。そのころ彼らはもっと年配の人々と交際していたが、「無知で田舎くさくて騒々しい」彼らに嫌気がさし、自分たちのグループの輪を広げていくことになる。フランク・アップルビイの妻ジャネットが、「ただ大学出という以外に取り柄のない」サルツ家やオング家に社交を申し入れたのは、そうした地元の人々があまりにも異質で、すこしでも共通のものを持っている家庭を求めたからだ。

戦地からの復員軍人で大学に学ぶこともなく、この地方の仕事をしている戦後成金である造船所の連中は、こういった若い層のよそよそしい夫婦たちこそ、この町をゆたかにしてくれるお客であることを知っていた。それで彼らが別の社交界を作ってしまい、こちらは酒とブリッジ・ゲームと、アンツィオやガダルカナルの血沸き肉踊る思い出話に耽《ふけ》るほかなくなったときでも、ちっとも悔やみはしなかった。

とまあこんなふうにして、コミュニティの最初の境界ができあがる。もちろん主人公になる夫婦たちは、戦争の思い出に耽るというような過去を振り返る体質は持ち合わせていなかったことだろう。

それでは、主人公たちのコミュニティの基盤をなす価値観というのは、「大学出ということ」の他に何があるのだろうか？　50年代半ばに町に最初にやって来たアップルビイ家とりトル＝スミス家は、そんな価値観の基盤を作った人々だが、アップダイクは彼らが生まれ育った時代背景や状況について、次のように饒舌《じょうぜつ》に描写している。

二人とも、大不況や世界大戦という大動乱期にも厳しい束縛と躾《しつけ》によって奥ゆかしい品位を保とうとする富裕階層の生きかたに穏やかながら反逆するといった、上流中産階級のあの特異な世代区分に属していた。このような国家的試練のさなかに何不自由なく育ち、成人すると、浪費的経済の中へ引き込まれた。さわやかな若々しい幻影と人間性剝《はく》奪《だつ》の内実とが奇妙に混じり合い、細分化されつくした場で行われるささやかな賭《か》けの勝利感と、税金やら何々委員会やら軍備重点主義やら、あの手この手であらゆる領域に制限を設け抜け道を塞《ふさ》ごうとする政府の圧迫とが、奇妙にまじりあった実業界の雰囲気の中へ。指導者層が古ぼけた道徳律を利用して、ある種の狡猾《こうかつ》な施策をカムフラージュしている国家の中へ。青春の情熱とホモセクシャルの哲学とが、まだ完全に勝利を占めるまでに至っていない文化、いまなお外部からあまりにも公然と脅かされているので、容赦なく自己誹謗《ひぼう》にうつつをぬかすわけにもいかないといった国によくある、いまなおこっそりと快楽主義の美味を味わっているような風土。あらゆる一般論がたとえ否定的なものであろうとも的はずれなものに見えてくるような、一日一日が独立していて明日の予測がきかないような過渡期の風土。

つまり、彼らは旧来の価値観を信奉するほどには年取っていないが、しかし、最も新しい価値観を積極的に取り込めるほど若い世代に属しているわけでもないという意味で、中間的な存在だといえる。アップダイクは、この社会的な視点をすぐ後のところで、より生活に根ざした現実的な視点に置き換えて、彼らの価値観を表現している。長い引用になってしまうが、これを読めば彼らの両親の世代が作り上げた生活に対する反発が、コミュニティの基盤と結びついていく過程がくっきりと浮かび上がり、アップダイクがその部分にこだわっているることがおわかりいただけるだろう。

アップルビイとリトル＝スミスとは、自由で柔軟で、立派な精神を持ちつづけたいという控え目な決意をこの新しい世界に持ち込んだ。乳母や家庭教師や「お手伝《ヘルプ》いさん」によって両親と隔てられて育ったけれども、自身は睦《むつ》まじい大家族が欲しかった。自分の手でおむつを取換え、自分の家の雑用や修理仕事をし、また庭いじりや雪掻《か》きなどをすると、ますます健康状態が好《よ》くなってくる。子供の頃は黒いパッカードやクライスラーで送り迎えされたものだが、今では詰め合わせのキャンデーのような雑色の中古車を自分で運転した。幼いころから寄宿学校へ追いやられたものだが、今では地域の公立学校を利用し、それを改良するつもりだった。両親の厳格な結婚観やら、危険を避けようとする形式主義に苦しめられたもので、夫婦間の気楽で開放的な交流を母体につくりあげられた純粋な誠実さに代償を求めた。カントリー・クラブという形式のかわりに、形式ばらない友だち仲間をつくったり、回り持ちのパーティーやゲームの催しに集まったりすることを考えだした。小うるさい区別だてや退屈で回りくどい礼儀作法によってがんじがらめになった、自分たちが育った土地である格づけのやかましい避暑地などにはもう見向きもせず、平凡で目立たない土地、たとえばターボックスのような牧歌調の、水車のある町に一年中腰を据えて、ここで新規まき直しをしたかった。彼らの理想は、義務と労働よりもむしろ真理と気晴らしとだった。生きがいは、もう神殿や株式市場ではなく、家庭で——自分の家庭や友人の家庭で追求されるようになった。

この小説ではこんなふうに、あらかじめ作られた理想としての郊外ではなく、まずある程度自分の居場所をわきまえている登場人物が、どのような理想を郊外に植え付けようとしているのかが具体的に描かれている。しかもその理想がどこから生まれてくるのかということが、伝統、世代、階級、政治や経済の状況といった背景を踏まえて、克明に描かれている。

それだけに多様な見地から読み解くことができる。たとえば、作家研究シリーズの一冊として『John Updike』を書いたジュディ・ニューマンは、その本のなかで『カップルズ』の登場人物たちを、ホワイトの『組織のなかの人間』やハーバート・マルクーゼの『エロスと文明』などを引用して論じている。筆者は、登場人物がいかに多くても、彼らの微妙な価値観の違いが巧みに描き分けられ、化学変化のようにコミュニティを変えていくところが面白いと思う。

コミュニティの基礎を作ったアップルビイ家とリトル＝スミス家は、まず57年にやって来た「大学出という以外に取り柄のない」サルツ家やオング家と交際を結ぶ。そしてその翌年にやって来たハネマ家とギャラガー家がコミュニティに変化をもたらす。

そんなところへ、二人の新顔の女性テリー・ギャラガーとアンジェラ・ハネマとが、一つのスタイルを持ち込んだ。つまり、いたって無頓着《むとんちゃく》な愛想のよさである。他の女たちはそこから何気ない楽しそうな調子だけしか真似ることができなかったけれども、ともかくそのおかげで、お互いに愛想を言いあっている肩のこるパーティの雰囲気をやわらげることができた。

こうした変化のなかで、夫婦どうしを隔てる境界がしだいに曖昧なものになっていく。そのために物語が情事やスワッピングに結びついていくわけだが、それが単なる欲望や孤独から導かれるのではなく、背景にある様々な力が組み合わさって彼らに作用し、ゲームの駒のように彼らを動かして、そうした状況をたぐり寄せてしまうところに、この小説の奇妙な魅力がある。

たとえば、この小説の数多い登場人物のなかでも中心的な存在である建築家のピエット・ハネマが、複数の女たちとの情事に走るのも、必ずしも妻のアンジェラとの関係が冷えているからということにはならない。

彼がどういう人間かというと、まずオランダ系のアメリカ人で、「世界のうちどれだけの区画を所有しているのかというオランダ人らしい堅実な意識は、敷地が道路から二百フィートひっこんでいて、町の中央から一マイル、海から四マイル離れていることですっかり満足していた」というような性格づけがなされている。しかし一方では、「ハミルトン家の一員だったアンジェラと結婚したせいでこの町でうけいれられているだけなのだ」というように、自分の根無し草的な立場に以前からコンプレックスを抱いている。また彼は、同じコミュニティのオング夫妻についても、「(彼らが) ターボックスに住んでいるということは、ピエットがここにいるのと同じで、偶然のことだった」と感じているし、「友だちは、みんなワイフの友だちときてる。おれは孤児で宿無しさ」とも語っている。

世界のうちでどれだけの区画を所有しているかという意識と、根無し草的なコンプレックスを併せ持つピエットは、人間関係の境界が曖昧になっていく世界のなかで、自分が確実に所有するものの実感を求めて、ということは、自分を探し求めてということになると思うが、曖昧になる境界を次々に越えて、ついにはコミュニティから逸脱してしまう。彼が境界を求めれば求めるほどそれは失われていくのだ。

ところでこの小説では、最初にターボックスの町の様子を綴《つづ》る部分で、何度かの修復を経てむかしの面影をとどめる教会が象徴的に描かれている。その教会は物語の終盤で、落雷のために焼失してしまう。

『組織のなかの人間』でホワイトは、新しい郊外居住者たちは、教会に代わる新しい中心を求めていると書いているが、この小説にも同じような台詞《せりふ》がある。それはアンジェラが、(コミュニティのなかでいつもピエットに対して挑発的な態度をとる医師)ソーンの意見をピエットに披露するこんな台詞だ。

「私たちは一つのサークルだっていうふうにあの人は考えているのよ。夜を追い出すための魔法のサークルなのね。私たちの顔を見ずに週末がすぎると、わるいことでもしたようにはっとするといっていたわ。私たちはおたがいのための教会をつくってると思っているのね」

確かに新しいコミュニティも信仰と同じように、深く入り込めば入り込むほど人々の境界がなくなってひとつになっていく。しかし決定的に違うのは、外の様々な力が作り上げたコミュニティには中心が存在しないということだ。

チーヴァーの『ブリット・パーク』では、教会におけるネイルズとハンマーの対決がクライマックスとなったが、このコミュニティという教会からピエットが去り、そして本物の教会が焼失するという『カップルズ』の結末は、なにかやはりひどく象徴的である。

＊＊＊

この章の最後に１本、映画を取り上げたいと思う。ニューシネマの代表作に数えられるフランク・ペリー監督の『泳ぐひと』（１９６８）である。なぜこの作品を取り上げるかといえば、映画の原作がジョン・チーヴァーの代表的な短編「泳ぐ人」であるからだ。原作の短編は、作品の質が高いのはもちろんだが、まず何よりも物語を展開していくためのアイデアが非常に面白い。短編ではあるが、映画化するにあたってイマジネーションがどんどん広がっていくような作品なのだ。そのアイデアは、映画が始まってしばらくすると見えてくる。舞台はいうまでもなく郊外の世界だが、少し説明を加えると、国道沿いの丘陵の緑のなかに家々が点在するといった風景が背景になっている。

『泳ぐひと』は、主人公ネディが、幼なじみの友人の家のプールに姿を見せるところから始まる。その友人夫妻は前の晩にパーティを開いて痛飲した様子で、プールサイドのチェアに寝そべり、迎え酒のマティーニをあおっているところだ。ネディは最初から水着姿でプールに現れるが、彼がそのようなかっこうでどこからやって来たのかということは説明されない。そして友人との会話から、むかしは彼らが付近の川でよく泳いだものだが、いまではプールで泳ぐことすらまったくなく、週末には決まったようにパーティを開き、同じ話題とジョークで過ごすような生活を送っていることがわかってくる。

そこでプールの話題から、ネディは奇妙なアイデアを思いつくのだが、それが原作の短編と同じようにこの映画の物語を展開していくことになる。奇妙なアイデアとは、その友人の家から、まだ自然が残る山間に線でつながるように点在する友人たちの家を訪ね、彼らのプールで泳いで、国道の向こうの丘の上にある自分の家まで帰ろうというものだ。点在する友人の家のプールを川に見立て、〝泳いで〟家に帰るというわけだ。もちろん、小説や映画のタイトルもここからきている。

こうして主人公ネディは、妻の名前をつけたプールの連なりである〝ルシンダ川〟の源流に向かってさかのぼっていく冒険家となり、郊外に暮らす友人たちの家庭に、いつもとは違ったかたちで接していく。そしてこの映画を観る人間も、主人公の視点を通して様々に歪《ゆが》んだ郊外の家庭を目撃することになる。これが先ほど書いたイマジネーションが広がるアイデアということだ。実際、映画では、主人公が訪問する家の数が原作よりも増やされている。

主人公の旅の出発点となった家は、すでに書いたようにパーティに明け暮れている家庭だった。2番目の家には、プールを何より誇りにしている夫妻が暮らしている。彼らのプールはたいへんな費用をかけて濾過《ろか》装置がつけられ、不純物がほぼ100パーセント取り除かれている。飲料水よりもきれいな水が自慢で、おそらく彼らがそのプールで泳ぐことはないだろう。3番目の家では、友人の母親が彼を出迎え、友人が病死したことがわかる。ネディは見舞いにも来なかったことをなじられ、庭から追い払われる。この主人公はどのくらい友人たちと会っていなかったのか、そんな疑問ももたげてくるが、映画はそんなことを説明することもなく旅が進行していく。

4番目の家では、プールで遊んでいた友人の娘に出会う。ネディはむかし、彼女にベビーシッターをよく頼んでいたが、いまでは彼女は20歳になっている。彼は娘をこの〝ルシンダ川〃の冒険旅行に誘い、彼女が同行することになる。5番目の家はパーティの真っ最中で、主人はプールに浮かんだマットに座り込んで、酔いつぶれている。ふたりは誰が誰だかわからないような速さで次々と挨拶《あいさつ》をすませ、家を後にする。そしてこの道中で、むかし娘が彼に憧れていたことを告白される。それを聞いた彼の心には、男とも父親ともつかない混乱した愛情が芽生えてくる。しかも彼女のいまの恋人は、質問と3ドルを送ってコンピュータで選んだという話を聞かされるに及んで、彼は娘のことを放っておけない気持ちになる。しかし、彼のなかに男を見た娘は、恐れを感じて彼のもとを去っていく。

6番目の家では、年配のヌーディストのカップルが彼を迎え、ネディもそのしきたりに従って水着をとり、全裸でプールを拝借する。7番目の家では、少年がひとり、遊びでレモネードの売り子になって、道端で笛を吹いている。母親は〃新婚旅行中〃で、父親はその母親の言葉によれば美容師と恋愛中ということで、少年は家政婦とふたりで過ごしているのだという。プールを覗《のぞ》くとそこには水がなく、枯れ葉がたまっている。少年が泳げないために、水を抜いてあるのだ。ネディが水のないプールのなかで少年に泳ぎを教え、ふたりで端から端まで泳ぐ姿はひどく寒々しい光景である。

8番目の家ではまたもパーティが開かれ、主人はアルミとガラスでできたプールのドームを自慢にしている。9番目の家では、女がひとりでプールサイドのチェアにかけている。主人公と女のやりとりから、ふたりは以前、愛人関係にあり、彼の方から手を切ったことがわかる。彼は、女との関係を修復しようとするが、冷たく突き放される。

こんなふうにして、主人公の旅からは郊外の生活で歪んでしまった家族の姿が次々と浮かび上がってくる。しかしそれだけではなく、主人公の旅には結末への伏線となるようなイメージや細かなエピソードも盛り込まれている。

まず、主人公にバート・ランカスター（というよりも彼の肉体といった方がいいかもしれない）が起用されているのは、それなりの意図があってのことに違いない。先ほどこの主人公は水着姿でどこからやって来たのかということは説明されないと書いたが、映画の冒頭のタイトルバックでは、人工物がまったくない完全な自然の風景が延々と映し出される。木々がしげり、川が流れ、野ウサギや鹿もいる自然の風景である。その川の水が気づいてみるとプールの水に変わり、第１の家につながっていくのだ。そういう意味では彼はターザンのようなヒーローのようにも見える。映画のなかには、この主人公が馬と競走したり、娘の前で馬のための障害を飛び越してみせるシーンがあり、馬のイメージとダブらせることによって主人公の野生的な魅力が強調されている。あるいは、郊外のコミュニティに埋没することを嫌う個人主義者のようにも見える。

しかし一方では、この〝ルシンダ川〟の旅のなかで、たくましい肉体を誇示する主人公の存在は危ういものにも見えてくる。5番目の家のパーティでは、ネディに就職先の世話をしようとする男が現れたり、6番目の家では、ネディが現れるとヌーディストの夫婦は、金を借りにきたのではないかと心配する。8番目の家のパーティでは、ネディが自分のものであったワゴンを見つけ、主人と争いになる。その家の主人は、慈善市でそれを手に入れたのだという。

そしてさらに結末の一歩手前で、ふたつの面を与えられた主人公は、境界を越えて郊外の外に踏み出す。家に向かう旅の途中にある最後のプールは、彼の友人のプールではなく公営のプールなのだ。しかも彼は、入場料の50セントを払うことができず、偶然出会った知人に借りて何とか入場する。プールの係員は彼に対して敵意をあらわにし、シャワーを浴びて足をきれいに洗うように命じ、足の指の間まで検査してから彼を通す。プールはひどく混雑し、彼は人をかきわけるようにして反対側まで泳ぎ着く。そしてプールから上がってみると、そこで入場料を貸してくれた夫婦とその友人夫婦に出くわす。彼らは町の商店の人々で、ネディとの会話から彼らに借金があり、すでに踏み倒したも同然になっていることがわかる。また、ネディの自慢の娘たちがもう少しで新聞沙汰《ざた》になるようなことをしでかしたり、陰で父親の悪口をいっていたことなどもわかってくる。

この公営プールとそれまでのプールのコントラストは実に印象的だ。一方は最高の濾過装置やドームがついたプールだが、泳ぐ者は見当たらない。一方、公営のプールはといえば、ひどい混雑のために泳ぐことができない。この2種類の機能しないプールは、ある意味で郊外と都市の関係をも暗示している。そしてもし主人公が郊外居住者であれば、借金は別としても、公営プールで敵意のある目で見られるのも不思議なことではないだろう。

映画のラストは、彼が疲れ切ってわが家に帰りつくシーンである。そのわが家の門はすでに錆《さ》びつき、自慢のテニスコートには枯れ葉がつもり、もちろん家のなかは空っぽである。ヒーローにも見えた主人公は、実は経済的にも、また家族の絆《きずな》という意味でも、破綻《はたん》した男だったということになる。そして、一風変わった方法で自宅へと向かうように見えた彼の旅は、実は過去をたどる旅だったのである。

このシュールで悲劇的な結末は、伏線がきいているだけに複雑である。彼は現実を見失い、破綻をきたした軽蔑《けいべつ》すべき郊外居住者であるように見える一方で、郊外のコミュニティに埋没して自分を見失うことを拒む、失われつつあるアメリカ的な価値観を信奉する誇り高きヒーローのようにも見えるからである。

この映画では、そんなふうに引き裂かれる主人公の存在から、変貌《へんぼう》するアメリカが浮かび上がってくるのだ。

第9章　アメリカン・ドリームの向こう側
――ビル・オウエンズ、ジョイス・キャロル・オーツ

この章では〝アメリカン・ドリーム〟という視点から、郊外の世界を見てみたい。第2章で触れたように戦後の住宅政策その他によって、郊外の生活は多くのアメリカ人にとって、手の届くところにあるアメリカン・ドリームとなった。ここでは、郊外生活をそんなアメリカン・ドリームとしてとらえるところから出発する写真家と女性作家の作品を取り上げる。彼らの写真集や作品からは、アメリカン・ドリームそのものではなく、その向こう側にある現実やドラマが浮かび上がってくることになる。

＊＊＊

１９７３年に郊外の世界に注目した興味深い写真集が出版されている。写真家ビル・オウエンズのタイトルもずばり『Suburbia』だ。この写真集はタイトルが示すように、そこに収

められた写真すべてが、郊外居住者たちの生活をとらえた作品で構成されている。まずはこの写真集が、どのようないきさつと趣旨で作られたものなのかを確認するために、オウエンズ自身が書いた前書きを紹介しておこう。彼はこんなふうに書いている。

この作品は、わたしや友人たちが生活する世界を題材にしている。１９６８年の秋、わたしは、「リバモア・インディペンデント」紙の写真記者として働きだした。そして日課をこなすうちに、たくさんの家を訪れ、３つのコミュニティで営まれる社会生活に触れることになった。わたしが出会った人々は、郊外のライフスタイルを謳歌《おうか》していた。彼らはアメリカン・ドリームを実現した。ホームオーナーであること、物質的な成功を手にしたことを誇りにしていた。

わたしにとって、何もかもがとても身近なものなのに、すべてが珍しいもののように見えた。最初はカルチャーショックを受けた。そして、すべてを記録しようと、写真を撮りまくった。それからしだいに、わたしの思考と感覚がマッチするようになり、郊外住宅地のアメリカ人たちをドキュメントしていった。２年がかりだった。

この作品に収められた写真は、わたしにとってなじみのある人々の生活をとらえている。写真にそえられたコメントから、彼らが自分たちをどう感じているかがわかる。

この前書きの内容からは、オウエンズと彼が暮らす世界との距離について、様々な想像をめぐらすことができる。

まず彼は、最初は郊外の生活が、写真集にまとめられるほどの題材だとは考えていなかったように思える。彼自身が（おそらくは新参者の）郊外居住者であるだけに、灯台もと暗しとでもいえばいいだろうか。

彼の頭のなかにある郊外居住者のイメージの前提になっているのは、彼らがアメリカン・ドリームを実現した人々だということだ。もっと具体的には、おそらくあの50年代の広告の世界に近いイメージが、先入観になっていたのではないかと思う。ところが、実際に生身の郊外生活者たちの世界に触れてみると、現実はイメージ通りではなかった。その違いの大きさについては、カルチャーショックという言葉が使われていることからも明らかだが、具体的なことについてはすべて写真にたくされ、それ以上の言葉はない。

オウエンズ自身は前書きのなかで「思考と感覚がマッチするようになり」と書いているが、実際にその写真を見ていくと、もしかすると彼自身にもイメージと現実のギャップが大きすぎて、写真集にまとめていく段階ではそのギャップが何を意味するのか、はっきりとは把握することができなかったのではないかとも思える。そして、そんなギャップを少しでも埋めるために、写真のなかの人物が「自分たちのことをどう感じているか」わかるような、本人たちのコメントをそえたのではないだろうか。

この写真集の内容は、ほとんどが家族がわが家でどのような生活を送っているかをとらえた作品で占められている。そのなかには、引っ越ししてきたばかりで家具がなにもないリビングに立つ婦人の写真と、まったく同じ構図、同じ人物で、リビングに家具がそろっている写真を並べるというように、2年かけて作られたという時間の経過を感じさせるものもある。郊外住宅地全体の景観をとらえた作品も3、4点収められているが、周囲を丘陵に囲まれた平地に、美しい庭つきの家々が建ち並ぶ光景は、スピルバーグの『E.T.』や『ポルターガイスト』の舞台を連想させる。

そうした遠景の写真には主人公が不在なので、コメントはないが、1点だけ解説がそえられているものがある。背景となる郊外の発展を知る手がかりとなるので、その内容を紹介しておこう。

15年前、カリフォルニアのダブリンは、国道50号線と21号線の交差点だった。人口は1000人に満たなかった（ほとんど牛ばかりだった）。現在のダブリンは、州間高速道路の580号線と680号線の交差点で、人口は2万5000人を超えている。いままではガソリンスタンドが15軒、スーパーが6店、デパートが2店にコンビニもある。そしていまも成長をつづけている。

オウエンズが写真記者として活動を始めた68年から単純に計算して15年前というとだいたい53年。このダブリンは、50年代半ばから急速に発展し、大きな変化を遂げたわけだ。主要な幹線道路が交差することになった地域などでは、町があまりにも急激に膨張するために、後になって町全体の計画の見直しを迫られるようなところも出てくるのだが、この写真集の時代に「いまも成長をつづけている」というこの町も、先が見えないまま膨張しつづけているようにも思える。

この写真集は、3つの郊外住宅地が舞台になっていると前書きにあるので、それがダブリンの町かどうかわからないが、作品のなかに、開発のために切り倒された大木のわきを自転車に乗ったふたりの少年が通り抜ける姿をとらえた写真がある。少年は、「ぼくたちはもう家はいらない。ぼくたちの木を返してほしいんだ」とコメントしている。

また、この写真集の最後のページにあるのは、鏡を利用したオウエンズ夫妻のセルフ・ポートレイトだが、それを除くと最後の2点は、野原を切り拓《ひら》くブルドーザーと、野原のなかにぽつんと残る雨ざらしになった小屋の写真である。コメントはそえられていないので、この2点を最後にもってきた意図は作品から察するしかないが、非常に暗示的ではある。

この写真集から見えてくる舞台や風景についてはこれくらいにして、アメリカン・ドリームを実現した家族たちの肖像を見ていくことにしよう。

最初に登場するのは、夫婦が日曜の午後をバーベキューで過ごす光景をとらえた作品だ。夫は片手を妻の肩にかけ、もう一方の手で肉を焼いている。典型的な郊外の休日の風景といっていいだろう。但し、彼の腹はでっぷりと肥え、酔っぱらっているのか目がうつろで、彼女の方も失礼な表現で恐縮だが、下半身が脂肪のかたまりになっている。背景も芝のある見通しのいい裏庭ではなく、家の裏にかろうじて残っているようなコンクリートの空間だ。そんな光景には、どことなく殺伐とした空気が漂っている。無理をして郊外のイメージにはまろうとして、脂肪だけがたまってしまっているような、そんな虚しさを感じるのだ。

さらに作品をたどっていくと、もっと典型的なアメリカン・ファミリーといえるような写真にぶつかる。広々としたダイニングキッチンを背景に、夫婦と彼らの赤ん坊をとらえた写真だ。父親は飲み物のはいったグラスを手にし、母親はスプーンで赤ん坊に食事を与えている。写真にはこんなコメントがそえられている。

わたしたちはとても幸福です。子供たちは健康で、美味《おい》しいものを食べて、こんな素敵な家があるんですから。

この写真の場合は、その内容といい、コメントといい、何かの広告にそのまま使えそうな気がするのだが、典型的なイメージにぴたりとはまった家族の姿は、まるで蠟《ろう》人形を見ているようにもうひとつ生気が感じられない。あるいはオウエンズ自身もまた、実際にできあがった写真を見ながら、こうしたギャップを感じ、夢の実態を確かめようとして2年を費やしたのかもしれない。

そして、先ほどの〝バーベキュー〟の次に出てくる写真を見ると、アメリカン・ドリームの向こう側がもう少し明確に見えてくる。正面に暖炉があり、左側にある広い窓から陽光がさすリビング。右側に置かれたソファのうえで、母親が赤ん坊にミルクをやり、彼女のとなりでは小さな坊やがテレビに見入っている。その母親はこんなふうにコメントしている。

わたしはウーマンリブに賛成するわ。女といえばいつもトイレや床をピカピカにして、元気いっぱいのおチビさんたちを育てるすごいママというイメージにはうんざりしているの。時間がかかってもいいから、子供たちとこの生活のなかで変わっていけるようになりたいと思う。家事や子供の世話は救いにならないのよ。

この郊外の町にもじわじわとウーマンリブの波が広がりつつあるようだ。

この母親のコメントは、とてもアメリカン・ドリームとはいいがたいが、写真に関するかぎりオウエンズは観察者に徹している。そこでこうした写真とコメントのギャップからは、オウエンズがこれまで一面的に見ていた郊外のイメージの向こう側にうごめく多様な感情が浮かび上がってくることになる。

次に紹介する写真は、コメントとの組み合わせによって、郊外の家族の奇妙な楽しみをとらえている。写真では、大きな絵がかかった壁を背景にして、夫婦が椅子にかけている。壁の絵は、むかし懐かしい紙でできた着せ替え人形の洋服がモチーフになっている。そして、こんなコメントがそえられている。

　郊外には解放されるような気分があるんだ……みんなつきあいの場では郊外族の仮面をつけているけど、ほんとは何をやっているか誰もわからないのさ。

このコメントにある郊外の解放感には微妙なものがある。郊外のコミュニティはオープンな世界で、チーヴァーの短編にもあったようにお互いの家のなかのことまでよく知っている。

それだけに住人たちは仮面を作り、着せ替え人形の洋服のように巧みに仮面をつけかえ、秘密を作ることに奇妙な解放感を覚えているのではないだろうか。

また、郊外と人種の関係については第6章で触れたが、オウエンズのとらえた郊外には、黒人家庭とアジア人家庭の写真が1点ずつ収められていて興味を引く。この2点の写真ではそれぞれのコメントから、第6章で触れたような、郊外のコミュニティに帰属すること、自分たちの民族の伝統という過去を捨てて郊外のアメリカ人となることの喜びと苦痛が浮かび上がってくる。

黒人家庭の写真は、コーヒーカップを持った主婦がキッチンに立っているところをとらえたもので、彼女はこのようにコメントしている。

わたしは郊外の生活をエンジョイしているわ。ここでは、子供たちのためにガールスカウトやPTA、リトルリーグ、サッカーがあるから。とてもさびしいのは、黒人の文化的なアイデンティティがないということ。白人の中流の郊外では、それを埋め合わせることはできないもの。ここで起こったいちばんの文化的な出来事っていったら、ふたつのデパートが開店したことね。

この写真などは、アメリカに暮らす黒人の未来の問題をいち早くとらえた作品といえる。公民権法の浸透は、黒人たちが中流になる機会をもたらしたが、しだいにその恩恵にあずかることのできる黒人とそうではない黒人が出てきた。そして前者は白人と同じように危険な都市から逃避し、後者は都市のスラムに取り残される。この写真の主人公は、前者の中流の黒人ということになる。彼女のコメントにかいま見られる悩みは、中流の黒人に共通した感情でもある。

第6章で引用した『アメリカ黒人のジレンマ』には、このような記述がある。

ゲットーを脱出して郊外に家を持つ黒人中流階級は、アメリカにおいて黒人がどのように扱われてきたか、どんなひどい差別を受けてきたかを子供にどう教えてよいか迷っている。子供は日々の生活のなかで白人文化に触れて生活しており、黒人文化に触れる機会があまりない。黒人としてのアイデンティティや誇りをどう意識させるか。白人の黒人に対する偏見をどう教えるのか。

これまでよりも多くの黒人家族が郊外に暮らすことができるようになったという点では、少なくとも黒人の地位も向上してきたわけだが、これまでの差別が根深いだけに、彼らが過去をあっさり切り捨ててコミュニティに同化することには、他の人種以上の抵抗があるはずである。

もう1点の写真では、アジア系の家族が、ダイニングキッチンでホットドッグがのった食卓を囲んでいる。写真にはこんなコメントがそえられている。

郊外に暮らしているので、中華料理の食べすぎなんてありません。中華はスーパーで手に入らないから、土曜日はホットドッグですよ。

言葉通りに受けとってよいのか、しかたなくそうしているのか判断しかねるコメントだが、そこに第6章で触れたような郊外のマイノリティの複雑な心境を読み取ることができる。

この2点の写真とコメントからは、人種をめぐって郊外に対するある種の異邦人的な視点が浮かび上がってくるが、もう1点、完全な異邦人の視点で見られた郊外を表現した写真がある。ドラム缶のような筒状の箱を背負ったホームレスらしき人物が、郊外のある家の前を横切ろうとしているところをとらえた作品だ。彼のコメントはこうだ。

連中はいいものを次から次へと捨てちまうんだ。洋服におもちゃ、壊れたトースター、レコード・プレイヤー、新築の区域だと、新しい家に合わないテーブルや椅子まで捨てちまう。エコロジーの運動なんて関係ないのさ。オレはコークの瓶で250ドル稼いだよ。ここの連中には、世の中には貧乏人がいるってことがわからないんだ。他人の苦労なんか知ったこっちゃないのさ。

しかし、他人の苦労を考えている住人もいないわけではない。たとえば、キッチンで赤ん坊を抱き、シンクにたまった洗い物の山を見下ろす主婦の写真がある。写真には、主婦のこんなコメントがそえられている。

ベトナムで子供たちが死んでいるというのに、こんな食器のことなど気にしてはいられないわ。

この平穏な郊外住宅地に暮らす主婦の目に、ベトナム戦争は果たしてどのように映っているのだろうか。チーヴァーの「ライソン夫妻の秘密」に描かれたライソン夫人の水爆の悪夢のように、おぼろげな不安が膨らんでいくのかもしれない。

この写真集には他にも、郊外の様々な家族がとらえられている。タッパーウェア・パーティのおかげで友人たちと話す機会ができたことを喜ぶ主婦、テーブルのうえに積まれた請求書の山を見ながら消費の楽しみを満喫する主婦、部屋中を鏡張りにした部屋でセックスを楽しむ夫婦、郊外が膨張しつづけるために、ハンティングの場所がしだいに遠ざかっていくことをぼやく男たちなど。

オウエンズの写真を眺め、もう一度前書きを読み返してみると、彼はチーヴァーと同じように郊外に暮らし、写真を通してそこにテーマを見出《みいだ》した郊外の発見者であったことがわかる。しかしこの章の最初のところでも書いたように、彼の思考と感性がほんとうにマッチしていたかどうかは疑わしい。彼の思考と感性は、アメリカン・ドリームをめぐって最後まで揺れ動いているのだ。

しかし、できあがった写真集からは、一貫したリアリティが浮かび上がってくる。オウエンズの意識がアメリカン・ドリームの手前にとどまっていたとしても、カメラはそうした意識に左右されることがない。写真に刻み込まれた人々は、アメリカン・ドリームのイメージと現実のはざまで、自分が幸福であると信じていたり、あるいは信じ込もうと努力していたり、幻滅や不安を胸に秘めていたり、想像とは違ったものであることを承知でそこに新しい楽しみを見出していたりする。

自分が暮らす世界にカメラを向けるオウエンズも彼らと同様に揺れ動いているのだが、カメラは確かに〝アメリカン・ドリームの向こう側〟をとらえている。

＊＊＊

それでは今度はアメリカン・ドリームをめぐって、アメリカの代表的な女性作家ジョイス・キャロル・オーツの小説を何本か取り上げてみたい。

オーツの小説の主人公たちは、高級住宅地に暮らす限りなく上流に近い中流階級から、都市に暮らす下層の白人や黒人まで、様々な世界を生きている。ここで取り上げる小説の主人公たちも、その階層は様々だが、彼らはそれぞれに郊外をめぐるアメリカン・ドリームを実現していたり、ひたすら追い求めている。

彼らのアメリカン・ドリームは、オウエンズの写真集から見えてくるような身近なものではなく、それだけに登場人物たちは異様なほど激しい欲望にとらわれていく。そんな彼らは、外部から彼らを動かし、運命を支配していくような社会的な要因と彼らを内側から動かすアメリカン・ドリームへの憧《あこが》れのはざまで引き裂かれていくことになる。

ここで最初に取り上げるのは、アップダイクの『カップルズ』と同じ1968年に発表された『贅沢な人びと』である。

この小説の時代設定は60年代だが、そこに描かれる家族は郊外に暮らしているとはいえ、これまで見てきた家族とはまったく違うし、第6章までにたくわえた基礎知識が、郊外という世界の背景として霞《かす》んでいくように感じられるかもしれない。

この小説に描かれるのは、限りなく上流に近い生活を送る上層中流階級の家族の物語である。彼らは両親とひとり息子の3人家族だ。少年の父親はある鉄鋼会社の社長で、彼はかつて大学を中退し、様々な職業を転々としたあげくに現在の成功を手にした。母親のナダはロシア系アメリカ人で、作家として小説を発表している。彼らが暮らす郊外は、これまでの郊外とだいぶ異質な世界だが、舞台のことを語るまえに、小説全体の構成に触れておくべきだろう。

物語の語り手はひとり息子の少年である。この少年の第一声は、「ぼくは子供の殺人者であった」という言葉で始まる。この小説は、彼がいかにして殺人者となっていったのかを綴《つづ》る手記、あるいは回想録のようなものである。そして、この書き出しからも察せられるかもしれないが、少年は、まったくの他人であるかのように両親の説明を始め、郊外の生活を不気味なほど冷静な眼差《まなざ》しで克明に綴っていく。

「ぼくは諸君に、どぎまぎしないで、すべてを見て、すべてを感じてもらいたいと思っているのである」「そのほかに諸君は何を知る必要があるだろう？」といった語りかけるような調子で、読者を郊外の世界に引き込んでいくのだ。
それでは、この小説の冒頭で少年の家族が引っ越してくることになるファーンウッドの町がどのような世界なのか、語り手の少年の言葉を借りて明らかにしてみよう。

ぼくはわざわざファーンウッドの町を説明しなければならないだろうか？　それとも諸君はこの町を想像できるだろうか？　ファーンウッドと、ブルックフィールドと、シーダー・グローブと、シャーロット・ポイントは、もともと街から一番遠く離れた郊外の町なのである。しかしそれらが一番現代風な郊外の町だと考えるような、思い違いをしないでほしい。そうなのだ、それらは一番旧弊な町なのだ。それらはいわゆる〝田舎〟であり、そこには過去の田舎風な邸《やしき》が、馬車で行くなら何十マイルと離れたところに、街の金持ちのために造られていたのである。もちろん現在ではこうした郊外と街のあいだには、誰でも知っているような、ああいったばかばかしい、いわゆる新興の町々や村々ができていて、さっぱりした、世間体のいい家々が幾列にも並び、迷路のような住宅開発会社の建てた淡黄色の煉瓦《れんが》建ての家々が、更に迷路のような家々につながり、そのすべての家々は法外に高価にもかかわらず、樹木は一本もなく、まさに明日のスラムの観を呈している。そんなものはくたばってしまえばいいのだ。〝田舎〟とは、確実な直観を持ち、それよりさらに確実な銀行口座を持っている父が、いつもぼくたちを連れて引っ越していくところである。というのは、金銭以上の何もこの世界では要求されていないからである。

この郊外育ちの少年は、両親の価値観にかなり毒されているのだが、とにかくこの家族が暮らす世界がこれまでの郊外とまったく異質な世界であることが、この引用で明確になっただろう。これまでの郊外は「ああいったばかばかしい」という形容でかたづけられてしまう世界なのだ。「いつもぼくたちを連れて引っ越していくところ」という言葉からもわかるように、彼らは頻繁に転居を繰り返し、中流の階段のかなり上の部分をさらに上りつづけている。また、50年代以降の郊外化とこの引用を照らし合わせてみるならば、彼らは膨張する新しい中流に取り込まれることを嫌い、郊外を奥へ奥へと向かっているといえる。

アップダイクの『カップルズ』で上層中流階級の家庭に育ったアップルビイやリトル＝スミスは、両親の世代に対するささやかな反発から、形式ばらない開放的なコミュニティを作ったが、『贅沢な人びと』の家族はそれとは逆に、限りなく上流に近い世界に食い込んでいこうとする。それが彼らのアメリカン・ドリームなのだ。彼らはまるで均質化を逃れ、階級意識を求めるかのように、上へ向かう。その先にあるのはもちろん、揺るぎない上流の世界である。
ファーンウッドの家々で開かれるパーティにおける母親の姿には、息子が哀れみをもよおすような階級に対するコンプレックスが浮かび上がってくる。

もし、ここの人たちが、彼女がものを書いているということを一度でも口に出すと、彼女はすばらしい肩の一方をそびやかし、にっこり笑ってすぐ話題を変えてしまうのであった。彼女はここの人たちの前に卑下して自分を無にすることを何よりも望んだ。この人たちこそ、彼女が世の中で感心している唯一の人たちだったからである。彼女はここの人たちと、とうてい太刀打ちできなかった。ここの人たちすべてのなかで一番無知な、一番ひとりよがりの、一番醜い中年の貴婦人にも、ナダは圧倒されてしまうのであった。その理由はただ単に――その理由を当ててみたまえ――その婦人は一度もトーマス・マンを読んだことがないし、そんな名前も聞いたことがないし、しかも自分の無知をいささかも残念がる気配も見せないからである。

金で手に入れられるものはすべて手に入れて階段を上りつめた母親は、もはや金や教養といったものが何ら意味をなさない世界にたどり着いて、コンプレックスを感じることに奇妙な満足感を覚えている。

これは、傍《はた》から見るとひどくもの悲しい姿である。そして語り手である少年は、ある意味では無重力ともいえる世界のなかで、いったい自分が何者なのかということを認識できなくなっていく。彼のまわりには、すでにアルコール依存症になっている少年もいる。


ファーンウッドは地所の境界線や、鑑定人の書類や、権利証書や、権利説明書や、来歴や、家柄の世界である。そしてこうした邸で、人々のやっていることは——一体何をやっているのだろう？　彼らは生活しているのだろうか？　本当に生きているのだろうか？

もし神が楽園のことを言われたとしたら、それはファーンウッドを念頭において言われたものであろう。というのは、ファーンウッドは欲望が感じられさえしないうちに、すべての欲望に応《こた》えるように建てられた楽園だからである。


欲望すら感じられない世界のなかで、母親は、「自由の中には何も個人的なものなんかないのよ。決して個人的な何物もないのよ」という言葉を口癖にし、家出を繰り返す。

自分を認識できない少年、個人的なものはないという母親。ここにはもう家族をつなぎとめるような引力すら存在していない。そこで彼らは、引力を取り戻そうとでもするかのように、消費に精を出す。シーダー・グローブというさらに奥の町に移った彼らが、電気、ガス会社ばかりでなく、芝生やプールの補修サービス会社、医者や薬局、高級食料品店などに次々と電話をかけまくり、注文品を延々と並べたてる（小説では、1ページ近くにわたって商品の名前が列記される）姿はヒステリックですらある。

しかし最後に彼らをつなぎとめるのは、消費ではなくお互いをスパイするような生活だった。少年は図書館で母親の新しい短編小説を密《ひそ》かに読む。それは「痴漢」という作品で、彼はその登場人物である痴漢に遭う少女に自分を重ね、母親が自分を痴漢のような眼差しで眺め、その罪悪感からこの小説を書いたのではないかと考えるようになる。一方で彼は、母親の監視を始め、クローゼットのなかに潜んで母親の浮気を目撃する。彼は、通信販売でライフル銃を密かに購入し、浮気の相手を狙撃し、人目を忍んで郊外の町をうろつく狙撃者となる。そしてついには、母親を射殺し、〝子供の殺人者〟となるのだ。

郊外の世界を移動する生活が、上へと向かう一方通行の階段になっていることはすでに書いたが、この小説ではその階段が終わる場所が浮き彫りにされている。

オーツが『贅沢な人びと』につづいて発表し、全米図書賞を受賞した『かれら』は、デトロイトという大都会を舞台にした白人の下層の親子2代にわたる物語であり、郊外とは無縁の作品のように見える。『贅沢な人びと』の舞台が、金だけがものをいう高級住宅地であるなら、『かれら』の舞台は、やはり金だけがものをいうゆえに、そこに暮らさざるをえないようなスラム化しつつある都市部である。そういう意味では、ふたつの小説の登場人物たちは、対極にある暮らしを送っている。そして対極にあるがゆえに、郊外の生活に対する強烈な欲望が登場人物を支配する展開が後半に準備され、それがこの物語から見えてくるアメリカン・ドリームになる。

***

2世代にわたる物語は、1937年8月の暑い夕暮れに始まり、67年の夏に幕を閉じる。かなり長い作品だが、筆者が郊外とアメリカン・ドリームをめぐって特に注目したいのは、いまも書いたその後半部分、2世代目の物語だ。主人公は兄のジュールズと妹のモーリーンで、彼らはデトロイトの都市部で両親と同じような運命を背負い、下層の白人として出口のない生活を送っている。

しかし50年代半ばに彼らが物心つく年になると、しだいに郊外の生活や価値観と関わりを持つようになる。オーツの小説は、社会的な背景が主人公を突き動かしていく要素が多分にあるが、彼らはまるで50年代から60年代にかけての都市と郊外の力学に振り回されていくように見える。

兄のジュールズは、偶然の成り行きからバーナードという謎めいた男の運転手を引き受けることになり、男の姪《めい》にあたる少女ナディーンと彼女が暮らす郊外の町グロス・ポイントに宿命的といえるほどに惹《ひ》かれていく。グロス・ポイントに対するジュールズの眼差しには、都市と郊外の深い溝が浮き彫りにされている。

彼はたとえ回り道になる場合でもグロス・ポイントに引き寄せられた。グロス・ポイントは、彼にとって常緑樹と煉瓦で作られた楽園だった。そこには窓を狙撃するような人間はひとりもいないし、ドアには鍵《かぎ》がかかっていなかった。

この土地では丸十二か月間これといった犯罪は起きていないと、彼は前に新聞で読んだことがあったが、それは彼の目からすると奇異な感じがしてたぶん誤報だろうと思えた。しかし、それにしてもナディーンはなんて素晴らしい世界に生きているんだろう！

ジュールズが惹かれているのは、ナディーン本人というよりは彼女が暮らす世界なのだ。黒人が続々と流入し、緊迫感を増すデトロイトの都市部に暮らす彼は、対極にある世界に吸い寄せられていく。そしてこの対極の世界が、彼に夢と目的を与えるといってもいいだろう。

何にしても金儲《もう》けをしよう、と彼は思った。金儲けのどこが悪い？　百万ドル？　おれには上に向かう以外に方向はないんだ……何もかも、アメリカのすべてがおれより高いところにあるんだ……上にあがっていきながらそのすべてを求めてどこが悪い？　三十歳になる前に百万ドル作って、このナディーン・グリーンという娘と結婚しよう、そう彼は思った。

これがジュールズにとってのアメリカン・ドリームだ。
それではジュールズが郊外の世界の象徴として憧れるナディーンが、どのような少女なのかといえば、著者のオーツは、彼女の存在にも郊外の世界を、しかも重く背負わせている。
彼女は『贅沢な人びと』の語り手の少年を思わせるような、自分の殻に閉じこもった少女である。たとえば、「あたしはもうすぐ十七になるとこだけど、ほんとはあたしのほうが母よりも年取ってるの」とか「あたし、人が自分とは違う言葉を話すところで暮らしたいの、誰もあたしに話しかけることができないし、あたしもみんなに話しかけることができないようにね」といった彼女の言葉がそれを物語っている。そして彼女はすでに2度家出を試みていた。

ふたりはお互いに惹きつけられていくが、その関係は悲劇的な結末を招く。このジュールズとナディーンの関係は、ひとりの男とひとりの女の関係というよりも、それぞれに貧困が支配する都会と空虚な郊外を憎悪する感情のつながりを意味する。都市と郊外の深層でうごめく暗く激しい感情が、その距離ゆえに強く惹かれあいながら、しかし決してひとつになることはないのだ。

一方、ジュールズの妹モーリーンは、兄と同じように都会の出口のない生活のなかで、売春や継父の暴力といった辛酸をなめ、ひとつの思いが執念へと変化していく。

ここで注目しておく必要があるのは、この小説が書かれるきっかけだ。著者のオーツは、デトロイトの大学で教鞭《きょうべん》をとっているときに実際にモーリーン・ウェルダンに出会い、手紙のやりとりをするようになった。オーツは彼女の人生に興味を覚え、しまいにはのめり込み、この小説を書き上げた。この小説には、モーリーンがオーツに手紙を書いている部分も描かれている。すでに様々な経験を経て自分を老婆のように感じているモーリーンは、そのなかで現在の自分の願望をこのようにしたためる。

わたしはあなたのようになりたいわけではなく、自分をこんなふうに思いたいんです——ランチ・ハウスなりコロニアル・ハウスなり、とにかく裏手に塀をめぐらした郊外の住宅に住んで、たぶんスラックスか何かをはいて台所で立ち働き、赤ん坊は専用のベビー・ベッドに寝ている、各部屋には薄い紗《しゃ》のような白いカーテンが垂れ下がり、夫とわたしのための寝室もあって、居間の窓は庭の芝生越しに道路と向かいの家に面している。わたしの体の中の細胞が残らずこういったものを求めて疼《うず》くんです！　目がそれを見たがってうずうずしています、眼窩《がんか》の中で目玉がそれをほしがって疼いているんです！　ああ、わたしはどれほどそんな家とそんな男性がほしいと思っているか知れやしません、その男性が誰だろうとかまいやしない。

ジュールズが少女本人ではなく彼女の世界を見つめていたように、モーリーンもまた相手よりも、都市の彼方にある生活に強烈な欲望を感じているのだ。
しかも、彼女のアメリカン・ドリームともいえるこの手紙の文面が不気味な印象を与えるのは、そこにある郊外生活のイメージが、まるで雑誌の広告で見る生活の断片を掻き集めて作り上げたかのように、あまりにも画一的で生気が感じられないからだ。この手紙から見えてくる郊外生活は、『リトル・ショップ・オブ・ホラーズ』でオードリーが歌う歌詞によく似ている。あの歌には書き割りの薄っぺらな郊外のイメージがよく似合っていたが、モーリーンはそんな表層的な中流の生活のなかに埋没することができれば、あとはどうでもかまわないというのだ。

これは都市の状況がいかに絶望的なのかを物語るような欲望である。結局彼女は、妻子ある大学教授に狙いをさだめ、誘惑し、彼の家庭を破壊し、理想より貧しくはあったが間違いなく自分の家庭を築く。そして小説は、67年にデトロイトで起こった黒人の暴動をひとつのクライマックスとし、結末へと向かっていく。ここでは『かれら』という小説を全体としてとらえてみたわけではないが、これまで取り上げてきた小説とは明らかに異質な、都市から郊外を見る視点が浮き彫りにされ、興味深いのではないかと思う。

＊＊＊

『贅沢な人びと』と『かれら』の2作品で、オーツが、階層にかかわらず主人公を駆り立てていくような極端な上昇志向にこだわりを持っていることがおわかりいただけただろう。彼女はこれまでにすでに20作近い長編を発表し、すべてにそうしたこだわりが見られるというわけではないが、最後に比較的新しい作品のなかから、89年に発表された『American Appetites』に注目してみたい。

この作品は、アメリカン・ドリームを実現した生活を送る夫婦が、ひとつひとつでは決定的な要因とはなりえない出来事が重なることによって、崩壊に至る物語である。主人公が上層中流階級という設定や家族の人間が被害者と加害者になる展開などは『贅沢な人びと』に通じるものがあるし、都市と郊外のよじれた関係という意味では『かれら』にも通じている。

時代は1987年で、主人公のイアンとグリニスのマックロー夫妻は、上層中流階級の人々が暮らすニューヨーク郊外、ヘイゼルトンのコミュニティに属している。彼らは結婚して26年。夫のイアンは有名な社会科学関係の調査機関に身を置き、妻のグリニスは料理の分野のエキスパートで、本も執筆している。週末のパーティは社交の輪を広げ、彼らはコミュニティからの信望もあつい。絵に描いたアメリカン・ドリームの生活であり、彼らの場合は極端な上昇志向にとらわれているわけでもない。

イアンの仕事はいかにもオーツらしい設定だといえる。彼女の作品には、登場人物たちを取り巻く様々な社会的状況が克明に描き込まれているが、イアンの仕事もそれに通じるものがある。彼は最近になって、国家の医療機関が出資する人口統計学の調査の責任者となり、年齢や職業、経済状態、地理的な移動、犯罪、死といった要素の間にある相関関係を調査している。つまり彼は、社会学的な要因と人間の運命との関係を探っているのである。

この物語の皮肉なところは、そんな仕事にたずさわる主人公が、予測不可能な運命に巻き込まれ、想像もしなかった悲劇を目の当たりにするということだ。それは80年代という時代とも深い関わりを持っている。レーガン政権の政策によって社会は保守化し、貧富の差が拡大していたからだ。

悲劇のきっかけになるのは、イアンのオフィスにかかってきた1本の電話だ。相手は妻の友人で彼とは決して親しいとはいえない若い女性シグリット・ハントで、彼は突然、助けを求められる。

彼女はイアンのコミュニティに比べるとひどく貧相なアパートに暮らし、妊娠していたうえに恋人との仲がこじれ、薬物に依存する状態になっていた。イアンは彼女の意向に従い、子供を堕《お》ろすための金として1000ドルの小切手を切る。

その数ヶ月後、妻のグリニスがシグリットにあてて切られた使用済小切手を発見してしまうことから、彼らのアメリカン・ドリームに取り返しのつかない亀裂が入ってしまう。

グリニスは夫を追い払うためにステーキナイフを振り回し、ヒステリー状態におちいって、夫の顔や指を傷つける。夫は身を守るために、彼女を突き飛ばす。彼女は巨大な窓ガラスに激突して、それを突き破り、テラスに倒れ込む。そして昏睡《こんすい》状態におちいり、一度も意識が戻ることなく死亡してしまう。イアンは殺人犯として逮捕される。

しかし、妻をヒステリー状態に追いやった要因は、必ずしも小切手の問題だけではない。彼女は豊かな生活のなかで不安を抱え、また、小切手から連想するような出来事を自分自身の体験として胸に秘めてもいた。彼らの家は妻の希望でガラスを大胆に使って設計されていたが、何ヶ月か前の深夜、何者かが家に押し入ろうとしたことがあった。奥まったところにある寝室で眠っていた彼女は、ヘイゼルトンがブロンクスに変わってしまったように表のドアを激しく叩《たた》く音に、このガラスの家は自分たちを守るものが何もないという恐怖を感じていた。彼女には、コミュニティのなかで最も親しい夫婦の夫と情事を重ねていた時期があったが、大人の火遊びとして後始末をしていた。

一方、シグリットがなぜイアンに助けを求めたのかは、小説の結末で明らかにされる。彼女は、裁判で不利な立場に追い込まれたイアンを救うために、法廷の証言台に立ち、彼女の長い答弁から理由が明確になっていく。イアンやグリニスのような人種に対する憧れ、羨望《せんぼう》、そして憎悪が入り混じり、そんな予測不可能な要因がシグリットにイアンを選ばせた。予測不可能な要因は、家庭やコミュニティに潜む細々としたわだかまりをひとつに結びつけ、非のうちどころがないほど完璧《かんぺき》に見えたアメリカン・ドリームは、まるでガラスの夢であったかのように、もろくも崩れ去っていくのだ。

第10章　郊外住宅地の夜空に飛来するＵＦＯ
――スティーヴン・スピルバーグのトラウマ

筆者がアメリカの郊外の世界に関心を持つきっかけになったのがスピルバーグの映画だったことは、序章に書いた通りである。この第10章では、そのスピルバーグと郊外の関係を掘り下げていくことにする。本論に入るまえに、序章のスピルバーグに関する記述をもう一度読み返していただければ幸いである。

＊＊＊

スティーヴン・スピルバーグは、１９４７年12月18日にオハイオ州シンシナティで生まれた。その後、一家はまずニュージャージーに転居し、そこでスピルバーグの妹たちが生まれ、子供が４人になると今度はアリゾナ州フェニックスにある郊外の町スコッツデールに移り、そこに落ち着いた。スピルバーグは郊外の町で成長した。序章でも触れたように、彼は郊外の子供なのだ。

スピルバーグといえば日本では、いまだにハリウッド・ルネッサンスやファンタジー、永遠の子供といったレッテルに縛られ、郊外の世界に対するスタンスが見落とされがちだが、彼は永遠の子供である一方で、郊外の世界を驚くほど冷静な眼差《まなざ》しでとらえ、それを映画に反映している。

『未知との遭遇』や『E.T.』、あるいは『ポルターガイスト』（１９８２）のあの郊外の光景については、序章のスピルバーグのコメントにある通りである。同様に『激突！』（１９７１）はロサンゼルスの郊外住宅地から物語が始まり、『ジョーズ』（１９７５）では都会から海辺の町に転居した家族が描かれ、『続・激突！　カージャック』（１９７４）はシュガーランドの郊外の家を終着点としている。

もちろん、登場人物はほとんどが郊外居住者である。スピルバーグの映画には、巨大なサメやＵＦＯといった非日常的なガジェットが飛び出してくるだけに、彼らの生活はいかにもありふれた日常のように見えてしまう。そこでこれらの作品は、あたかも日常と非日常のせめぎ合いという図式が生みだすアクションやサスペンス、ファンタジーであるかのように思われる。しかし序章に書いたように、郊外の立派な家とそこに暮らす決して幸福そうには見えない家族との対照を、あっさりと日常と割り切るわけにはいかないだろう。

それでは、序章では取り上げなかった他のスピルバーグ作品に登場する家族の場合はどうかというと、やはりそれぞれに問題を抱えている。

たとえば『ジョーズ』の主人公のひとり、平和な避暑地アミティの警察署長ブロディだ。彼は、ニューヨークから妻と子供を連れてこの町に移ってきてから1年にもならない新しい住人である。彼がスクリーンに最初に登場するのは、その新しいわが家で妻と対話する場面だが、その対話の内容はまさにニューヨークとアミティの対比である。彼は、子供のためという理由でこの転居を自分に納得させようと腐心しているのだが、妻のほうは正直にニューヨークの方が気に入っていることを告白している。またブロディは、船上で海洋学者フーバーにこんなふうに語る。

ニューヨークは手のつけられない街になっちまった。事件が多すぎて警官もどこから手をつけていいかわからん。強盗、殺人、誘拐、子供たちは歩いて学校にも通えない。ところが、このアミティは平和そのものだった。この25年間で殺人はもちろん発砲も一度もない。

つまり彼は、警察官としての生きがいや義務感といったものをすべて放棄し、事件のまったくない平和な町の警察署長になった。おまけに彼は子供のころに溺《おぼ》れかけた経験があり、いまでも水を怖がるにもかかわらず、海のある避暑地へと転居してきたのだ。これだけでも何とも皮肉なキャラクター作りがなされていることがわかるだろう。舞台は避暑地ではあるが、スピルバーグが、多くの問題を抱える都市から逃避してきた家族を主人公にすえることによって、そこに郊外住宅地に近い性格が付与されているのだ。

ちなみにピーター・ベンチリーの原作では、ブロディ警察署長は、アミティで警官を長年つとめて署長になった人物で、もちろん水を怖がるといったこともない。この映画の脚本のクレジットにスピルバーグの名前はないが、ブロディのキャラクターなどに彼の意向が反映されていることは間違いないだろう。

『ジョーズ』のこの一家の場合には、そうした矛盾は抱えているにしてもいまだ表面化していない。しかし『未知との遭遇』の電気技師ロイ・ニアリーの場合は、序章で触れたように、すでに郊外の生活のなかで暗雲がたれこめつつある。序章では小説『未知との遭遇』から、ロイと妻ロニーの会話を引用したが、その会話のつづきのなかで、妻はこんな台詞《せりふ》を口にする。「なにも一週間アカプルコへ行きたいと頼んでいるわけではないわ。ほんのちょっとした変化がほしくてしょうがないの。あなたがお花でも持って帰ってくだされば、もう感激だわ。すてきなバラを一本でいいの」。妻は、郊外の平穏ではあるが退屈な生活のなかで、身動きがとれなくなりつつある。しかし夫は鉄道模型の世界に閉じこもり、そんなささやかな期待にも応えることができない。彼は単調な生活に埋没しないように自分の世界を作り、自分を守ることで精一杯といった状況なのだ。

『ポルターガイスト』には、こうした郊外居住者の生活ぶりが、日常ならざる日常として描き出されている。この映画の舞台となるのは、〝クエスタ・ベルデ〟と呼ばれる郊外住宅地である。小高い丘陵に囲まれた緑の豊かな土地、整然と並ぶクルマと家、きれいに整備された広い道路、カメラは快適そのものに見えるパラダイスを映し出す。しかし、ひとたびカメラが主人公たちの生活の内側に入り込んでみると、だんだん快適そのもののようには見えなくなってくる。

これはどう見ても退屈にむしばまれた世界である。特に象徴的に描かれるのがテレビだ。朝食から放送終了後までつけっ放しになっているテレビ。近所の友人たちと金を賭《か》け、ビールを片手にアメフトの中継に熱中する父親たち。いい大人が隣人とリモコンでチャンネルの取りあいまでする始末だ。そして夜になれば、マリファナでハイになった夫婦がベッドでじゃれあい、退屈をまぎらす。このクエスタ・ベルデは、外の世界とのパイプであるテレビがなかったら、ほとんど海に浮かぶ孤島である。

＊＊＊

警官としての義務感を放棄し、水を怖がるにもかかわらず海辺の町に逃避してきたブロディ、妻に1本のバラを持って帰ることができず、鉄道模型に閉じこもるロイ・ニアリー、テレビ漬けの退屈な夫婦。このように見てくると、スピルバーグが、都市から郊外に逃避したり、郊外の生活のなかでこわばりつつある人々を、巧みに主人公にしていることがわかる。そして、このような家族に、サメやＵＦＯといったガジェットが接触してくるところに、スピルバーグ作品の面白さがあるのだ。

但し、スピルバーグの郊外居住者に対する眼差しは、必ずしも一貫したものではなく、作品を追うごとに変化していく。それは、郊外の世界を批判的、風刺的に見ていたものが、しだいに個人的な体験や感情を色濃く投影していくことによる変化である。

それではまず、スピルバーグの出世作『激突！』から、郊外の家族とガジェットが織り成すドラマを見ていくことにしよう。

もともとスピルバーグがテレビ映画として作った『激突！』は、ご存知のように平凡なビジネスマンの運転するクルマが、不気味なタンクローリーに追い回されるというシンプルなストーリーの作品である。舞台は路上であって郊外住宅地ではない。しかし映画の冒頭で、走っていくクルマのフロントガラスを通して見える典型的な郊外の風景は、クルマの持ち主に関するヒントを与えてくれる。その主人公デイヴィッド・マンは、途中で立ち寄るガソリンスタンドから自宅に電話を入れ、その会話から、彼が自宅から仕事に出たこと、そして家庭と仕事をめぐって必ずしも満たされた生活を送っているのではないことがわかってくる。

電話に答える妻は、暖炉のある広い部屋でくつろぎ、カーペットのうえでは子供がロボットのおもちゃで遊んでいる。電話のやりとりから、主人公が傲慢《ごうまん》な仕事相手に無理に頭を下げ、妻に心のなかで軽蔑《けいべつ》までされていることがわかる。その電話の最中に、主人公のわきを下層を思わせる太った中年女が通りすぎ、カメラと主人公の間に立って、備えつけられたランドリーの洗濯機のなかに洗濯物を放り込んでいく。開かれたままの丸いガラスの扉を通して主人公の姿をとらえるカメラ。中年女が漂わす生活感と自宅の光景は、なかなか効果的なコントラストを描いている。おそらくこの主人公は、背伸びをして郊外の生活を手にし、その生活を維持していくためにあくせく働くことを余儀なくされているのだろう。しかも暇をもてあましている妻には、生活に追われていれば気づかないような夫の情けない部分ばかりが際立って見えてしまう。

『激突！』は、平凡なビジネスマンの日常に不気味なタンクローリーという非日常が割り込んでくるかに見えるが、主人公の立場や感情を考えるなら、ことはそれほど単純ではない。そんな設定を短い描写のなかに盛り込むスピルバーグの演出には非凡なものがある。こうした設定がなかったら、この映画の魅力は半減するに違いない。

ところで、こんなふうに主人公マンについて長い解説を加えると、彼のキャラクターに過剰にこだわっているように思われるかもしれない。しかし、序章でも引用したトニー・クロウリーの『The Steven Spielberg Story』のなかで、スピルバーグ自身がこのキャラクターのことを〝ミスター・サバービア〟と呼んでいる。これはもちろん、永遠の子供の口から出るような言葉ではなく、かなり皮肉な言い回しである。しかもそんな皮肉な表現に加えて、スピルバーグ自身がこのキャラクターについて次のような過剰ともいえる説明を加えているのである。

『激突！』のヒーローは、現代的な郊外生活に埋没した典型的な中流の下の方にいるアメリカ人だ。日曜日になると、まずクルマの洗車に行く。といってもせいぜいワンブロック先までクルマを走らせるだけのことだ。そして洗車のあいだに子供たちと隣に行って、デイリークイーンでアイスクリームを買ってやり、それから何千万個もハンバーガーを売りさばくピカピカのマクドナルドに行って昼食をすます。それから今度はゲーム・センターに逃げ込んで、タンクやらポングやらフリムフラムといったゲームをやる。戻ってくるころには洗車は完了し、出発の準備ができている。クルマに乗り込むと、今度はマジック・マウンテン遊園地に行き、ジャンクフードを食べながら1日を過ごす。

赤信号に引っかかりながら家にたどりつくと、妻が夕食の準備をして待っている。そして、低脂肪のインスタントのポテトと卵を食べ、くつろいでテレビをつける。それでこの男がまる1日を過ごしたファンタジーから、いつもの現実に引き戻される。まずゴールデンアワーの番組を見る。それは心のかてだが、常夜灯を見つめているのと何ら変わらない。最後にニュースを見るが、耳をかたむける気がしない。というのもゴールデンアワーに味わっていた現実に水をさすからだ。そして最後に眠りにつき、夢を見る……アメリカの週末を楽しむのにじゅうぶんな金を稼ぐ夢を……。これが『激突!』に描かれた男のタイプだ。彼は、テレビが壊れて修理屋を呼ぶといったことより難しい挑戦に応じることはいっさい望まないような男なんだ。

これはかなり辛辣《しんらつ》な言葉である。そして、この言葉が饒舌《じょうぜつ》に物語るように、『激突!』は、郊外を舞台にしていないにもかかわらず、郊外の生活に対して激しい揺さぶりをかけようとする映画なのである。

主人公マンの心理は、タンクローリーとの駆け引きのなかで様々に変化していく。この映画のなかで主人公が最初に口にする台詞というのは、運転しているクルマのラジオに向かって、「公害の話でもしろ」というものだ。もちろん、煙を吐きだしながらものすごい騒音で走るタンクローリーに嫌悪感をもよおしてそんな台詞が口をついて出たのだが、そこには少なくとも余裕というか優越感のようなものがある。

安全な郊外のコミュニティの延長線上を走っている気分の主人公は、積もり積もった嫌悪感や不快感から、タンクローリーに対抗心を起こしてしまう。しかしそれはしだいに恐怖心に変わる。彼は、途中で立ち寄った食堂の化粧室で、いつもの気楽な遠乗りであり、ごく普通に道を走っていただけだと自分にいいきかせる。「公害の話でもしろ」どころではない。そして、もはや警察にも頼ることができないことを悟ったとき、彼は自分の命を守るために、郊外生活に埋没したミスター・サバービアから完全な個人に立ち返って現実に対処しようとする。但し、個人とはいうものの、タンクローリーが相手にするのは主人公とクルマのユニットであって、生身の個人で相手になろうとすれば向こうは逃げ去ってしまう。モータリゼーションと結びついたこの設定、展開も興味深いが、このことについては第22章であらためて触れる。

そして、スピルバーグの郊外居住者に対する含みのある視点が、主人公のプリマスとタンクローリーの決闘《デュエル》のあとに浮かび上がる。

断崖《だんがい》から落下したタンクローリーを見て大喜びで飛び跳ねる主人公。カメラは、タンクローリーの車体を映し出す。それまでまったく人間性というものを表に出さなかったタンクローリーだが、その車内に取りつけられた扇風機が映し出されると妙に痛ましくも感じられる。主人公の喜びもしだいに自虐的な笑いに変わり、ついにはへなへなと崖《がけ》っぷちに座り込む。夕日を浴びながら、彼はどこか寂しげに、手元にころがっている小石を拾っては谷底に投げる。

この主人公の姿はいったいなにを物語っているのだろう。

タンクローリーとの駆け引きのなかで、彼の気持ちは怒りから恐怖に変わったが、必死になっているうちに彼は奇妙な刺激を覚えていた。それは、スピルバーグの説明にもあったミスター・サバービアの現実を吹き飛ばすような、生々しい現実を自分の身体で感じることからくる刺激だ。もちろん、その刺激が魅力的であることは、タンクローリーの脅威が去ってはじめて気づくことではあるのだが。

スピルバーグは、彼が12歳のときに撮った8ミリ作品について、こんなコメントをしている。

何者かに追われて逃げる男が主人公。彼は自分を殺そうと追ってくるものから逃げつづけるうちに、逃げることに対して高揚した喜びを感じるようになる。追ってくるのが誰なのかということなどどうでもよくなってくる。追われていることすら考えなくなってくる。（『世界の映画作家38』より引用）

これは、郊外の平穏な生活のなかで、そんなことが起こりえないとわかっていながら、それゆえに心のどこかで、まったく予期せぬ刺激を求める子供の気持ちを表現している。スピルバーグが繰り出すガジェットとは、ある意味では主人公の潜在的な願望が生み出す巨大な妄想でもあるのだ。

＊＊＊

それでは『ジョーズ』の場合はどうだろうか。この映画の主人公である警察署長ブロディについてはすでに触れた通りである。そして、25年間、殺人も発砲も起こらなかった平和な町に巨大なサメが出現するにおよんで、この主人公にもついに、警官としての使命を果たすときがやって来る。ところが彼は、町全体の共通の利益を最優先することを住民に強要するコミュニティ精神に足枷《あしかせ》をはめられ、市長の意見に屈服せざるをえない。ここでもスピルバーグは、避暑地から郊外住宅地と共通する要素を巧みに引き出している。

この映画には、そんな警察署長の立場を強調するかのように、彼とは対照的な人間が登場する。ロバート・ショウ扮《ふん》する船長のクイントだ。彼は、最初から独力でサメと対決しようとするような男、自分の使命に忠実な個人主義者である。そして本来なら、このクイントのようなキャラクターが最終的にサメを退治してヒーローとなるところだが、もちろん、そういう展開にはならない。スピルバーグのターゲットはブロディであるからだ。極端な表現をするなら、巨大なサメは日常ならざる日常に埋没しているブロディと対峙《たいじ》するために存在しているのだ。

その意味で、ブロディ、クイント、そして海洋学者フーパーの3人が、巨大なサメと対決する場面は、実に巧妙に演出されている。サメとの対決を通してヒーローとなる資質を備えたクイントは、いともあっさりとサメに呑《の》み込まれてしまう。そして、もうひとりのフーパーは海底に退避する。というわけで一瞬ではあるが、『激突!』の主人公と同じようにブロディは1対1でモンスターと対峙することになり、完全な個人に立ち返る。しかしそれは、サメを倒し、フーパーが再び海面に姿を見せるまでのことである。シナリオの展開としては、こんな恐ろしいサメと闘うことになるなら、ニューヨークに戻って警官としてやりなおそうと決意するのも面白いと思うが、『激突！』の主人公が再び日常ならざる日常に埋没していくように、彼もまたアミティの世界に戻っていく。

闘いを終え、岸に向かって泳いでいくブロディが最後に口にする台詞は、「海も悪くないなあ、あんなに嫌っていたけど」というものだ。この言葉は、『激突！』のラストの主人公の寂しげな姿を連想させる。結局、彼はサメを倒してもヒーローになることはなく、町の利益を優先するコミュニティに対する怒りもない。ただ単にサメという妄想療法によって水に対する恐怖を治療したにすぎないのである。

また、この『ジョーズ』のまえに、スピルバーグは『続・激突！　カージャック』という映画（『激突！』はもともとテレビ映画だから、これが彼の劇場用長編デビュー作ともいえる）を撮っているが、この作品にも少しだけ触れておきたい。

『続・激突！　カージャック』は、若い男女が思いがけないことの成り行きで罪を犯し、警察に追われてテキサス周辺３００マイルに及ぶ逃避行をやってのけたという、１９６９年の実話をもとにしている。映画では、主人公の男女が里子に出された子供を取り返すために、シュガーランドを目指して疾走して行くのだが、スピルバーグが、子供が預けられたシュガーランドの家をどのように描いているかということに注目していただきたい。

映画全体が派手なアクションで進行していくのとは対照的に、シュガーランドにある郊外の家の場面は暗いトーンで描かれている。子供がどうなるかという状況で、玄関にある高価な壺《つぼ》をどこかにしまおうとする里親、その里親に抱きかかえられて泣きだす子供、どこか陰気な室内の雰囲気。この作品で最も印象に残るのは、主人公の男女が子供のいる郊外の家に到着する場面だ。家のなかでは狙撃隊が彼らを狙っている。人の姿もなく死んだような郊外の光景。薄曇りの空を重々しく映し出す暗く冷たい窓ガラス。汚れたものを寄せつけまいとするように固く閉ざされた真っ白な扉。そこにアウトローの主人公が立つとき、スピルバーグは物語の流れよりも深いところで郊外の排他性を静かに暗示している。

この他にもスピルバーグは、『激突！』につづいて監督したテレビ映画『恐怖の館』（1972）で、都会から郊外に転居した家族が遭遇する恐怖体験を描いているが、これは『ポルターガイスト』の原型になった作品なので、後で『ポルターガイスト』とともに触れることにする。

＊＊＊

ここまで取り上げてきた初期の作品と『ジョーズ』につづく『未知との遭遇』以後の作品では、スピルバーグの郊外への眼差しが変化してくる。それは序章で引用したスピルバーグのコメントからもうかがえるように、『未知との遭遇』以後の作品では、個人的な感情が投影されるようになるからだ。

『未知との遭遇』の電気技師ロイ・ニアリーは、バラの花１本の変化を望む妻の期待に応えられない男ではあるが、少なくとも郊外の単調な世界に埋没して動きがとれない妻とは異質な世界を持っている。彼は、郊外のなかで自分の周囲に壁をたて、鉄道模型の世界にこもることによって、かろうじて自分の世界を守っている。それが健全かどうかという問題はここではひとまず措《お》いておくことにして、明らかに彼は、『激突！』のビジネスマンや『ジョーズ』の警察署長とは異なるタイプの人間である。当然のことながら、彼の前に現れるＵＦＯも、タンクローリーやサメとはいささか意味が異なる。

興味深いのは、映画の冒頭で描かれるように、ＵＦＯに最初に吸い込まれていくのが、母子家庭に暮らすバリー少年だということだ。彼は、玩具《おもちゃ》に囲まれ孤立しているように見える。そして、映画のなかで最終的にＵＦＯに乗り込んでいくのは、ロイその人であり、ＵＦＯに乗り込む特権を与えられるのはこのふたりだけだ。ここでスピルバーグが暗示しているのは、ロイはバリー少年のような少年時代を送り、そのまま大人になってしまった人間だということだろう。またそこには、17歳のときに両親が離婚し、母子家庭となったスピルバーグの体験も投影されているに違いない。

この映画のＵＦＯは、『激突！』や『ジョーズ』に登場するガジェットのような主人公たちの潜在的な願望よりも、もっと明確な願望が具現化されたものであり、それゆえに、一瞬の高揚のあとにすべてがもとに戻ってしまうような妄想的な存在ではなく、主人公を閉じられた世界から解放してしまう。主人公ロイが、自分の世界である鉄道模型をつぶし、そのうえに粘土の山を築くことによってＵＦＯへの切符を手にするというのは、なんとも象徴的である。この映画に宗教的な雰囲気が漂っているのは、異星人との接触が神秘的であるからだけではなく、こうした図式が埋め込まれているためでもあるだろう。

という意味では、『未知との遭遇』は、主人公を通したスピルバーグの自己救済といった寓意《ぐうい》が込められた映画だといえる。これは、郊外で同じような経験をした人々の共感を呼ぶことだろう。ただ、家族を捨てて宇宙に向かうというのは、ひとつ間違えば逃避にもなりかねないという懸念はある。

それがこの映画以後のスピルバーグにある種の迷いをもたらしていることはこれから触れるが、とにかく救済であれ逃避であれ、郊外住宅地という舞台、その夜空にＵＦＯが飛来するというイメージがとても大きな意味を持っていることだけは間違いない。

スピルバーグが製作、原作、脚本を手がけ、監督にトビー・フーパーを起用した『ポルターガイスト』。この映画の土台になっているのは、先ほども少し触れたスピルバーグが監督したテレビ映画『恐怖の館』である。『恐怖の館』はオカルト・ホラーの体裁をとっているが、その内側に郊外居住者を挑発するような要素があるという意味で、『激突！』や『ジョーズ』に近い。主人公は、都会から郊外に引っ越してきた家族だ。テレビのディレクターである夫は仕事に追われ、平穏な生活のなかで暇をもてあます妻は、しだいに魔術に興味を引かれていく。その一方で彼女は、些細《ささい》なことでヒステリーを起こすようになり、それが知らず知らずのうちに子供たちとの間に溝を作り、子供たちに悪魔の手が忍び寄る。子供が家の壁にボールをぶつけて遊ぶその単調な音の繰り返しと、母親の表情が変わっていく様を重ねるあたりの演出が、リアルで不気味だったことを記憶している。そして、恐ろしい体験を経て、この家族は家から逃げ出していく。

『ポルターガイスト』の家族は、平和な生活を送っているかのように見える。しかし先ほども触れたように、キッチンから寝室まではびこるテレビがずっとつけっ放しになっている。舞台となる住宅地は周囲を完全に丘陵に囲まれ、まさに陸の孤島である。そんな世界で、外の世界の現実というものに直接触れることなく、すべてをテレビを通して受けとめていたら、人間の感覚は現実から遊離していくことだろう。

娘のキャロル＝アンが、不思議な力によって直接触れることなく椅子を動かして見せたとき、母親のダイアンは飛び上がって大喜びしている。まるでテレビのなかの出来事でもあるかのように、母親は娘の異常をやすやすと受け入れてしまうのだ。

この映画には、テレビと退屈に支配された世界のなかで現実が見失われ、ささやかな変化を求める両親の潜在的な願望と、雷や不気味なかたちをした木に対する子供たちの恐怖心が結びつくことによって、モンスターを招き寄せるという図式がある。しかし今回は、スピルバーグ的なガジェットは外からやって来るのではない。郊外生活の娯楽の中心に位置するテレビ、つまり内側から現れるのだ。消えてしまった娘の声を聞くために、テレビから離れられなくなった両親の姿には、スピルバーグの悪意がみなぎっている。

だがこの作品は、スピルバーグと監督のフーパーの関係が決して理想的とはいいがたいために、郊外をめぐって面白い設定や伏線があるにもかかわらず、後半に向かって焦点がぼやけていく。要するに、フーパーが求めていたのは、住宅が墓地のうえに建てられていたという表面的な設定に呼応して、明るい郊外をおどろおどろしい死霊たちが一変させるグロテスクなクライマックスであり、スピルバーグが求めていたのは、テレビのイメージを一変させることで、郊外居住者が生活空間からテレビを放り出し、郊外を逃げ出していく光景だったということだ。

一方、『E.T.』についてはもはやあまり説明の必要もないのではないかと思う。

序章で触れた、ありふれた郊外住宅地を異星人の眼差しで光のパノラマとしてとらえる冒頭の素晴らしいシーンは、物語にも生かされている。この映画の場合は、『未知との遭遇』とは違い、主人公一家が暮らす郊外住宅地に舞台がほぼ限定され、エリオット少年と彼の潜在的な願望が具現化されたE.T.が結びつくことによって、日常がそのまま冒険の空間に変わる。

しかしそこには単なるファンタジーとはいいがたい含みがあるように思える。E.T.は郊外における異質な存在であり、大人たちが捕らえようとすることは、コミュニティからの排除と見ることもでき、E.T.を守ろうとするエリオットは、自分を取り巻く世界の価値観と対峙し、そこから飛翔《ひしょう》する＝一線を越えるともいえる。

『ポルターガイスト』では郊外生活を批判的な眼差しでとらえ、そこに埋没する家族を郊外から追い出し、一方『E.T.』では、傷ついた家族に夢をもたらし、少年を成長させる。2本の映画はほぼ同時期に制作され、『ポルターガイスト』ではスピルバーグが脚本を書いて、監督をフーパーに委ね、『E.T.』ではメリッサ・マシスンに脚本を委ね、スピルバーグ自身が監督した。そこには、自己の郊外体験に対する認識をめぐって、スピルバーグのふたつの顔を見ることができる。

筆者は、この2本の映画をめぐる二者択一が、作家としてのスピルバーグの分岐点ではなかったかと思う。もしスピルバーグが『ポルターガイスト』を監督していたら（『恐怖の館』

を焼き直すくらいだからこの題材には少なからぬ思い入れがあったはずだ)、これはものすごい作品になっていたのではないかとも思っている。

＊＊＊

『E.T.』と『ポルターガイスト』以後、スピルバーグは郊外の世界から遠ざかっていく。『E.T.』につづいてスピルバーグが監督したのは、黒人作家アリス・ウォーカーの『紫のふるえ』を映画化した『カラー・パープル』(1985)だった。これはあまりにも意外な展開に見えるが、ここまで書いてきたように、彼が娯楽のなかに(郊外に関する)社会性を盛り込んできたことを考えるなら何らかの接点があるのだろう。『E.T.』が彼のイメージを決定してしまうほどのヒットを飛ばしたことに対する反発もあったかもしれない。これまでユダヤ系というアイデンティティを作品にまったく反映してこなかったことに対する反動ともとれる。あるいは、エリオット少年が、人種に対する壁がある郊外のなかで異星人と理解しあったように、スピルバーグが、自分が成長した世界から最も遠い場所に飛び出したということもできるだろう。

『カラー・パープル』については、本書の主題から逸れるので触れないが、その次の作品、

Ｊ・Ｇ・バラードの同名原作を映画化した『太陽の帝国』（１９８７）には少し触れておきたい。特に前半部分の設定が筆者にはとても印象に残っている。舞台は第二次大戦下の上海《シャンハイ》。主人公の少年と両親は、上海の外国人居留区に暮らしている。通学などは運転手つきのクルマで、少年はまさしくその地域に隔離され、外の世界を知らない。これはアメリカの郊外生活の投影と見ることもできる。そして上海に戦火が近づいたとき、少年は混乱の都心部に放り出され、つらい冒険に乗り出していくのだ。

スピルバーグの世界から郊外の世界は遠いものになりつつあるが、彼をハリウッドの頂点に押し上げるヒット作を生んだ感性は、まぎれもなく郊外の世界で育まれたものなのである。

第11章　ボルティモアの郊外から吹き出すバッド・テイスト
——ジョン・ウォーターズの挑発

ジョン・ウォーターズといえば〝バッド・テイスト〟で有名な監督である。彼は、エッセイ集も何冊か書いていて、そのうちの1冊『クラックポット』は翻訳もされている。このエッセイ集は、ウォーターズのロサンゼルス案内から始まるのだが、そのなかにこんな記述がある。

LAまでの航空チケットなど安いものだ。必ず窓ぎわの席を取るように心がけよう。そうすれば、地平線の果てから果てまでべったりと広がるこの郊外住宅地の眺めに胸おどらせ、そこに地震が起きるさまを空の上から想像し、悦に入ることができる。それもセンサラウンドで。

この文章から、郊外住宅地に対する悪意を読み取ることは容易《たやす》い。ウォーターズもスピルバーグと同じように、新しい郊外の世界で成長した子供の最初の世代に属している。

そのウォーターズの生い立ちについては後で触れることにして、ウォーターズの映画にあまりなじみのない人のために、まずはバッド・テイストとはいかなるものかということから話を進めていくことにしよう。

ウォーターズの代表作『ピンク・フラミンゴ』（1972）を参考にするなら、バッド・テイストは“Filthy”という言葉に置き換えることができる。この言葉には「汚い、醜悪な、淫《みだ》らな、卑猥《ひわい》な、堕落した、不道徳な」といった意味があるが、『ピンク・フラミンゴ』では“Filthiest Person Alive”――つまり、世の中でいちばんこの形容にふさわしい人物――という栄誉をめぐって、ディヴァイン一家とマーブル一家が壮絶な争いを繰り広げるのである。そこでこの映画には、レイプ、マスターベーション、近親相姦《そうかん》、殺人、変態セックス、窃視症、獣姦《じゅうかん》、フェティシズム、露出症、歌う肛門《こうもん》（？）などが盛り込まれ、結末には、怪優ディヴァインがほやほやの犬の糞《ふん》を口にするという衝撃シーンが準備されているのだ。

こうしたウォーターズのバッド・テイストは、郊外の世界と無関係ではない。

たとえば、この『ピンク・フラミンゴ』というタイトルと映画の冒頭の場面だけでも、容易にそれを察することができる。この映画は、ディヴァイン一家が人目をはばかるように暮らすトレーラーハウスのシーンから始まる。

そのなかから現れるのは、一度見たら忘れようもない強烈なメイクに、ありあまる肉をドレスに押し込み、ジェーン・マンスフィールドを気取るディヴァイン。まさにバッド・テイストの世界だが、この冒頭のシーンでカメラが最初にとらえるのは、決して醜悪なものではなく、プラスティック製のピンク色のフラミンゴである。トレーラーハウスの前にフラミンゴが2、3羽飾ってあり、カメラはまずこのフラミンゴをとらえてから、トレーラーハウスを映し出すのだ。

このピンクのフラミンゴは、アメリカの郊外住宅の芝生に置く飾りで、俗っぽい郊外住宅のトレードマークといえるものだ。たとえば、第15章で取り上げるスティーヴン・キングの『クリスティーン』は、郊外を舞台にした小説だが、そのなかである家の庭がこんなふうに描写されている。

前庭の芝生には、すごくたくさんのプラスティックのおもちゃが並べてある（二羽のピンクのフラミンゴ、大きな石のかあさん家鴨《あひる》の後ろにつながった、四、五羽の小さな石の子家鴨、そして、かなり大きなプラスティックの〝願い事の井戸〟と、プラスティックのバケツに植えられたプラスティックの花）。

というわけで、トレーラーハウスの前には緑の芝生こそ見当たらないが、このトレーラーハウスや人目をはばかるように暮らすディヴァイン一家には、郊外の世界に対する風刺の意味も込められている。バッド・テイストというのは、ただ過激な表現のオンパレードのようにも見えてしまうが、そうした表現が郊外の世界と結びつくような家族劇になっているところに、ウォーターズの世界のユニークさがあるのだ。

＊＊＊

ジョン・ウォーターズは、１９４６年にメリーランド州ボルティモアに生まれた。ということは、前の章で取り上げたスピルバーグよりひとつ年上の同世代で、ベビーブーマーの先頭の世代ということになる。

ここでは、アメリカで最もポピュラーなカルトムービーとその作家たちにスポットをあてたスチュアート・サミュエルズの『Midnight Movies』を参考にして、ウォーターズの生い立ちを振り返り、彼の作品と郊外の関係を明らかにしていきたい。

ウォーターズが育ったのは、ボルティモア郊外の町ルーサーヴィル。彼はその町で、毎日のように髪の色を変えて学校に通うグレン（後のディヴァイン）に出会う。ふたりはともに土地の紳士録に載るような家の出だったが、不良仲間となり、ドラッグに片っ端から手を出すようになる。

　子供の頃から映画マニアだったウォーターズが、少年時代に最も気に入っていた映画は、『オズの魔法使』（１９３９）だったという。この映画に対するウォーターズの感想は、郊外の少年の感情を物語っているように思える。彼は、あの翼を持った猿たちが待っている館に暮らすことができるというのに、なぜ人々が醜い犬と胸の悪くなる両親のいる農場で暮らしたいと思うのか、ドロシーがなぜわが家に戻りたくなるのかまったく理解できなかったというのだ。そういう意味では、スピルバーグと同じように、郊外の生活のなかで映画の世界に救いを見出《みいだ》していたわけだ。

　この『オズの魔法使』については、ウォーターズと同じ１９４６年生まれのデイヴィッド・リンチの世界に注目する第16章で、もう一度あらためて触れる。映画好きの人ならそれだけで察しがつくかもしれないが、リンチの『ワイルド・アット・ハート』には『オズの魔法使』が引用されているうえに、『ブルーベルベット』でイザベラ・ロッセリーニが演じる女の名前が〝ドロシー〟なのである。

　こうしたベビーブーマーの先頭の世代が時代とどのように関わるのかというのは、本書の流れからいってとても興味深いところだが、ウォーターズは、時代の流れと深く、しかも微妙なバランスで関わっているように見える。

ウォーターズが映画を撮り出すきっかけは、彼が16歳のときに訪れる。祖母が買ってくれたスーパー8で映画を作ることに決めたのだ。できあがったのはまったく編集のない17分の作品で、その内容は白人の娘と結婚する黒人の男の話だ。男は彼女を口説くために、彼女をゴミバケツに入れて連れ回し、それからなんとKKK（クー・クラックス・クラン）に結婚式をやらせるという。

インディペンデント映画の監督たちのロング・インタビューを集めたスコット・マクドナルドの『A Critical Cinema』には、ウォーターズのインタビューも収められているが、それによれば彼はこの映画を、ルーサーヴィルの自宅の屋根の上で撮影したというから、これはたいへんなものである。閑静な郊外住宅の屋根の上で、KKKが行う黒人の男と白人の娘の結婚式の光景が思い浮かぶだろうか。彼は16歳にして、郊外のコミュニティが遠ざけてきた問題を、ひどく歪《ゆが》んだかたちで堂々と郊外の世界に持ち込んでしまったわけだ。もちろんそこには、郊外に対するウォーターズの挑発の出発点があるといえる。

その後、66年に彼はニューヨークに出て、ニューヨーク大学の映画科で勉強を始める。しかし、2、3回授業に出ただけで興味を失ってしまう。教材として、映画の古典であるエイゼンシュテイン監督の『戦艦ポチョムキン』の有名なシーン、オデッサの階段のシーンを繰り返し見せられ、うんざりしてしまったからだ。そこで彼は授業に出るかわりに、42丁目の映画館に通いつめ、本を万引きしては売ることを繰り返して生活していた。しかしドラッグの所持で逮捕され、退学処分となる。そのうえ、大学におけるドラッグがらみの話題を探していた「デイリーニューズ」紙と「ニューヨーク・タイムズ」紙に目をつけられ、両親がウォーターズを引き取って、家に連れ帰る写真が紙面を飾ることになってしまった。以後彼は、ずっとボルティモアを拠点に活動していくことになる。

筆者は、ボルティモアを拠点としたことが、ウォーターズの表現に独特のスタンスをもたらしたのではないかと思う。この60年代後半という激動の時期に、郊外の子供たちは古い価値観に反発して家を離れ、ヒッピーの仲間入りをしていった。ウォーターズもニューヨークにとどまっていれば、あるいはヒッピーの映画作家かなにかになっていたかもしれない。しかしボルティモアを拠点とすることで、50年代と60年代という相容《あいい》れない価値観のどちらからも距離を置くようなスタンスを固めていったように思える。つまり、郊外の世界や価値観を挑発する一方で、60年代に対しても単純に同調することなく、むしろそのダークサイドを見つめる視点が際立っているということだ。

たとえば、ウォーターズが66年に監督した40分ほどのホーム・ムービー『Roman Candles』には、リー・ハーヴェイ・オズワルドの母親の記者会見がサントラとして使用されている。

父親から金を借りて作った次の16ミリ作品『Eat Your Make-up』（父親は、「わたしが貸したことは絶対に誰にもいうんじゃないぞ」といったという）は、ジョン・F・ケネディの暗殺に触発されたもので、ディヴァインがはじめて出演し、ジャッキー・ケネディに扮《ふん》しているという。前出の『A Critical Cinema』のインタビューでは、ウォーターズはこの映画を、またも自宅の前の通りで撮影し、近所の連中はそれをあまり面白がらなかったと語っている。彼は、こうした映画作りだけでも、平和な楽園としての郊外にアメリカのダークサイドをたぐり寄せ、ノイズを送り込んでいることになる。彼をニューヨークから連れ戻した両親も、さぞかし閉口したことだろう。

ウォーターズが69年に監督した『モンド・トラッショ』では、50〜60年代のロックンロール・ナンバーがぶっきらぼうに切り刻まれ、コラージュされてバックに流れつづけ、異様な雰囲気をかもし出している。つづく『マルチプル・マニアックス』（１９７０）では、チャールズ・マンソン事件が引用されている。この映画の映像からは、自宅のある郊外周辺で映画を作ることが、ウォーターズの生みだすドラマやイメージに影響を及ぼしているのを容易に察することができる。ディヴァインは、〝改宗者たちの行進〟というショーを主宰している。郊外にテントを広げ、フリークスを見世物にするこのショーは、郊外の主婦やビジネスマン、遊び人たちを呼び寄せ、ディヴァインは彼らから金を奪ったり、場合によってはそのまま殺してしまうのである。

　こうしたウォーターズ作品のなかで、郊外に対する悪意が最も明確に表れているのが、『ピンク・フラミンゴ』の4年後の76年に発表した『デスペレート・リビング』だろう。それまでの作品では、郊外がデフォルメされていたり、象徴的に描かれたりしていたが、この作品の前半では、郊外の生活が悪意を込めて、ストレートに描き出される。

　映画は、郊外に暮らすある一家のドラマから始まる。主人公のグリゼルダは重症のノイローゼで入院していたが、彼女の夫は医師の忠告に耳を貸さず、彼女を家に連れ戻してしまう。ところが、このノイローゼ妻は、窓ガラスを割って飛び込んできた草野球のボールに絶叫し、命を狙われたと騒ぎ出す。間違い電話がかかってくると、自分の人生を30秒も盗んだ泥棒だといってどなりちらす。メイドに窓ガラスの一件を伝えるころには、ボールが飛び込んだことがライフルで狙われたことに変わっている。子供たちが無邪気にお医者さんごっこをしているのを目撃すると、変態、幼児セックス、乱交パーティとわめき出す。夫には、汚らわしいといって身体をさわらせない。この妻はついには、あまり行儀のよくないメイドと結託し、夫を殺してしまう。メイドとクルマで逃走する彼女は、道の両側に広がる森林を見ながら、緑の林が自分の酸素を盗んでいるから自然はすべて住宅に変えてしまえというような台詞《せりふ》を口にする。

この映画は、オープニング・クレジットからして念がいっている。その背景は、カメラが上からとらえた食卓で、ナイフやフォーク、皿などがきれいに並べられ、クレジットとともに食事が進んでいく。一見するとおとなしいイメージだが、よくよく見れば皿に盛られているのはネズミの丸焼きである。固定されたカメラがとらえるのは食卓だけで、食べている人間の姿は手だけしか映らないが、このメインディッシュはナイフとフォークで切り分けられ、肉が画面から消えたかと思うと、食べかすが戻ってきて皿のわきにのけられる。このネズミ自体は、映画の後半の舞台となるモートヴィルの世界と深く結びつくが、同時にこの食事には、表面的には秩序を保ち、平静を装ってはいるが、その内側では何をしているかわからないというような暗示があり、この前半のドラマに呼応してもいる。

夫を殺したグリゼルダは、メイドとともにそのモートヴィルという無法者たちの王国に逃げ込む。この王国のイメージは、ウォーターズ自身が『オズの魔法使』に影響されたと語っている。そこには、ゲイやホームレス、ヒッピーたちがうろつき、都市のスラムをデフォルメしているようにも見える。

この無法者たちの王国のなかで、グリゼルダのような境遇の人間は必ずしも例外的な存在ではない。グリゼルダが居候することになったあばら家に住む女の昔話からも、郊外のドラマが浮かび上がってくる。

その女は2年前までは夫と赤ん坊と3人で、郊外で幸福な生活を送っていた。彼女の回想は、夫婦がとあるパーティから家路につくところから始まる。酔ったふたりはクルマのなかで、どちらがベビーシッターを家に送るか口論しだす。ところが家に帰り着いてみると、ベビーシッターが友だちを集めて、滅茶苦茶なパーティを繰り広げている。ベビーシッター本人は、夫婦のベッドでセックスの真っ最中だ。そして、自分の赤ん坊が冷蔵庫のなかにしまわれていたことに激昂《げきこう》した母親は、ベビーシッターをフライパンで殴りつけ、皿に入ったドッグフードに顔を押しつけて窒息死させてしまう。それればかりか、逃げ出した彼女は、追ってくる夫の首をウィンドウに挟んだままクルマを出し、夫も殺してしまう。そんなわけで彼女は、モートヴィルに暮らす身となったのだ。

そのモートヴィルのなかでグリゼルダは、王国を支配する女王にとりいろうと仲間を裏切り、残虐性をあらわにする。ウォーターズは、上品な郊外に住んでいる人間こそひと皮むけば何をするかわかったものではないといいたげである。

＊＊＊

さて、60年代からたどってきたウォーターズの監督としてのキャリアも、いよいよ80年代に突入する。

彼の81年の作品『ポリエステル』は、臭いの出る映画〝オドラマ〟として話題になったが、この作品は時代背景を念頭に置いて見ると実に楽しめる。

80年代は激動の時代も遠ざかり、家族が見直される。たとえば、80年に公開されたロバート・レッドフォード監督の『普通の人々』が、地味な作品ながら大きな話題になったことは、それをよく物語っている。そうした80年代の家族や『普通の人々』については第14章で詳しく書くことにするが、ここではそんな背景を踏まえて『ポリエステル』に注目することにしたい。

『ポリエステル』は郊外の中流家庭をじっくり見据えるという意味では、ウォーターズ版『普通の人々』といえる。しかしもちろん、ウォーターズなりの視点というのは半端ではない。

映画の舞台は、まるでゴルフ場のように緑が美しい郊外の町で、そこに暮らす4人家族のドラマがじっくりと描き出される。この映画では、ディヴァインが珍しく郊外の貞淑な主婦の役を怪演している。ウォーターズは映画の冒頭から、きちんと片づけられた主人公一家の家のなかの様子を映し出し、普通の中流家庭のイメージを作り上げていく。しかし母親以外の家族たちの登場とともに、そんなイメージは揺らぎだす。

まず一家の主は、街でポルノ専門の映画館を経営している。当然のごとくこの郊外のコミユニティではポルノ反対運動が起こり、彼らの家には近隣の住民たちからなる抗議のデモ隊が押しかけるうえに、テレビのニュースの取材陣までやってくる。ところがこの一家の主は、映画館の宣伝に好都合とひらきなおり、一日中家にいる妻だけが抗議の標的となり、白い目で見られることになる。

ふたりの子供たちのうち、姉の方は、〝ヒップ〟を気取った男を追いかけ回して遊び歩き、妊娠していることが判明する。弟はハイヒールに対する強烈なフェティシズムの持ち主で、素敵なハイヒールを履いた女のつまさきを思い切り踏みつけることを至上の喜びとしている。そのために彼は、警察から追われるはめになる。

ウォーターズはそんなふうにして、普通の中流家庭という枠組みのなかに、最悪の出来事を次々と盛り込んでいく。ディヴァイン扮する主婦は、あまりの心労と苦痛からキッチンドランカーとなり、ノイローゼ状態におちいる。

それでも最悪のドラマはまだまだつづいていくが、最後の最後で母親とふたりの子供たちはなんとか絆《きずな》を取り戻す。そのとき、感極まった母親が涙ながらに口にする台詞は、この映画の最大の皮肉だろう。それは「普通って難しいことじゃないのね」という台詞なのだ。

詳しくは第14章にゆずるが、ここで筆者が思い出すのは、映画『普通の人々』の原作者ジュディス・ゲストが、「今日では、平凡で普通の人々をよしと評価する傾向が強まってきていると思います」と語っていたことだ。

ウォーターズにしてみれば、これは胸くそが悪くなるような言葉だろう。『ポリエステル』とは、ウォーターズがゲストの語るような世相を反映し、〝普通〟を望む主婦を登場させ、普通というものを徹底的に挑発しようとした映画ではないかと思う。そこには、郊外の日常をすべて普通としてしまうことに対する反発が込められている。

この『ポリエステル』には、ドラマのなかのテレビでシャロン・テート事件の犯人脱獄のニュースが流れるなど、先ほど説明したウォーターズのダークサイドへのこだわりが、わずかながら顔を出す。この章の冒頭で紹介した彼のエッセイ集『クラックポット』には、そうした異常な事件と郊外の関係をめぐってなかなか興味深い記述がある。それはLA案内のつづきの部分なのだが、話はだんだんLAから遠ざかり、チャールズ・マンソン・ファミリーの拠点だったスパーン牧場見物の勧めとなる。その部分で彼はこんなふうに書いている。

ただ、この旅は急ぐに越したことはない。というのは、将来ここには草一片残らないおそれがあるからだ。何台ものブルドーザーが輪を描き、〝地獄の炎〟の最後の痕跡《こんせき》を消そうとしている。あとには何が来るのだろう？　建売住宅？　スパーン宅地？　ばらばらにされ、ここに埋められたという牧童、ショーティ・シェイの死体のかけらはどうなってしまうのか？　やがていつか、神を畏《おそ》れて暮らす、どこかの中流家庭が、新しく引っ越してきた土地に庭を作ろうとして、ちぎれた指を見つけるというようなことが起こるのだろうか？

〝普通〟の波が押し寄せてきて、異常の歴史をすべて埋め尽くそうとする。郊外の子供であるウォーターズは、郊外の〝普通〟から排除された、あるいは〝普通〟のなかに隠蔽《いんぺい》されたものを掻き集め、〝バッド・テイスト〟を作り上げていった。そういう意味では、郊外の世界を挑発するバッド・テイストを作り上げたのは、郊外の世界であるともいえるわけだ。

＊＊＊

インディペンデント映画の顔役だったウォーターズは、87年の『ヘアスプレー』でメジャーへの進出を果たす。それと同時に、彼は意識して過去を振り返るようになる。『ヘアスプレー』は、一見すると懐かしい音楽やダンスがふんだんに盛り込まれ、露骨なバッド・テイストが影を潜めたノスタルジックな青春映画だ。

しかし、よく見ればそこにはウォーターズの貫禄《かんろく》というか、キャリアの重みが滲《にじ》み出ている。都市と郊外の距離、あるいは人種差別の問題などが、あたりまえのように、それゆえにさり気なく描き込まれているのである。

『ヘアスプレー』の舞台は、１９６３年のボルティモアで、主人公は、黒人音楽とダンスに熱中するティーンの娘トレイシー。63年といえばウォーターズは17歳で、おそらくは同時代的な視点が彼女のキャラクターに投影されているのだろう。

あるいは、もっと正確には、当時のウォーターズの憧《あこが》れが彼女に投影されているというべきかもしれない。というのも、トレイシーはウォーターズのように山の手のお坊ちゃんではなく、街のクリーニング店の娘だからだ。彼女の母親に扮し、アイロンがけに精を出すのは、これがウォーターズ作品への最後の出演となったディヴァイン。この話のわかる肝っ玉母さんのおかげでトレイシーは、テレビで人気のダンス番組に出演し、街の人気者になるのだ。

そんなトレイシーの大親友のペニーは郊外育ちの娘で、ふたりの関係は都市と郊外のコントラストを作っている。また、ダンス・コンテストでトレイシーのライバルになるアンバーの父親は、街の遊園地の経営者だが、黒人を入園させない方針を貫き、問題が表面化しつつある。青春映画の背後でドラマを動かしているのは、こうした60年代の家庭や人種問題なのだ。ドラマでは、パーティやコンテストに黒人を入れるかどうかの討論が行われ、終盤では問題の遊園地で黒人の暴動が起こる。

そんな問題に絡んでこの映画でいちばん笑わせてくれるのは、郊外育ちのペニーの母親だ。この母親は、トレイシーといっしょに黒人街に入り浸っている娘を連れ戻すために、黒人街にやって来る。ところが、黒人のホームレスが寄ってきただけで右往左往し、黒人たちにまじって踊る娘を見て、恐怖のあまり警官に助けを求めるのだが、その警官も黒人だとわかって一目散に平和なわが家へと逃げ帰るのである。

メジャーでこんな堂々とした映画を作ってしまうウォーターズはただ者ではないが、彼は90年にまたもメジャーで、今度は54年のボルティモアを舞台にした『クライ・ベイビー』を作る。この作品は、本書のひとつのポイントになる50年代というテーマと深く関わっているので、第16章であらためて取り上げることにする。

第12章　郊外の子供たちのモノローグ
――『ぼくらを撃つな！』、エリック・フィッシュル、ベッツィ・イスラエル

スピルバーグにウォーターズ、そしてフィクションのなかの存在ではあるが、『ブリット・パーク』のトニーや『贅沢な人びと』の語り手の少年など、時代が進むに従って、郊外で成長した子供たちの存在がだいぶ目立つようになってきた。

この章では、郊外と関わりのあるノンフィクションや郊外で成長したアーティストの告白などを軸にして、郊外の子供たちの内面や行動、体験、視点などを浮き彫りにしてみたい。

＊＊＊

郊外の子供たちをめぐってまず考えてみたいのは、50年代と60年代の関係である。50年代から現在に至る時代の流れのなかで、アメリカの郊外の世界、あるいはアメリカン・ファミリーの価値観が最も大きく揺らいだ時期といえば、それは60年代だ。「30歳以上の人間は信

じるな」といった若者たちのスローガンが象徴するように、両親は疎ましい存在となり、郊外の子供たちは家を離れ、その多くがヒッピーへと変貌《へんぼう》していった。第7章で取り上げた『Home Before Dark』のなかで、著者のスーザン・チーヴァーは、郊外化の50年代を「戦勝によって誕生し、60年代の激動によって破壊された時代」と表現していた。

60年代は、50年代にかたちづくられた価値観とまっこうから対立するかのように見える。しかし、この50年代と60年代の関係を、50年代の価値観に染まった郊外の両親と60年代にヒッピーとなった郊外の子供たちの関係に限ってみた場合には、両者が対立し、断絶という表現が最もふさわしいと単純にいいきることはできない。

ここではまず、郊外の子供たちの60年代体験にスポットをあて、郊外を出発点とした50年代と60年代の関係を再検証してみたいと思う。

そこで参考になるのが、「ニューヨーク・タイムズ」紙の記者だったJ・アンソニー・ルーカスが68年に発表し、日本でも74年に翻訳が出ているノンフィクション『ぼくらを撃つな！　かつて若かった父へ』である。

この本では、60年代にヒッピーやラディカルといわれていた若者たちを取り巻く環境が浮き彫りにされ、さらに家庭をめぐる50年代と60年代の深い関係にも考察が加えられている。著者のルーカスは、ヒッピーやラディカルが漠然とした分析によってひとつの枠組みに押し込まれていることに疑問を感じ、そんな若者たちに直接インタビューし、特に両親と子供の関係、世代と次の世代との関係にポイントを絞ってこの本を書いた。ルーカスが選んだのは、コミュニストの息子、イッピーの始祖、公民権運動を推進した若者といったように、それぞれに時代を象徴するような若者たちだが、筆者がここで特に注目したいのは、ヒッピーの若者たちである。ルーカスはヒッピーの若者たちについては、〝ヒッピーのほとんどは郊外に住む中産階級の子弟〟というポイントから、子供たちに対する郊外のライフスタイルの影響へと話を進めていく。

また、ルーカスがこの本を書くことになったのは、ある事件がきっかけになっているのだが、その事件は、彼がヒッピーと郊外の関係に強い関心を持つきっかけにもなっている。

それは、67年にふたりのヒッピーが、グリニッジ・ヴィレッジのとある地下室で殺害された事件だ。ルーカスが特に関心を持ったのは、被害者のひとり、リンダ・フィッツパトリックという娘だった。事件にショックを受けた彼女の両親がやっと「タイムズ」紙の記者に会う気になり、娘の生活について〝ほんとうの話〟をすることに同意し、ルーカスがインタビュアとなって彼らの話を聞いた。両親は彼に、娘はきわめて品行方正で、ヒッピーと関わりになることはとても考えられないと語った。ところがその後、ルーカスがヴィレッジ周辺や娘の友人、知人を取材したところ、両親が実は娘の生活についてなにも知らないに等しいことがわかってきた。この娘の生活を克明に描いた「リンダ・フィッツパトリックのふたつの世界」は、ピュリッツァ賞を含めた多くの賞を受賞し、大きな反響を巻き起こした。

こうしてルーカスは、時代の流れのなかに、簡単に世代の断絶という言葉では片づけることができない深いつながりがあることを感じ、まずリンダの人生をさらに深く掘り下げ、それからさらに、先ほど触れたような若者たちを選んで綿密な取材を進め、この本を書き上げたのだ。

それでは、品行方正な郊外の子供にしてヒッピーでもあったリンダの人生を、かいつまんでたどってみることにしよう。裕福な家庭に生まれ育った彼女は、コネティカット州グリニッジとグリニッジ・ヴィレッジ、郊外の世界とヒッピーやドラッグの世界を往復し、18歳でこの世を去った。

リンダの父親は、ニッカーボッカー・ミルズという香辛料会社を全国的な規模の企業に押し上げたセールス・マネージャーで、母親は、ジョン・フォード監督の『駅馬車』の撮影を手がけたハリウッドの有名なカメラマン、ロイ・ビンガーの娘パトリシア。ふたりは45年に結婚し、49年にリンダが誕生した。しかし、郊外の生活に退屈していたパトリシアは、刺激を求めてニューヨークに頻繁に出かけ、劇場やレストラン、ナイトクラブに入り浸り、夫婦は52年に離婚する。父親は53年に、アン・ラッシュという女性と再婚。アンも再婚で、ルシンダという8歳の娘を連れていた。その翌年、夫妻とふたりの娘たちは、コネティカット州グリニッジのザキーアス・ミード・レーンに建つ宏壮な白い木造邸宅に移った。それは部屋数が15もある家で、父親はそこにさらにプールと石積みの暖炉をつけたした。

リンダが実際にふたつの顔を持つようになるのは、メリーランド州グレンコーのオールドフィールズ校に入学してからのことだ。その学校については、この本のなかでこのように説明されている。

一部で、オールドフィールズは〝金持ちのバカ娘が行く〟学校という評判がたっているほどである。ともあれ、グリニッジやコネティカットのその他の手入れの行きとどいた郊外住宅に住む家庭の子女の多くが、ここで学校教育を終えるのである。（中略）実際、一九六五年の秋、オールドフィールズに向かって出発するとき、リンダはアメリカの裕福な郊外住宅《サバーピア》に住む他の多くの娘たちとまったく変わったところがないようだった。

リンダの父親は、娘がオールドフィールズに入る3年前の62年には、グリニッジ・カントリー・クラブに近いところにある、自然石でつくられた30室もある邸宅を12万5000ドルで購入している。この邸宅は、枝を広げた樹木と4エーカーの緑したたる庭園に囲まれ、裏手には大きな長方形のプールがあった。こんなふうに贅沢な邸宅を求めて郊外の階段を上っていく家族の姿は、『贅沢な人びと』の世界を連想させる。そんな環境のなかでリンダは、家庭に戻ったときには品行方正な娘を演じ、親元を離れたときには、時間を作ってはグリニッジ・ヴィレッジに繰り出し、ドラッグに溺《おぼ》れる生活をしていた。

ところでリンダの両親は、「家族はいつもいっしょに〜」という言葉を頻繁に使うという。実際リンダは、家に戻ったときには両親といつもいっしょに過ごし、休暇旅行などでもいつも行動をともにしていた。但し、このいっしょにという表現はくせものだ。戦後の50年代には家族について"togetherness"という言葉が称揚されたが、そんな家族の結束を象徴するものとは、たとえばテレビだった。いっしょにというのは、家族の内部から培われた絆《きずな》ではなく、外部から作られた枠組みにうまくはまっていることを意味する。リンダは、郊外のライフスタイルに自分を合わせていただけかもしれないのだ。

もちろん、継母という事情のために、彼女が家庭との間に見えない壁を作っていたと解釈することもできるが、ルーカスがリンダに関心を持つのは、彼女がほとんど最期までふたつの世界を往復し、家庭が提供する慰安と利益を手放すことがなかったというところだ。彼がいわんとするのは、50年代と60年代がそれほどかけ離れたものではなく、郊外の世界とドラッグの世界も見方を変えれば、それほどかけ離れたものではないということだ。そうした見解を引き出すためにルーカスが参照しているのが、ハーヴァードの心理学教授エリク・エリクソンの考え方である。

いかなる場合でも、新しい世代にとっての価値というものは、はっきりしたかたちをとって、彼らの頭の中からいきなりとび出してくるものではありません。それは明確にかたちづくられてはいないにしても、すでに古い世代に内在しているのです。世代の断絶というのは、若い世代がそれ以前の世代にあって隠されていたものを顕在化させたということ、両親が抑えつけていたものを子供たちがはっきりと表現するということを、別なかたちで言いかえたにすぎません。

断絶という言葉は同じでも、その意味するところはなかなか興味深いのではないかと思う。ルーカスはこうした考え方を、彼が取材したヒッピーの若者たちと彼らの両親の関係に当てはめようと試みる。大人の世代は、以前と変わらずプロテスタントの倫理による伝統的な価値を固守してきたと主張はするものの、そんな価値は急激に変化する現実に追い越されてしまっている。そうした現実についてはここまで書いてきた通りだが、ルーカスはその変化を、郊外の子供たちの60年代体験を通して、ドラッグ・カルチャーに結びつけていく。

アメリカの辺境の生活や工業化時代の初期にさえふさわしかった労働の習慣は、60年代のしゃれた郊外で営まれる生活の場では、もはやあまり意味を持たなくなった。そして、アメリカ人は、そのレトリックや自分たちに対して抱くイメージは別としても、その生活を変化した条件に適応させたのである。父親は、いぜんとして毎朝「働きに」行くかもしれないが、昨今の仕事たるや、実際に生産にたずさわるというよりは、書類を動かしたり、銀行の小切手を扱ったりという場合のほうが多い。そして、ますます「やる」ことが少なくなってゆくとこぼすかもしれないのである。より重要なのは、子どもたちが、スーパーマーケットやショッピングセンターや、購入し、消費し、エンジョイするための商品に象徴される母親の世界におかれた家庭の中で成長するということである。事実、アメリカ人は、急速に、仕事よりも遊びを、生産よりも消費を、生活を築くことよりもそこから何かを引き出すことを重視するようになってきている。

ヒッピーのドラッグ・カルチュアは、そうした価値の転移の劇的なしるしであり、古い世代における潜在的なテーマが、若い世代において顕在化したことにほかならない。麻薬、少なくともマリファナと幻覚剤は、行動、生産、達成、仕事とは結びつかず、受動性、消費、内省、快楽主義と結びつく。それらは文字通り消費される。呑《の》みこまれ、喫《す》われ、嗅《か》がれ、注入されるのである。さらにそれは、これを消費するものにその効果を及ぼす――開拓者が環境をつくり変えたのと正反対である。

それゆえにリンダは、対極の世界を往復していたのではなく、深い結びつきを持った世界を往復していたということになる。またルーカスは、郊外の生活が退屈であるために刺激を求めて頻繁にニューヨークに足を運び、ついには家に戻らなくなって離婚することになったリンダの母親の姿に、リンダの行動がすでに顕在化していたのではないかといった意見も提示している。

この本の邦訳では残念ながら割愛されているが、ジムという若者の物語も（著者のあとがきで短く触れられている）、本書の冒頭で詳細に書いた戦後の郊外化の波に乗った家族のその後が綴《つづ》られているようで、とても興味深い。

ジムの父親は戦争から戻った若い帰還兵で、彼の一家が暮らすことになったカリフォルニアのサン・レアンドロは、まさにそうした人々のために戦後に全国に広がった典型的な郊外住宅だった。その中心には巨大なベイ・フェア・ショッピングセンターがあり、地元の商工会議所はそこを〝買物をする人の楽園〟と称していたという。

ジムの父親はそのショッピングセンターで買物をし、支払が追いつかないこともしばしばだった。ジムの言葉は、そんな消費にまみれた生活ぶりをリアルに伝えている。

「物質主義、いろいろなもの……ステレオとか車とか家とか金なんか……ぼくはそんなものを欲しいとも思わなかった。ところが、それが、これまでずっと、ぼくののどに流しこまれてきたみたいなんだ。つまり、『そら、これを買いなさい、あれを買いなさい。これは欲しくないの？　あれはどう？　欲しいものは何でも買えるのよ』というわけさ」

結局この家族がどうなったかというと、父親は消費の果てにアルコール依存症となり、両親は離婚する。そしてジムは麻薬に溺れていくことになる。ルーカスはこの親子の関係について も、すでにその地域社会に内在していたものが、郊外の子供を通して顕在化した可能性を示唆している。

先ほど引用したルーカスの分析には、ドラッグのもたらす効果が「開拓者が環境をつくり変えたのと正反対である」という意見があった。コミュニティ精神によって異物を排除するしかない楽園という、出口のない郊外で育った子供たちにとって、ドラッグがもたらすものは、内的なフロンティアとしてのある種の出口だったというようにも考えられる。但し、50年代の郊外の世界が、ある種のフロンティアにして都市の問題や様々な脅威からの逃避の場でもあったのと同じように、郊外の子供たちにとって、この内的フロンティアは逃避的な側面も併せ持っていたように思う。もちろんそれは、ドラッグ・カルチャー全般を指しているのではなく、あくまで郊外の子供たちにもたらされるドラッグの効果についての話ではあるが。

これまで取り上げてきた小説には、『家族の終わりに』を筆頭に、主人公が郊外の世界という罠《わな》にはまって悲劇へと向かうといった視点を含む作品が少なくなかったが、60年代のドラッグ・カルチャーのなかで悲劇の主人公となる郊外の子供たちもまた、郊外の世界から顕在化した罠にはまってしまったようにも見える。但し、この『ぼくらを撃つな！』は68年に発表されたものだが、いまから振り返ると、顕在化という表現はあまりふさわしくないようにも思える。なぜなら顕在化というと、旧来の価値観が更新されたかのようだが、50年代の価値観は時代の流れのなかで風化することなく、根強く残ることになるからだ。前の章ではウォーターズの『クラックポット』から、マンソン・ファミリーの拠点だった牧場に住宅が建つかもしれないというエピソードを引用したが、あれはそのことを暗示している。

そして、これから取り上げる画家エリック・フィッシュルの体験と模索は、ここまでの展開を念頭に置いて読むと、非常に興味深く思えることだろう。

エリック・フィッシュルは、ウォーターズやスピルバーグよりも2、3歳若いが、ほぼ同世代にあたる。アートの世界で80年代に入ってから注目を集め、〝遅れてきたニュー・ペインター〟とも呼ばれた画家だ。

＊＊＊

フィッシュルもまた郊外の子供であり、その体験が作品に影響を及ぼしているといわれるが、まずは彼の81年の出世作〈Bad Boy〉に触れておこう。

この絵に描かれているのは、ブラインドが下りた部屋のなかの光景である。部屋の奥にあるベッドのうえでは、成熟した全裸の女性が、悶《もだ》えるように足を大きく広げて横たわっている。その手前には彼女の姿を見つめる少年が立っている。しかし少年の視線は必ずしも彼女に釘《くぎ》づけになっているわけではない。彼の両手は背中の方に伸び、テーブルのうえに置かれたバッグの中身をまさぐっている。ブラインドから洩《も》れる陽光は、女性の裸体や少年の肩に縞《しま》模様を描き、隠された世界を覗《のぞ》き見るような雰囲気が漂っている。

そんな光景に〝Bad Boy〟というタイトルがついているとなれば、誰もが想像力と好奇心を刺激され、それぞれにストーリーを思い描いてしまうことだろう。少年はバッグから財布か金を抜き取ろうとしているのか？　少年が他人の家に忍び込んだら、偶然にも全裸の女がベッドに横たわっていたのか？　それともそこは少年の家で、女は彼の母親なのか？　女は少年の存在に気づいていないのか、それとも彼を挑発しているのか？　もちろんこの絵にはそんな謎に対する明確な答えなどないが、われわれは、様々な想像をめぐらすうちに、身近で現実的でありながら、背徳的な夢でもあるようなその世界に引き込まれている。後の作品になるともっとはっきりしてくるが、フィッシュルの世界には、ブルーを基調とした独特のトーンのなかに、裸体が漂わすような親密さと危険な行動や凶暴性が生む緊張が共存している。その親密さと緊張のバランスがわれわれの想像力を刺激し、明確な答えなど見出《みいだ》せなくとも、そこに奇妙なリアリティを感じるようになるのだ。

エリック・フィッシュルは、ニューヨーク郊外、ロングアイランドにあるポート・ワシントンという上流志向の強い白人だけの郊外住宅地に生まれ育った。雑誌「ヴァニティ・フェア」誌の84年5月号に載った彼のインタビューを含む記事によれば、彼は（84年の時点で）最近になって父親を通して、自分が望まれて生まれた子供ではないことがはっきりしたと語っている。しかし、それはいつも彼が予感していたことだった。彼はいつも自分がここにいるべきではないと感じていた。彼が生まれてから母親がひどい鬱《うつ》状態におちいったからだ。その母親は、セントルイスのＷＡＳＰ家庭の出で、結局70年に自動車事故でこの世を去ってしまう。父親はオーストリアの移民の2世で、かつてはセールスマンだった。

フィッシュルは、『ぼくらを撃つな!』のリンダとまったく同世代で、66年に大学に通うようになってから本格的に絵の勉強を始めた。彼はサンフランシスコに出ていってヒッピーになり、30人くらいの若者たちと共同生活をするが、まったくそこに馴染《なじ》むことができなかった。自分がおかしいのだと思って、ドラッグに救いを求めようとするが、すぐに無駄なことだと悟り、フェニックスにある父親の新しい家に舞い戻った。こんなふうに見てくると、フィッシュルもまたリンダと同じように裕福な家庭に生まれ育ち、時流に流されるように消費とドラッグ・カルチャーの世界に呑み込まれかけたことがわかる。しかし、それから彼の人生は大きく転換する。

彼は様々な模索をへた後に、都会でも郊外でもない地方に目を向け、漁民の生活と習慣を題材とした絵を描く。しかしその絵を友人から激しく酷評される。この友人の言葉は、フィッシュルに重くのしかかったことだろう。友人はこういったのだ。

「そんなつくり話で自分をごまかすのはやめろよ。(作品に描かれた)この家族は、白人の、中流の、郊外のアメリカ人以外の何者でもない」

この言葉にフィッシュルは腹を立てたが、結局、友人の意見が正しいことを悟る。つまり、フィッシュルが否定し、自分の記憶から消し去ろうとしていた郊外の世界での体験というものが、ドラッグを使っても、漁民の生活に同化しようとしても、決して拭い去ることができないことを痛感したのだ。

そこで彼は、過去をもう一度振り返ることによって、自分の作風を切り拓《ひら》いていくのだ。彼はそんな世界で体験した悲劇について、次のように語っているが、その内容は彼の作風の出発点を知るうえでとても興味深い。

「母親はアルコール依存症だった。ぼくの家族は、母親の病気を治そうと固く結束していた。そして、母親の死という悲劇が、ぼくたちをバラバラにした。病んだ親を持つということは、とても大きな問題だ。母親を救うことができなかったのは、自分の責任のように感じる。ぼくの作品はどれも自伝的なものではないけれども、作品のトーンはどれも少年時代と関係している」

先ほど紹介したフィッシュルの〈Bad Boy〉は、郊外の子供だった彼のこうした模索から生まれたわけだ。

漁民の生活を描いたつもりが、友人から「白人の、中流の、郊外のアメリカ人」の家族とはっきり指摘されてしまうほど、彼の脳裏に焼きついてしまったアメリカン・ファミリーのイメージ。フィッシュルはそのイメージの向こう側にうごめく感情やドラマの断片を拾い集め、複雑に構成し、郊外居住者の無意識の世界をかいま見るように、自分の世界を作り上げていったのだろう。

そして〈Bad Boy〉以後の作品である〈The Old Man's Boat and the Old Man's Dog〉（1982）や〈Cargo Cults〉（1984）では、ストーリー性に加えて、現実と夢が入り混じるような要素がさらに色濃くなり、見る者の無意識の領域に訴えかけてくる。

〈The Old Man's Boat and the Old Man's Dog〉では、海に浮かぶボートが描かれている。ボートに乗っている全裸の男女の姿は乱交のようにも見えるが、海に目を移すと、空はどんよりと曇り、そそり立つ波濤《はとう》がボートに迫るような危機的状況を感じさせもする。ボートのうえでは、1匹の犬が牙《きば》をむいて凶暴性をあらわにしているにもかかわらず、男は酒をかたむけ、女も平然としている。一方、〈Cargo Cults〉の舞台は、ヌーディストのビーチだ。こちらに背を向け、波打ち際を行く太った女たちに声をかける裸の男。パンナムのロゴの入ったバッグをわきに置き、制服とも思えるかっこうでくつろぐ白人の男たち。そして左側から、シャーマンを思わせるかっこうで刃物をかざす黒人の男が近づいてくる。

おそらくこの説明だけでも、〈Bad Boy〉について書いた親密さと緊張のバランスが、さらに研ぎ澄まされていることがおわかりいただけるだろう。もちろんそれは、イメージが、裸体の集団や人種、階層といった要素へと広がっているためでもある。ブルーを基調としたその世界には、さらに印象的な親密さと緊張が微妙に入り混じり、過激な社会性とも夢の形象化ともいえない奇妙なリアリティが広がっていく。これはあるいは、画一化された世界で成長した郊外の子供の想像力によって、アメリカン・ファミリーの内側と郊外の外の世界からたぐり寄せたイメージが複雑に交錯し、構築された世界なのかもしれない。

ところで、「ヴァニティ・フェア」誌に載ったフィッシュルのコメントのなかで、筆者が最も印象的だったのは次のような言葉である。

「ぼくと同じ世代に属しているアーティストはみんなひどい絶望感を味わってきている。ぼくらは、まさにアメリカン・ドリームにはめられたんだ。その実体は、イメージと商品の契約にすぎない。アメリカン・ドリームの大部分は、視覚の産物なんだ。あれはまやかしだ、つまり完璧《かんぺき》にできすぎてるってことだ。ぼくは、何年か前にフェニックスで父親の家の近所を散歩して、憂鬱になった。物音ひとつしない静寂に包まれて、車寄せの車、色のついた砂利とサボテンのある芝生、ランチスタイルの家が並んでいるんだよ。

歩きながら、何もかもがいかに〝完璧〟であるのか目の当たりにして、ぼくのなかに息づく感性が、こんな環境にはとても耐えられないということを痛感したんだ」

郊外の生活というアメリカン・ドリームを、フィッシュルがいうように視覚の産物と仮定するなら、フィッシュル自身はそれがあまりにも完璧であるがゆえに視覚の産物と見抜いたが、これを一般の人々に置き換えて考えてみるなら、彼らはそれがあまりにも完璧であるがゆえに、現実と信じ込んでしまったといえる。そういう意味では、フィッシュルが目指しているのは、作り上げられたアメリカン・ドリームのイメージに封じ込められ、日常の奥深くでうごめくもろもろの感情を、鋭敏な感性と独自のスタイルによって引き出して見せることだともいえるだろう。

＊＊＊

さて今度は、郊外の子供のなかでももう少し若い世代の体験にスポットをあててみたい。取り上げるのは、ベッツィ・イスラエルの『Grown-up Fast』という本である。これは、郊外の世界で成長した著者が、郊外における生活と体験を綴ったノンフィクションで、88年に出版されている。

『Grown-up Fast』は1985年、すでに郊外の町を巣立ち、編集の仕事をしている著者が、ニューヨークの街角でひと目で郊外で暮らす家族だとわかる両親と娘の3人連れを見かけるところから始まる。この出来事をきっかけとして、彼女の過去が綴られていく。前の章の『ポリエステル』の話のところで、80年代は家族が再び見直される時代であると書いたが、著者がそうした時代背景を反映するような80年代の家族を見かけて、過去の郊外の生活を振り返るというのは、なかなか意味深である。

このノンフィクションの舞台になるのは、ロングアイランドにあるマサピークアという郊外の町である。クイーンズのアパートに住んでいた彼女の両親は、ある晩、キッチンで地図を広げ、都心から半径40マイルの円を描いてみた。マサピークアはその円に入るぎりぎりの町だった。

著者が生まれたのは1958年のことで、両親は彼女が生まれるとすぐにこの郊外の町に転居したという。58年生まれのベッツィは、スピルバーグやフィッシュルよりもだいたい10歳若い世代ということになる。

そんな彼女の郊外体験は、最初に人種の問題がひとつの壁となる。というのも彼女の父親は、厳格なユダヤ教徒の両親の間に生まれたひとり息子だったのだ。彼女はユダヤ系であることから、学校などで差別的な扱いを受けることにもなるのだが、彼女の視点で綴られたこの本を読む限りでは、家庭というか両親にも問題があったように思える。

ユダヤ系の家庭では、アイデンティティを明確にするという意味も含めて、両親が子供の教育に熱心である場合も少なくないが、彼女の両親は、子供に無関心とはいえないものの、ユダヤ系であることを子供にまったく示そうとはしなかった。彼女の父親は、勤め先の反ユダヤ主義のせいで転職するという憂き目にあっているにもかかわらず、娘が小学校に通うようになってもそうした知識を与えようとはしないのだ。

それは、彼女が女性であるということとも無縁ではないかもしれない。

ユダヤ系のジャーナリストであるチャールズ・E・シルバーマンは、80年代に発表した著書『アメリカのユダヤ人』のなかで、女性の立場についてこのように書いている。「最近にいたるまでユダヤ教は、ユダヤ民族全体ではなく、その半分の男性にささえられてきたにすぎない」。そういう事情から、両親が娘の教育にそれほど熱心ではなかったということも考えられないではない。

ベッツィが通う学校では、学年が上にいくに従って、聖体拝領に始まるカトリックの子供たちのための活動や行事が増えていく。彼女はそのたびに教室に取り残されたり、活動からはずされていくことになる。そしてしだいに、服装や振る舞いまでもが周囲の子供たちとは違ったものになっていく。それ以外にもユダヤ人を蔑視《べっし》するようなニックネームで呼ばれたり、「ユダヤ人と黒人は殺される」というようなことをいわれることもあったが、彼女には何の予備知識もないため、すべてが一方的に彼女を孤立させる要因となってしまう。

郊外の世界における民族のアイデンティティの問題については、第6章や第9章のオウエンズの写真集などで触れたが、彼女の両親はどうやらあまり伝統にこだわらず、郊外の世界に同化するつもりでこの町に転居してきたようだ。そして実際、同化しているつもりだった。

しかしベッツィは、学校や家庭から孤立し、70年代に入ったころから非行への道を歩み出し、13〜14歳で不良グループとつきあうようになる。それと同時に、彼女の郊外体験は、人種の問題からもっと視野が広がっていく。彼女の語りのなかには〝サバーバン・パンク〟という言葉も出てくるように、この郊外の世界では、それぞれに複雑な事情を抱えた家庭の子供たちがグループとなり、縄張りを作っているのである。

これがフィッシュルの時代であれば、すぐにドラッグ・カルチャーやヒッピーに結びつくところだが、この本に出てくる子供たちは、年齢的に追いつくこともできないし、「ヒッピーは死んだ」というグループのメンバーの言葉が物語るように、そうしたムーヴメントに対してすでに醒《さ》めてしまっている。

そして、まわりを見渡せば、郊外の風景は目まぐるしく変化していく。マサピークアにはショッピングセンターよりもはるかに規模の大きなショッピングモールができあがり、それにあわせてハイウェイが拡張され、古いショッピングセンターは次々と消え去っていく。ベッツィは、71年には小さいころに見ていたマサピークアの面影はほとんどなくなっていたと書いているが、そんな目まぐるしく変化する世界のなかで、子供たちはリアリティを失っていくのだ。

ベッツィの慰めは、愛しているとはいえないボーイフレンドとのセックスとマリファナだけだった。しかし、ハイスクールのプロムの夜に間違いが起こってしまう。彼女は妊娠してしまうのだ。孤独な彼女は誰にも相談することができず、腹部の膨らみが誰の目にも明らかになるまでしらを切り通す。

結局、両親が娘を病院に連れていき、彼女は子供を産む。その子供は両親が探してきた法律家の仲介で、彼女の知らないユダヤ人家庭に引き取られる。

この本で最後に驚かされるのは、仲介にあたった法律家のその後である。ベッツィは何年かしてから、新聞記事でその法律家が、3年間に24人の赤ん坊を23組の家族に売り、17万ドルの利益を上げていたことで告発されているのを知る。この件についてはそれ以上詳しい記述がないので、それがすべて郊外の悲劇から生まれた赤ん坊かどうか定かではないが、どうも郊外と結びついているような気がしてならない。

ウォーターズの『ピンク・フラミンゴ』には、ディヴァイン一家のライバル、マーブル一家が、女たちを誘拐、監禁し、強姦して子供を産ませ、赤ん坊を高額で売りさばくという〝バッド・テイスト〟があったが、この法律家の話を読むと、あのエピソードがひどく象徴的に思えてくる。

＊＊＊

この章の最後に、ノンフィクションではないが、ベッツィよりもさらに若い世代の郊外の子供たちを主人公にした映画を1本取り上げておきたい。

それはロジャー・コーマンが製作にあたり、後に『ウェインズ・ワールド』で注目されるペネロープ・スフィーリスが監督した劇場未公開作品で、タイトルもずばり『Suburbia』（1983）という映画である。この作品は『反逆のパンク・ロック』という邦題でビデオ化されている。

時代設定は、後で説明するような理由で、おそらくは70年代の終わりから80年代の初頭だと思われる。舞台は、時代の流れのなかで荒廃しつつある郊外の町だ。主人公の少年は母子家庭の子供で、彼の母親は仕事に疲れ、酒を飲んでは子供にあたりちらす。映画はそんな母親と争った少年が家出するところから始まる。

余談ながら、ビデオのタイトルは、次のような展開からヒントを得たようだ。家出した少年は、パンクのライブをやっている町のライブハウスで、先ほどのベッツィがいうところの〝サバーバン・パンク〟のリーダーと知り合う。そのリーダーは、おんぼろ公営住宅を改造し、そこでは家出した若者たちが共同生活を送っている。

その公営住宅の住人になることに決めた主人公の少年は、リーダーの運転するクルマのなかで、家から持ち出してきた母親の日記の朗読を始める。「1965年5月、念願の郊外に引っ越した。空は青く、空気は新鮮。郊外の住宅地はユートピアだ。理想的な環境で子供が産める。夫の仕事も決まり、わたしは専業主婦」。そんな母親の夢が無惨な結末を迎えていることはもはや説明不要だろう。そしてこの日記から察すると、主人公の少年が生まれたのは、引っ越してから何年もしない時期と考えていいだろう。

改造された公営住宅で共同生活しているのは、両親が離婚したり、父親がゲイになったり、あるいは父親に年中折檻《せっかん》されているティーンエイジャーたちだ。彼らはそれぞれの両親の家から食料を盗み出し、スーパーで悪さを働き、しだいに郊外のコミュニティと対立していく。全体としてはあくまでB級映画だが、ドラマには妙にリアルなところがある。たとえば、白昼堂々と銃で野犬狩りをしている男たちがいる。実は彼らは12年以上もGM社に勤めながら首にされ、郊外での生活が苦しくなり、その鬱憤をはらしている。そうした不満が、ティーンエイジャーとの郊外戦争に発展していく。先ほどこの映画の時代設定を70年代の終わりから80年代初頭としたのは、おそらく人々が第二次オイルショックのあおりを受けている時期ではないかと思ったからだ。

しかしこの映画には、そうした設定よりもさらにリアルで、はっとさせられるような場面がある。それはティーンエイジャーたちが、ある家の庭から人工芝をはがしてショッピングセンターまで運び、その一角にある家電売り場のショーウィンドウの前に広げ、そのうえに座り込んで目の前に並ぶテレビに見入る場面だ。テレビの画面から浮かび上がるのは核爆発を記録した映像だ。この場面は、人工の楽園で生まれ育った子供たちに巣くう虚無感や喪失感を象徴しているようで、とても印象に残るのだ。

第13章　中流の生活を見つめるミニマリズムの作家たち
――レイモンド・カーヴァー、デイヴィッド・レーヴィット

アメリカ文学においてミニマリズムと呼ばれた表現スタイルは、80年代に入ってある種のトレンドとしてあっという間に広がり、消費され、気がついてみると軽蔑《けいべつ》や批判の対象になっていたという印象がある。それはともかくとして、ミニマリズムの作家といわれるレイモンド・カーヴァーやアン・ビーティ、あるいは、もっと新しい世代に属するデイヴィッド・レーヴィットなどは、その作品が次々と翻訳され、日本でもよく知られている。

本書は文学の専門書ではないので、ミニマリズムの定義といったお堅い話は省くが、いまあげたような作家たちの作品では、アメリカの中流階級のごくごく身近な日常が描かれる。第8章のアップダイクの紹介のところで、「アメリカの大部分の小説家が、中産階級をリアリティを持たぬ不毛の領域と見なしていると思われる現代において、彼（アップダイク）は中産階級の生活はアメリカ文学で一般に認められている以上に複雑であると主張し」というトニー・タナーの言葉を引用したが、時代は変わり、ミニマリズムに限っていえば、アメリ

カの中流階級の生活こそが主題であるといっても過言ではない。

そういう意味では、ミニマリズムの作家たちは、チーヴァーやアップダイクなどの主題を引き継ぐ作家たちといえる。但し、チーヴァーやアップダイク、あるいはこれまで本書で取り上げてきた作家たちの作品とミニマリズムの作品では、郊外の世界に対するスタンスが明らかに異なる。簡単にいえば、ミニマリズムの作家たちは、郊外の世界を新たな視点から見たり、その世界が想像するよりももっと複雑であることをあらためて証明したり、郊外化を通して価値観やアメリカ社会の変貌《へんぼう》を浮き彫りにしたり、あるいは、アメリカン・ドリームとしての郊外生活の向こう側を照らし出すということはあまりない。

彼らは、すでに定着し、様々な批判を浴びたり、問題を抱えながらも変化することなくつづく中流階級の生活を、日常としてありのままに受け入れるところから出発している。事件が起きてもほとんどの場合、それは大した事件ではない。むしろ、ささやかな出来事というべきだろう。何かが変化するかといえば、おそらく表面的にはなにも変わることがない。ある意味では、先ほどのトニー・タナーの引用のなかにあった〝不毛〟という言葉がふさわしいのかもしれない。しかしとにかくそこに〝リアリティ〟はあるのだ。

そんなふうに中流階級の生活を描く作家は、いまのアメリカではかなりの数に上るが、それはアメリカン・ファミリー、あるいはアメリカン・ウェイ・オブ・ライフのイメージがあまりにも深く浸透し、硬直しつつあることを逆説的に物語ってもいる。

＊＊＊

ここまでの前置きでは、ミニマリズムの作家たちの作品がどれも似たり寄ったりのような印象を与えかねないが、ミニマルな世界を扱っているとはいえそれぞれにはっきりとした違いがある。アン・ビーティやデイヴィッド・レーヴィットなどは、作品からそれぞれの世代の感性が浮かび上がってくる。ビーティの場合は、彼女の世代の深い喪失感と好みがはっきりわかれるほど硬質な文体が際立ち、レーヴィットの場合は、喪失以後の世代の視点を持ち、さらにゲイの視点も絡んでくる。一方、レイモンド・カーヴァーの場合は、世代や時代といった枠にとらわれることなく、中流階級の人々の心の闇を見つめている。

カーヴァーについては様々な短編を翻訳で読むことができるが、本書はアメリカの郊外生活を主題にしているので、取り上げる作品もある程度かたよっていることをあらかじめお断りしておきたい。筆者がカーヴァーの作品を読んでいてまず興味を引かれるのは、中流階級のなかでも下層寄りの人々を扱った短編だ。

その登場人物たちは、あたりまえのように仕事をし、結婚し、子供が生まれ、アメリカン・ファミリーをかたちづくっていく。彼らにとって娯楽といえば、むかしの仲間たちと会って酒を飲んだり、ビリヤードをやりにいくといったところだ。彼らはもちろん、アメリカン・ファミリーのイメージのなかにあるが、カーヴァーの文章から浮かび上がる彼らの日常には、ざらざらとした感触があり、イメージにも軋《きし》みがある。そして、ささやかな出来事がきっかけとなって、彼らは、軋みながらもそこから逃れようのない、いかんともしがたい感情に苛《さいな》まれる。そうした作品では、〝流されている〟とか〝もはや変化することなどできない〟というような表現が目立つ。また、こうした感情はときとして、ジョイス・キャロル・オーツなどとはまったく異質な底知れぬ暴力の予感や不安、あるいは現実の突発的な暴力を招き寄せてしまう。

たとえば、日本で最初に翻訳されたカーヴァーの短編集『ぼくが電話をかけている場所』に収められた「出かけるって女たちに言ってくるよ」という短編は、本書の流れを念頭に置いて読むと興味深いのではないかと思う。

主人公はビルとジェリーという幼なじみの親友で、作品の前半部分では、50年代から60年代にかけての彼らの交流が綴《つづ》られていく。大学時代にはお金を出し合って真っ赤な54年型のプリムスを買ったり、エルヴィスやビル・ヘイリーとコメッツを聴いた。やがてふたりのなかでもジェリーの方が、アメリカン・ファミリーの階段を駆け上がっていく。

ジェリーは学生結婚し、大学をドロップアウトし、スーパーマーケットに就職し、親友のビルが結婚したときにはすでに幸福な2児の父親で、スーパーの副支配人への道を歩んでいた（そんな彼を見て、ビルは、22歳にしてはあまりにも老けすぎているなと思う）。ジェリーは、川を見下ろす丘の上に家を構え、休日には子供たちを組み立てプールで水遊びさせ、ビルの夫婦を呼んでホットドッグやバーベキューを食べながら楽しく過ごす。典型的なアメリカン・ファミリーの日常といっていいだろう。

そんなある日曜日、沈み込んでいたジェリーは、ビルを誘い、女たちを残してクルマで息抜きに出る。ビールを飲んでビリヤードをした帰り道、彼らは、自転車に乗った女の子の2人組を目にする。ジェリーは女たちをナンパしようと思いたち、クルマを降りて山の小径まで女たちの後をつけていく。ジェリーとビルは途中で二手に分かれるが、一服しようとしたビルは、女たちとジェリーの予想もしない光景を目にすることになる。短編の最後はこんなふうに締めくくられる。

> ビルはただ女とやりたかっただけだった。あるいは裸にするだけでもよかった。でももし駄目でも、それはそれでまあいいさと思っていた。
> ジェリーが何を求めているのか、ビルにはわからなかった。しかしそれは石で始まっ

て、石で片がついた。ジェリーはどちらの娘に対しても同じ石を使った。最初がシャロンという名の娘で、ビルが頂くことになっていた娘があとだった。

アメリカン・ファミリーの幸福そうな生活と突発的な暴力の落差、そこに深い闇をかいま見ることができる。

先ほどカーヴァーについては、その世界が世代や時代の枠にとらわれていないと書いたが、この短編では珍しく、時代を象徴するような固有名詞が盛り込まれている。しかしこれは、ある世代を描くためにというよりは、アメリカン・ファミリーの無垢《むく》な時代を示唆するために使われているのだろう。そして他の短編では、こうした表現はほとんど影を潜め、もっとほんとうに小さな世界が切り取られている。そういう意味ではこの短編は少し異色な気もするが、アメリカン・ファミリーの全体像に対する彼の視点が表れているようで興味深い。そしてだからこそ、この作品では、他の作品のように暴力性の暗示や予感にとどまらず、現実の突発的な暴力でけりをつけざるをえなかったようにも思える。

カーヴァーの他の短編では、物語が登場人物の人生を決定的に変えてしまうような出来事へと発展することはほとんどない。登場人物たちに起こるささやかな出来事は、むしろ逆の意味で、彼らの状況が〝決定的〟であることを証明するのだ。

たとえば、邦訳では『夜になると鮭は…』に収められている「犬を捨てる」という短編。エアロジェット社で働き、妻と子供たちを養う31歳の主人公アルの人生は、好ましからざる方向へと進んでいる。彼は妻にせがまれて、家賃が200ドルの立派な家に引っ越したが、その3ヶ月後に会社の一時解雇《レイオフ》が始まり、彼もいつ解雇者のリストに名前が載るかわかったものではない。しかも彼は浮気をしていて、それもどう処理していいのかわからない。そんなアルの気持ちは、こんなふうに描写される。

アルは流れのままに漂っていたし、そのことは自分でもよくわかっていた。そしてその流れが最終的に彼をどこにつれていくことになるのか見当もつかない。しかし彼はすべてに対して自分がコントロールする力を失いつつあることを感じはじめていた。すべてに対してだ。

そんなふうに感じるのは、家族を養う男たちばかりではない。『ぼくが電話をかけている場所』に収められた「足もとに流れる深い川」の主人公はクレアという主婦で、彼女を語り手として物語が進む。彼女の夫のスチュアートは、仲間3人と金曜日に釣りに出かけ、川に浮かんでいる裸の娘の死体を発見する。彼らは話し合いの末、娘の死体を流されないようにひもで木の根にくくりつけ、そのまま土曜日を釣りをして過ごし、日曜日に帰る途中で保安官事務所に連絡する。家に戻った夫から、翌朝になってその話を聞かされた彼女は、まるで夫が他人になったかのように深い溝を感じる。彼女はこんなふうに考える。

ふたつのことが明らかだった。（1）他人に何が起ころうがべつに関係ない、とみんな思っている。（2）何かが真に変化することなどもはやありえない。事件が起こった。それでもスチュアートと私とのあいだには変化なんてないだろう。私の言っているのはほんとうの変化のことだ。私たちはふたりとも年を取っていく。たとえば、朝一緒に洗面所を使っている時なんか、鏡でお互いの顔を見ると、それはもうはっきりとわかる。そしてそれにつれて私たちのまわりで幾つかの物ごとが変化していくだろう。楽になることもあれば、厳しくなることもある。それは様々だ。でも物事のありようはこれ以上何ひとつとして変わりはしないだろう。私はそう思う。我々は既に決定を下し、我々の人生はすでに動きだしてしまったのだ。そしてそれはしかるべき時がくるまで蜒々《えんえん》と動きつづけるだろう。しかしもしそれがそうだとして、それでどうなると言うのだ？　つまりあなたはそうとは知りながら、そしらぬふりをして日々を送っている。ところがある日事件が起こる。それは何かを変化させてしまうはずの事件だ。それなのに、まわりを見まわしてみれば、何ひとつ変わろうとはしていない。

決定的なのは、何かを変えてしまう出来事ではなく、すべてに対してコントロールを失って流されていることであり、何かが真に変化することなどありえないということだ。

こうした登場人物たちは、みんなほんとうに普通の人々である。普通に学校を出て、就職し、異性と出会い、そして結婚する。何かトラウマを背負っていて、ささやかな出来事からそれが表に出てくるということもない。むしろ、過去の記憶すらすでにひどく不確かなものになっている。「過去はぼんやりとしている。古い日々の上に薄い膜《まく》がかぶっているみたいだ」とクレアは振り返る。そして、ぼんやりした過去のなかでも、さらに不確かな時期がある。

少したってから二人は結婚することになる。しかし過去——彼女の過去はその頃から既にこぼれ落ちるように薄らいでいく。未来のことを想像するなんて、彼女にはできない。未来について考えるたびに、彼女はまるで何か秘密でも抱いているみたいに微笑む。結婚して五年ばかりたったころ、どんな原因だったのかは思いだせないのだが、二人はかなりはげしい口論をした。夫はその時「この事件はきっと暴力沙汰《ざた》でけりがつくぜ」（「この事件」という言葉を彼は使った）と言った。彼女はこのことばをずっと覚えている。
彼女はそれをやすりでもかけるみたいにきちんと磨きあげ、時々口に出して言ってみる。

「暴力沙汰でけりがつく」という言葉には、カーヴァーならではの独特の響きがある。この家庭は決してうまくいっていないわけではない。夫は昇進、昇給し、妻専用に2台目のクルマとしてステーションワゴンも買ったし、新しい家にも引っ越した。そして夫は暇があれば、ボウリングやトランプ遊びで過ごし、仲間と釣りに行く。

しかしクレアは、そんなアメリカン・ファミリーの生活のなかで、すべてがすでに決定され、真の変化はありえないと思う。では、そんな硬直した状態におちいることになった出発点はといえば、その記憶はこぼれ落ちてしまっている。

カーヴァーの描く郊外の中流階級の人々は、もともと手の届くアメリカン・ドリームに期待を抱いていたようには思えない。必ずしも広告やテレビのホームドラマの世界に憧《あこが》れ、そのイメージのなかに自分たちも入っていこうとしたわけではない。彼らはそういうことが当たり前となった世界のなかで、当たり前のようにそうした生活に入っていった。そして時間が経ってから、ささやかな出来事がきっかけとなって、これまで気づくことがなかったアメリカン・ファミリーの強固な枠組みにしっかりと組み込まれていることがわかってくる。しかしその枠組みに気づくころには、すでにまったく動きがとれない状態におちいっている。カーヴァーの作品のなかで不意にわきあがるような暴力の予感は、そうした現実に気づいているにもかかわらず、気づいていないふりをして生きていかなければならない人間の感情と深く結びついているように思う。

彼らには家族の対話といったものが必要なのかもしれないが、あまりにも深くはまり込んでいるために、はっきりした言葉でそうした歪《ゆが》みを相手に伝えようとすることは難しくなってしまっているし、出発点の記憶がぼやけてしまっているだけに、根本的に何かを変えるといった次元はもはや存在しない。

そこで登場人物たちは、自分の殻のなかで思いつめ、根本的な問題とはずれているが、少しでもよい状況へ、あるいは何か違った状況へと自分を動かしていく。そのささやかな努力は、彼らが背負った重荷を暗示するようでもある。

先ほど触れた「犬を捨てる」では、主人公のアルは、新しい家や一時解雇、浮気のことではなく、義妹が持ち込んだたちの悪い犬をいかにして捨てるかということに真剣になっている。ところが犬を捨て、子供たちの悲しむ顔を目の当たりにしたとたん、彼がそのなかで思いつめていたはずの殻はどこかに吹き飛んでしまう。彼はこう考える。

俺は犬を捨てたことから立ち直ることはできないだろう。犬を見つけることができなかったら、俺の人生なんてもうおしまいだ。子犬を捨てた男になんてどれだけの値うちがあるだろう。そんな男には何かをなしとげることもできないし、何かをあきらめることもできない。

あるいは、「私にはどんな小さなものも見えた」（『ささやかだけれど、役にたつこと』所収）という短編では、ベッドには入ったものの外から聞こえた物音が気になって眠れない主婦＝私が、門に錠を下ろすために外に出ていくと、隣人のサムが自分の庭に佇《たたず》んでいるのに気づき、立ち話を始める。私の夫のクリフとサムは、かつては親友同士だったが、ある晩、酒を飲んで口論をしてから、双方の家の間にそれぞれに垣根をつくり、絶縁状態になっている。私は、サムが仕事をやめ、何とか家を維持していくので精一杯になっていることを知る。そんなサムは、庭の草木を食い荒らすナメクジを餌《えさ》で集め、洗剤らしき粉をせっせとふりかけている。先ほど触れた「足もとに流れる深い川」のクレアは、強姦されて川に捨てられた娘に自分を重ね合わせていく。いずれも決定的な変化があるわけではないが、そこにはかたちにならない暴力の予感が漂っている。

そうした郊外の世界をめぐるカーヴァーの作品のまとめとして、最後に「ダンスしないか?」という短編に触れておきたい。

この短編からは郊外のシュールな光景が浮かび上がってくる。郊外に暮らす主人公の男は、妻が出ていったために自分もどこかに引っ越すことに決め、いらないものを外に出している。ガレージセールというわけだが、男はベッドや洋タンスを寝室にあったときと同じように外に並べている。その光景を見て若いカップルが立ち寄る。そして、男とカップルは、家のなかにいるかのように酒を飲み、レコードをかけ、ダンスを踊り出す。

郊外の真ん中だけに、娘はひと目を気にするが、男はいう。「奴らはここで起こったことは何でも一応目をとおしてきたつもりなんだ。でもさ、こういうのって見たことないはずだよ。きっと」。娘は男の肩に頰を埋《うず》め、彼の身体を抱き寄せる。そして彼女は何週間かしてから、そのときのことをみんなに話そうとするのだが、いくら話しても〝相手に伝えられない何か〟が残る。

カーヴァーの登場人物たちは誰もが、相手に伝えられない何かのまわりで立ち往生しているようにも思える。カーヴァーは、そんな言葉にならない暗闇を見つめつづけていたのではないだろうか。

＊＊＊

１９６１年生まれのデイヴィッド・レーヴィットは、カーヴァーやアン・ビーティよりもはるかに新しい世代に属している。彼が処女短編集『ファミリー・ダンシング』を発表したのは１９８４年、23歳のときのことだった。もちろん彼の短編には、ここには取り上げなかったが、アン・ビーティの作品にあるような時代の喪失感は感じられない。ちなみに、邦訳された『ファミリー・ダンシング』の訳者あとがきには、レーヴィットの世代感覚についてこんな記述がある。

彼（レーヴィット）はみずからの世代を「はざまの世代」（イン・ビトゥイン・ジェネレーション）と呼ぶ。つまり、カウンター・カルチャーの体験を共有するには若すぎ、コンピューターとともに育ってくるコンピューター世代と呼ぶには歳をとりすぎている世代という意味である。

また、レーヴィットの長編『愛されるよりもなお深く』については、第23章で詳しく触れるが、この作品の登場人物のひとりが次のような言葉を口にする。

「七〇年代に離婚家庭や不幸な家庭に育った子供たちは、大人になると、自分には縁のなかった、だが子供心にずっと渇望してきた堅実な家庭を改めてつくろうとする。これは世代の特徴だよ」

これをそのままレーヴィットの言葉だというつもりはないが、1961年生まれの彼は、少なくともそうした70年代に多感な10代の時代を過ごし成長してきたわけだ。そして、最初の短編集のタイトルが〝ファミリー・ダンシング〟ということからもわかるように、彼は、80年代に再び家族を見直そうとしている。これは第23章の方のテーマになるが、彼の作品にはゲイという要素も盛り込まれ、ただ単に家族を見直すだけではなく、未来に向かって家族の新たなかたちを模索していこうとする姿勢も持ち合わせている。

その第一歩であるこの『ファミリー・ダンシング』では、現代の郊外の家族というものを非常に素直な目で見つめるような短編が目を引く。

たとえば「犠牲者」という短編。ここで犠牲者というのは、ダニーという少年（と、もしかしたら両親）のことを指している。彼の両親は別れ、母親のエレインがダニーを引き取り、母子はダニーにとって叔父《おじ》と叔母《おば》にあたるニックとキャロルの家に身を寄せている。一方、父親のアレンは、男とグリニッジ・ヴィレッジのアパートに暮らしている。
　この父親は、かつてはそれなりの家族の理想像というものを持って生活を送っていた。その理想は、このように描写されている。

　当時父のアレンは、夜になって帰宅した男には、一日の労働の報いとして妻とふたりだけで過ごす時間が許されていると信じていたのである。そのために母のエレインは、毎晩、夕食を二度とっていた。まず、ダニーといっしょに六時にスパゲッティとテイター・トットを食べ、ダニーが寝たあとにもう一度アレンといっしょに、キャンドル・ライトの灯《あか》りの下で、手のかかったロマンチックな夕餉《ゆうげ》の時を過ごすのである。

しかし、その生活は長くはつづかなかった。母親は家庭を守り、子供を育てていく自信を失って、神経症になってしまう。もちろんそこには、父親がゲイであるという問題もある。しかし、父親のアレンはダニーに向かって「根はもっと深いんだよ」といってきかせる。父親にとってもっと深い問題とは郊外の生活だった。彼は息子とこんなやりとりをする。

「あのころパパはお金を稼いで家を買うことだけを考えていたんだよ。あのままうまくいってれば、キャロルとニックの家の隣に家を買ってたかもしれないな。パパはお前にああいう環境のところで育ってほしかったんだ。あそこには緑がたくさんあって、空気が新鮮で、いいクラブがあるからな」

そして、家族は崩壊してしまったが、皮肉なことに実際この息子は、キャロルとニックの家に預けられることになった。しかし、父親はこういう。

「間違っても外見の清潔さなんて信用するんじゃない。悪いことっていうのはな、本当に悪いことっていうのはな、いつだって、なにもかもがきれいに片づいていて、住んでる人間が朝の挨拶《あいさつ》ぐらいしかしないきれいな家で起きるものなんだ」

この『ファミリー・ダンシング』のいくつかの短編は、そうした郊外の生活に対する憧れと失望がひとつのポイントになっている。

表題作の「ファミリー・ダンシング」には、主人公スーザンと彼女と離婚することになる夫との間に、郊外の生活をめぐってこのような興味深いやりとりがある。彼女は、夫から他の女性との関係を打ち明けられるときに、夫の話の内容についてこんなふうに考えていた。そのとき彼女は、それが、もっと大きな芝生のある広々とした郊外の家に引っ越そうという話であることを願った。

一方、夫の方は後にスーザンにこう語る。

「次に買う家は最後の家になる。つまり、おそらくは僕らがそこで死ぬ家になる、と僕が考えていたせいなんだ。僕らにはようやく最良の家を買うお金ができた。ということはすなわち、もうどこにも行けないということだったのさ。それで僕は、自分の人生が終わりのような気がしてしまったんだ」

アメリカの郊外居住者が、いつも職業や収入に関してランクが上の郊外の町を望み、頻繁に家を変えることはすでに触れた通りである。そして、家のことばかり考えているうちに、家族の意味が見失われてしまうこともある。「ファミリー・ダンシング」で、スーザンは郊外の階段が永久につづくような幻影にすがろうとし、夫はそれが幻影であることがわかる最後の家を恐れたのだろう。

こうした短編では、郊外の家への憧れと失望をくっきり描き出すところに、これからの家族を見つめていこうとするレーヴィットの姿勢をかいま見ることができる。そして、レーヴィットの新しい家族のかたちをめぐる模索については、第23章であらためて触れることにする。

第14章　保守化するアメリカから浮かび上がる家族の肖像
――『普通の人々』、ブラット・パック、ジョン・ヒューズ

この章では、現在からそれほど遠くない80年代という時代を掘り下げてみたいと思う。ロバート・レッドフォードの初監督作品『普通の人々』については、第11章で少しだけ触れたが、ここではまず、この映画のことから話を進めていくことにする。

『普通の人々』がアメリカで公開されたのは、１９８０年のことである。この映画は、郊外に暮らす中流家庭を描いた地味な内容の作品だったが、大きな話題を集め、80年度のアカデミー賞では、作品賞、監督賞、助演男優賞、脚色賞を受賞している。

この映画からは、郊外の生活と時代の流れをめぐって、様々な意味を読み取ることができるが、映画の内容に話を進める前に、まず映画の原作に触れておくべきだろう。原作は、１９７６年にアメリカで出版され、ベストセラーとなったジュディス・ゲストの『Ordinary People』。日本では、『アメリカのありふれた朝』の邦題で翻訳が出ている。この小説は、40歳の平凡な中流階級の主婦が、初めて書いた長編だった。

小説が出版に至るいきさつについては、『アメリカのありふれた朝』のあとがきに詳しいが、そこには、〝普通の人々〟というタイトルと執筆の動機について、著者ゲストの次のようなコメントが引用されている。

「ここに登場する人々についてわたしが語りたいと思っていることを的確に表している題名だと思います。もちろんアイロニカルな意味で、ではありません。登場人物たちはごく平凡な普通の人々であり、ただその身辺に異常な出来事が起こる――それも毎日どこかの誰かに起こりうるようなことが起こる、ということなのです。今日では、平凡で普通の人々をよしと評価する傾向が強まってきていると思います。『普通の』とは、人並みで、正常で、調和のとれたという意味です。……読者として、わたしはここ何年も、異常であること、異常な人々をもてはやすような傾向の本が氾濫していることにすくなからず腹立たしい思いを味わってきました。……この作品を書くことに目的があったとすれば、（物語を語るというそれだけのこと以外に）それは、自分が同一視できる人物をみいだすことであり、解決すべき問題を彼らに与えて、その問題に彼らがどう対処し、また処理していくかをみることであったと思います」

「異常であること、異常な人々をもてはやすような傾向の本」というのは、カウンター・カルチャーやドラッグ・カルチャーの産物を指しているようだが、このコメントからは、激動の時代のなかで置き忘れられた家族を見直そうとする時代の流れを読み取ることができる。

もちろん、これまで書いてきたように、60年代から70年代にかけての時代に、郊外の家族に目を向ける動きがなかったわけではない。しかし、一般の関心は、どちらかといえば、アメリカを揺るがすような社会問題の方に向いていたというべきだろう。

あるいは、そうした社会問題に関心が向いているうちに、郊外のライフスタイルは、抽象的な幸福の実態が明らかにならないままに、確実に定着し、激動の時代が過ぎ去って、人々が足元に目をやると、そこに問題を見出《みいだ》しはするものの、もはや身動きがとれなくなっていたということになるのかもしれない。それは、80年代を掘り下げていくことで明らかになることと思う。

それでは、映画『普通の人々』へと話を進めることにしよう。

この映画の舞台になるのは、緑豊かな自然に囲まれたシカゴ郊外の住宅地である。主人公になるのは、この閑静な住宅地にある白い2階建ての素晴らしい邸宅に暮らす一家だ。父親のカルヴィン・ジャレットは、シカゴに事務所を構える弁護士で、妻のベスとは結婚して21年になる。彼らには、ハイスクールに通う17歳の息子コンラッドがいる。そして、平穏な暮らしを送るかに見える家族だが、実は彼らは、それぞれの心のなかに空白を抱え、お互いを暗黙のうちに牽制《けんせい》するようにして、何とか家族というかたちを保っている。

というのも、彼らは、ヨットの事故で長男を失い、いっしょに乗っていながら自分だけが助かった弟のコンラッドは、自分を責め苛《さいな》み、自殺をはかり、精神科病院に入院していたからだ。コンラッドは、いまでも悪夢にうなされ、自分の感情を見失い、固く心を閉ざしてしまう。

この映画は、ゲストの言葉にもあるように、「解決すべき問題を彼らに与えて、その問題に彼らがどう対処」していくのかを描いているわけだ。

この家族は、長男の事故死という悲劇が起こるまで、郊外の世界のなかで平穏に暮らしてきた。しかし、その悲劇がきっかけとなって、それぞれに家族の意味を問い直さざるをえない立場に追い込まれる。そこで、それぞれに解答を見出したり、見出そうと苦悩する3人のコントラストが際立っていくことになる。

まず、母親は、決して家族の意味を問い直そうとはしない。内側には空白を抱えているものの、何事もなかったかのように、これまでの生活をつづけていこうとする。まるでこの豊かな郊外の生活習慣に従ってさえいれば、最初はぎすぎすしようとも、いつかは元通りの家族に戻れると確信しているかのようだ。彼女は、同じように隣人たちとの社交生活をつづける。週末には、友人夫妻と外出して、芝居やゴルフを楽しむ。隣人宅のパーティでは、絶好の機会とばかりに、何事もなく元気な自分の姿を人々に印象づけようとする。また、毎年クリスマスにはどこかに旅行していたからという理由で、そんな状況でもクリスマスに旅行しようと考える。彼女は、これまで書いてきたような、郊外のライフスタイルが外から作り上げる家族の枠組み、そのイメージにすがりつくことによって、問題を回避しようとする。

一方、そんな母親と対照的なのが、息子のコンラッドだ。彼のなかでは、母親がすがろうとするような家族の枠組みは、完全に崩壊してしまっている。家族の生活がたくさんの選択のうえに成り立っているとするなら、彼には、そのひとつひとつの選択の根拠を見出すことができない。もちろん、この家族が、作られた枠組みに完全に依存しているとするならば、そこに根拠といったものを見出すのは困難だろう。

それでは父親はというと、彼は、何とか息子を立ち直らせたいという気持ちに駆られているにもかかわらず、その糸口が見出せず、息子に対して神経を使うばかりで、こわばってしまう。彼の姿は、第5章で触れたような、家庭的ではあるが、成長する子供が抱える問題に対処するすべを知らない50年代のあの新しい父親像を思い起こさせる。

時代の流れのなかで、ごくごく普通の家族が見直されるようになったとき、50年代がはらんでいた問題が表面化してくる。この映画では、父親がそうした問題にどう対処するかが、鍵《かぎ》を握っているともいえる。

一家は、郊外の表面的な幸福と現実をめぐって、亀裂を深めていく。母親は、パーティの席で、息子がセラピーを受けるようになったことを友人に打ち明ける父親を、プライバシーの侵害だとして厳しくたしなめる。あるいは、周囲の人間から、息子が密《ひそ》かに水泳部を辞めていたことを知らされ、恥ずかしさのあまり息子に辛《つら》くあたる。母親にとっては、郊外の世界に違和感なく溶け込んでいることが、家族にとって最も重要なことになってしまっているのだ。

そこで父親は、何とかして彼女が現実を直視するように努めるが、すべては徒労に終わってしまう。そして最後に、妻に向かって、「きみを愛しているかどうかわからなくなってしまった。今までどおりには暮らせない……」と告白する。彼女はだまって荷物をまとめ、家を後にする。母親が去った家の寒々とした庭で、父親は息子をしっかりと抱きしめて映画は終わる。

母親に対する父親の最後の告白には、「きみの正体がわからなくなった」という台詞《せりふ》も含まれている。見せかけにとらわれ、ひたすら体裁を繕おうとする彼女の存在は、父親には、対話が可能な生身の人間ではなく、実体のないかたちだけの妻、母親に見えたに違いない。

先ほどその父親のあり方が、50年代の父親像を想起させると書いたが、この映画には他にも50年代の郊外との接点がある。チーヴァーの「カントリー・ハズバンド」の主人公には、隣人の家に集う人々が「世界には危険もトラブルもないという暗黙の了解のもとに結束しているように見えた」。この映画の一家に起こったヨットの事故や長男の死も、次男が受けるセラピーも、母親の言動を踏まえるなら、彼らが属すコミュニティではありえないことになる。しかしそれは誰にでも起こりうることであり、そんな現実を受け入れてはじめて、〝普通の人々〟になるのだ。

第11章では、そうした意味も込められた『普通の人々』に少しだけ触れてから、ウォーターズの『ポリエステル』を取り上げたが、ここであの映画を振り返ってみると、ディヴァイン扮《ふん》する満身創痍《そうい》といった感じの主婦が口にする「普通って難しいことじゃないのね」という台詞が、悪意をむき出しにしてよみがえってくるようである。

ちなみに、レッドフォードは、なぜこの小説を最初の監督作品に選んだのかということについて、こんなふうに語っている。

「アメリカ、失われた社会、様々な変化。変化の必要性。社会構造上、堅固な部分と、家族の絆《きずな》のように永続性があると思われているものがいかに変化を余儀なくされているか。見せかけと現実の問題に興味を引かれた。人の目に映る自分自身の姿と、自身の現実とにはかなり差があると思う。これがひとつの理由だ。
自分が大人になり旅を多くするにつれ、人々が、自分が本当は何者なのかということより、見せかけの方をもっと気にしていることに気づいた。自分の感情に正直であろうとすれば、人生を随分無駄に過ごしてきたという事実に直面せざるをえないのではないか。その時点で生き方を変えてみようとせずに、そのまま落ち着いてしまう人が多い。結婚のことでも仕事のことでも」(『普通の人々』の劇場用パンフレットより引用)

これは様々な解釈が可能な発言だが、郊外の中流家庭が直面する問題が含まれていることは間違いない。80年代以前の家族を振り返り、人々が、見せかけにとらわれて、身動きがとれなくなりつつあることが示唆されている。

このことはそのまま、前の章で書いたミニマリズムの世界に通じている。ミニマリズムについては、カーヴァーやビーティのように80年代以前から作品を発表している作家たちがいるので、この章より前に置いたが、ミニマリズムの作家が急増し、広く市民権を得るようになるのは、80年代に入ってからのことである。そういう意味では、80年に公開された『普通の人々』は、時代の流れを象徴する作品といえる。

また、家族をめぐる80年代と50年代の深い結びつきも、見逃すことができない。そのことについては、これにつづく章で、スティーヴン・キングやデイヴィッド・リンチを取り上げて掘り下げることになるが、それ以外にも、このふたつの時代の結びつきは随所に見られる。

たとえば、本書の第1章では、50年代の世界を身近なものにするために、『バック・トゥ・ザ・フューチャー』と『リトル・ショップ・オブ・ホラーズ』を取り上げたが、それらはいずれも80年代半ばの作品である。また政治の方に目をやると、50年代はアメリカの戦勝によって誕生した世界だったが、80年代はロナルド・レーガンが大統領となり、〝強いアメリカ〟を目指し、保守的な政策を進めていくことになる。

＊＊＊

そんな80年代のアメリカ映画で注目しておきたい動きが、YA（ヤング・アダルト）スターとかブラット・パックと呼ばれた一群の若手俳優たちの台頭である。

彼らは81年の『タップス』、そして83年の『アウトサイダー』、『ランブルフィッシュ』を出発点に、青春映画のブームを作り上げた。具体的な俳優でいえば、マット・ディロン、ティモシー・ハットン、ショーン・ペン、C・トーマス・ハウエル、トム・クルーズ、ロブ・ロウ、ラルフ・マッチオ、エミリオ・エステベス、ジャド・ネルソンといった面々である。

彼らが共演、あるいは、発展的解消というかたちで主役を務めた映画を列挙したらきりがないので、ここではとりあえず、ブラット・パックの代表作として『ブレックファスト・クラブ』と『セント・エルモス・ファイアー』をあげておく。

彼らがどうしてそれほどうけたのか、何がそれほど新鮮だったのかといえば、ありふれたティーンエイジャーをありのままに体現していたからだ。それがどうして新鮮なのかといえば、先ほどのジュディス・ゲストのコメントを映画に置き換えてみれば一目瞭然《りょうぜん》だろう。つまり、カウンター・カルチャーを生きる若者や、アメリカの現実を一身に背負ってしまったような屈折と狂気のアンチヒーローは、〝異常な人々〟であり、YAスターやブラット・パックは、80年代のティーンが自分を〝同一視できる人物〟だったわけだ。それ以前にも、普通のティーンエイジャーを描いた青春映画がなかったわけではないが、そこにはセックスのことしか頭にないようなティーンエイジャーしか登場しなかった。もちろん、普通のティーンエイジャーが皆無ということではないが、これほどそうしたキャラクターが注目されたことはなかった。

普通のティーンエイジャーは、当然のことながらありふれた世界を生きている。彼らの行動範囲は、家族、友人、恋人との関係によってかたちづくられる世界に限られ、その外に出ることはほとんどない。彼らは、そんなミニマルな世界のなかで、ささやかな不協和音に敏感に反応し、悩み、ときとして泣き出すことすらある。

そんな彼らの姿は、屈折と狂気、カウンター・カルチャーを飛び越して、50年代のジェームズ・ディーンを連想させるが、それは、彼らの出発点となったフランシス・フォード・コッポラ監督の2作品『アウトサイダー』と『ランブルフィッシュ』を振り返ってみれば頷《うなず》けるはずだ。この2作品に漂う地方都市のある種の閉鎖性、わけもなく敵対する若者グループ、あるいは、死に急ぐ若者、家族の不和、不在の母親をめぐる兄弟の相克などが、映画史をさかのぼり、『理由なき反抗』と『エデンの東』に重なっていくからである。

『アウトサイダー』と『ランブルフィッシュ』は、80年代の『理由なき反抗』と『エデンの東』であり、コッポラは、家庭、兄弟、仲間たちのミニマルな世界を生きるティーンエイジャーの姿を通して、80年代と50年代を結びつけている。この2作品は、町を離れていく列車や川に沿って海に向かうイメージが重い意味を持つように、コッポラは、時代の閉塞《へいそく》的な空気を敏感にとらえている。

これに対して、そうした時代の空気をまったく違った視点からリアルにとらえ、青春映画に仕立てているのが、ジョン・ヒューズ監督だといえる。

彼が監督した『すてきな片想い』や『ブレックファスト・クラブ』、『フェリスはある朝突然に』、『ときめきサイエンス（ビデオ・タイトル：エレクトリック・ビーナス）』といった作品を振り返ってみればわかるように、彼が好んで描くのは、まさに80年代の典型的な上層中流階級の家庭のティーンエイジャーたちである。

彼らは、立派な郊外の家で恵まれた生活を送っている。学園生活も悲惨というわけではないし、友だちもいないわけではない。しかし、だからといって、スポーツとか音楽にことさら熱中しているわけでもないし、将来の目標に向かって何かをこつこつ積み上げているわけでもない。非行に走るわけでもないし、家出をするわけでもない。要するに、とりたてて何かあるわけでもないが、死にたくなるほど空虚なわけでもない。

ジョン・ヒューズは、そんな時代の空気を逆手に取るようにして、ドラマを作り上げている。

たとえば、『すてきな片想い』（1984）では、モリー・リングウォルド扮する主人公サム（サマンサ）が、16歳の誕生日だというのに、家族はそろってそのことを忘れている。彼女の姉の結婚式を翌日に控えていたために、両親はその準備に追われていたのだ。そんな彼女にとって人生最悪の日に、片想いのドラマが展開していく。『フェリスはある朝突然に』（1986）の主人公フェリスは、学校をずる休みして、親友とガールフレンドの3人で、シカゴ郊外の家から賑やかな街に繰り出す。

この2本の映画は、どちらも1日足らずの物語である。ジョン・ヒューズは、さしたる変化のない毎日を送るティーンエイジャーの生活から、巧みに特別な1日を作り上げ、そこにドラマを凝縮していく。そのために、家族に誕生日を忘れられたことが〝人生最悪の日〟になったり、ずる休みをして1日遊びまわることが〝人生最良の日〟になっていくのだ。また、『ブレックファスト・クラブ』（1985）も1日足らずの物語で、土曜日に罰として登校を命じられた5人の問題児たちにとって最悪の日とも思えるものが、最良の1日に変化していく様が描かれていく。『ときめきサイエンス』もまた、1日ではないが、主人公の両親が出かけて家を空けているある週末だけの物語である。

こうしたヒューズ作品は、設定をそのままに時間を引き延ばしてしまえば、ドラマは、とたんにメリハリを失ってしまうことだろう。たとえば、フェリスは、自分のパソコンを使って学校の欠席記録のデータを改竄《かいざん》する。あるいは、楽しい1日を終えたフェリスが家に向かって歩いていると、帰宅途中の父親のクルマが目の前を横切る。彼は、是が非でも先に家に戻り、仮病のつづきを演じるために、近道して郊外の家々のなかを走り抜けていく。そうした出来事が、80年代のティーンのちょっとしたスリルとなるかどうかは、ドラマのなかで時間がどれだけ凝縮されているかにかかっている。

SF的な要素を盛り込んだ『ときめきサイエンス』では、女の子にもてない冴《さ》えない2人組が、パソコンに理想の女のデータをインプットすることによって、本物の女を作り出してしまう。彼らは、パソコンをバービー人形につなぎ、家に雷が落ちると、そこにバービー人形と同じ下着をつけた美人が現れる。そんなアイデアは、間延びしてしまえば、ひどく屈折した郊外のオタク少年のドラマになりかねないだろう。

ヒューズが時間を巧みに操作して生み出すそんな青春映画は、80年代を生きるティーンエイジャーが、豊かではあるが退屈で、出口となるような外部を失っていることを逆説的に物語ってもいる。それが、レーガン時代のティーンのリアルな姿なのだ。

一方、そんなヒューズと対照的なアプローチを試みているのが、ブラット・パックのリーダー格だったエミリオ・エステベスが、『ブレックファスト・クラブ』や『セント・エルモス・ファイアー』の余韻さめやらぬ86年に、自ら監督、脚本、主演の三役をこなして作り上げた『ウィズダム／夢のかけら』だ。

成績優秀でありながら、未成年のときに犯した罪のために前科者の烙印《らくいん》を押され、出口も見出すことができずに追い詰められる23歳のジョン・ウィズダム。彼は、恋人とともに銀行を襲い、住宅ローンに苦しむ人々のためにローンの証書を焼き払い、逃げる義賊となる。

この映画は公開当時、80年代の〝ボニー&クライド〟といった表現をされていたが、そんなふうにニューシネマと簡単に結びつける前に、まずブラット・パックが確実に背負っている80年代の家族からの逃走を狙った映画として見ないと、その面白さが半減してしまうだろう。ウィズダムが、住宅ローンの証書を焼き払って義賊になるという展開は、何とも象徴的である。

ヒューズ作品とこの『ウィズダム』は、とりたてて何もなく、身動きがとれない時代の空気を、対極からとらえているのであり、そのはざまからは、保守化したアメリカの家族の肖像が浮かび上がってくるのだ。

第15章　崩壊する家庭とよみがえる50年代の亡霊
――スティーヴン・キングの暗闇

スティーヴン・キングは、アメリカの家族の日常生活にじわじわと恐怖を滑り込ませる。超能力、吸血鬼、狂犬病にかかった犬、何かの呪いや怨念《おんねん》といった決してホラー小説として新しいとはいえないアイデアが、読者を引きつけていくのは、そうしたホラー・イメージが、登場人物たちの日常に潜む不安や亀裂と呼応しているからだ。そして、不安や亀裂が広がっていくに従って、ホラー・イメージも肥大化していくことになる。不安や亀裂が、ホラー・イメージをたぐり寄せ、両者の相乗効果のなかで、家庭は崩壊していくのである。

たとえば、『シャイニング』（１９７７）に登場する両親とひとり息子の一家は、冬の間、雪に閉ざされる山奥のホテルに管理人として住み込むことから、恐ろしい体験をすることになるが、母親のウェンディは、一家がそのホテルに移る前に、家族についてこんなふうに考えている。

結局、自分たち三人は、永久に分かちがたく結びつけられてきたのだ、かりにこの三者一体が破壊されることがあるとしたら、それは、三人のうちのだれかによってではなく、外部からの力によってに違いない、と。

この文章では、「外部からの力によって」といいつつも、家庭が破壊される可能性が頭をよぎるところに、すでに、この母親の内なる不安が滲《にじ》み出ている。キングの小説における恐怖の図式のヒントになるような文章だといえる。

この図式は、スピルバーグの『激突！』や『ジョーズ』における、主人公とタンクローリーや巨大なサメというガジェットとの関係と似たところがある。但し、ふたりの表現のスタイルはずいぶんと違う。これはもちろん、映像と活字の違いもあるだろうが、スピルバーグの場合は、郊外の世界に埋没した主人公の生活や感情をさり気なく描いているので、日常と非日常の単純なせめぎ合いに見えかねない。これに対して、キングは、トレードマークともいえる過剰な描写を通して日常を異化し、ホラー・イメージをたぐり寄せるような不穏な空気を作り上げていく。

たとえば、『クージョ』は、その好例だろう。

この小説で、狂犬病にかかった巨大なセントバーナードの恐怖にさらされることになるのは、ニューヨークからメイン州の閑静な町に転居した両親とひとり息子の3人家族である。この夫婦それぞれの転居に対する気持ちはというと、夫のヴィクは、安心して生活することのできないニューヨークでの生活を嫌い、閑静な町への転居を決めたのだが、妻のドナは、都会の生活が忘れられず、落ち着かない日々を送っている。これは、ニューヨークから海辺の町に転居した『ジョーズ』の警察署長夫妻とまったく同じである。そして、あの警察署長がニューヨークについて語る台詞《せりふ》には、警官という立場を考えるとかなりの皮肉が込められていたが、『クージョ』の場合には、ヴィクのニューヨークに対する感情が、いかにもキングらしい過剰な表現で描かれている。

彼は、ニューヨークにちょっと出張すると考えただけでも冷や汗が滲むのを感じる。そして、心のなかではこんな感情が渦巻いている。

彼とドナがメイン州に移り住むまでは、人間らしく生きていると感じたことは一度もなかったし、自分が何を求めているのかもよくわかっていなかった。そして今、ニューヨークはあれから三年間、ふたたび彼をつかまえる機会をひたすら待っていたのだという不吉な予感があった。飛行機が着陸するときに滑走路をオーヴァーランして、ジェット燃料の炎に呑《の》みこまれるかもしれない。あるいはチェッカー機がトライボロ・ブリッジに激突して、血まみれの黄色いアコーディオンのようにぐしゃぐしゃになってしまうかもしれない。強盗がただ拳銃《けんじゅう》を振りまわすだけでなく、そいつをぶっぱなすかもしれない。ガスの本管が爆発して、九十ポンドの危険なフリスビーのように空中を飛んできたマンホールの蓋《ふた》が、彼の首を切りおとすかもしれない。きっと何か悪いことがある。ニューヨークへ戻れば、あの町に殺されるだろう。

危険な都会を離れたいという気持ちはごくありふれたものだが、それが、キングの手にかかるとこんな過剰な表現になってしまうのだ。そして、この文章だけを抜き出してみると、被害妄想を通り越してコミカルですらあり、この主人公は普通ではなく病気だということにもなりかねない。しかしキングは、単に不安を強調しようとしているのではない。普通の人々が抱いている様々な不安を掻《か》き集め、ひとりの人物のなかに集約しているのだ。だからこれは、その人物がいかに普通であるのかを強調するためのキング独自の表現ともいえる。但し、後述するように強調される普通はやがて普通ではなくなっていく。

ニューヨークのことを嫌悪しているだけに、主人公のヴィクは、ただ転居するだけでなく、広告の仕事も何とか地元でこなそうとする。ところが、住宅のローンがあり、これから子供が大きくなろうとしている家族を抱え、地元ではニューヨークほど大口の仕事をとることができず、彼はジレンマにおちいる。結局、夫は、仕事に振り回されて家族への関心がおろそかになってしまう。

一方、妻のドナはといえば、「ニューヨークが恋しくてならないドナは、ふさぎこんだり、怒りっぽくなったり、おびえたりをくりかえしていた」ということになる。そこで彼女は情事に走ってしまう。これはよくある話だが、筆者はドナの気持ちを綴《つづ》る次のような文章がとても印象に残っている。

彼女はスティーヴ・ケンプとの情事にのめりこんだのはほぼ偶然からだったと、本気で信じていた。それはいわば地中の下水管が破裂したようなものだった。同じような下水管が、アメリカのほとんどすべての家の手入れの行きとどいた芝生の下に埋まっている、と彼女は信じていた。

これは、いかにもキングらしい文章ではないかと思う。もし第13章で取り上げたようなミニマリズムの作家が、こうした設定や展開を選んだとしたら、登場人物たちは、簡潔な文体で内面が掘り下げられ、微妙なあやから普遍的な感情が浮かび上がってくることだろう。ところが、キングの作品の場合には、人物を掘り下げるかに見えて、過剰な文章は、登場人物を極端といえるほどに一般化していく。この引用についていえば、本当に〝手入れの行きとどいた芝生〟のある家に暮らす主婦に当てはまるような現実の断片を掻き集め、ドナという人物のなかに、郊外の主婦の集合的なイメージを作り上げてしまうのだ。

たとえば、〝育ちざかりの子供とありあまる時間を抱えてほうっておかれた〟ドナに関する次のような文章はその一例といえる。

> 前年の冬のある日、みぞれがポーチの暴風雨よけの窓を叩《たた》くのを眺めながら、わたしもかの有名な偉大なアメリカ主婦《グレイト・アメリカン・ワイフ》になってしまったみたい、と彼女は憂鬱《ゆううつ》な気分で考えたものだった。

ちょっと気の利いた作家であれば、〝偉大なアメリカ主婦〟といった直接的で大袈裟《おおげさ》な言葉は避けて、もっと間接的な表現をするところだが、キングの場合は、テレビ番組や商品名、ミュージシャンなども含めて、アメリカ的なイメージを強調するような固有名詞をうんざりするほど文章のなかに盛り込んでいく。

特に夫に情事が露見したときの妻の弁明は、アメリカの郊外の生活をめぐる固有名詞のオンパレードである。彼女は、時間をもてあましてしまった理由をこんなふうに説明するのだ。

「わたしは図書館委員会や病院委員会に入りたくなかったし、ベイク・セール［訳注 家庭の主婦たちが自分で焼いたケーキ類を持ち寄って売り、慈善事業の資金を作る催し］を開いたり、自分から音頭をとってパン種を変えさせてみたり、土曜の晩にどこの家でも同じハンバーガー・ヘルパーのキャセロールで済ます風習を追放したりする気もなかった。毎度毎度げんなりするような同じ顔ぶれと会って、この町のだれがなにをしているかといった変わりばえのしないゴシップを聞きたくはなかった。爪をといで他人の悪口をいう気にはなれなかったの」

言葉が奔流のように口から流れでた。もう止めようにも止まらなかった。

「タッパーウェアやアムウェイのセールスもやりたくなかったし、スタンリー・パーティも開きたくなかったし［訳注 アムウェイは個人の家庭に近隣の主婦たちを集めて、パーティ形式で家庭用品を売る会社の名前。このパーティの創案者の名前をとってスタンリー・パーティと呼ぶ］、減量療養者協会《ウエイト・ウオッチャーズ》に入る必要もなかったわ。あなたは——」

この台詞のなかに出てくる固有名詞は、郊外の世界のなかで、知らない者どうしを結びつけ、親交を深め、コミュニティ精神を培っていくための活動の羅列である。そして、もしこうした活動に参加する意味を見出《みいだ》すことができなければ、専業主婦にとって郊外の生活は、あまりにも虚しく孤独なものになってしまう。この台詞もまた、郊外の日常を過剰な文体で描写するところから問題が浮かび上がってくるキング独自の話術といっていいだろう。『クージョ』では、こんなふうにして夫婦の亀裂が広がり、そこに狂犬病にかかった巨大なセントバーナードの脅威が迫ってくるのだ。

＊＊＊

ある出来事がきっかけとなって、コミュニティに埋没している自分に気づくという展開は、チーヴァーやカーヴァーの短編を思い出させるが、キングがリチャード・バックマン名義で発表した『痩《や》せゆく男』（１９８４）もまた、そんな展開が物語のポイントになっている。

この小説の主人公ハリックは、妻と14歳の娘とコネティカット州にある郊外の町フェアヴューに暮らし、ニューヨーク市内に通勤する弁護士である。彼は、肥満という悩みを除けば満ち足りた生活を送っていた。ところがある日、ちょっとした不注意から、町を訪れたジプシー（※いまは「ロマ」と表記するが訳文に倣った）の一団のなかにいた老婆をクルマで轢《ひ》き殺してしまう。

彼は、このコミュニティの人種差別的な感情を代表するような警察署長や判事の力添えで、まったく責任を問われることなく無罪となる。しかし、ひとりのジプシーの老人が、彼に向かって「痩せていく」という言葉を残して町を去る。その後、この主人公は着実に痩せていくことになるのだ。

この主人公が暮らすフェアヴューが、かなり裕福な家族が暮らす町であることは、彼の友人である医師にまつわるこんな描写からかいま見ることができる。

マイケル・ヒューストンはフェアヴュー人種の見本のようなものだった。マリブ・ビーチで日焼けした白髪のハンサムな医者。（中略）ヒューストン夫妻は、薄気味悪いほど器量のいい二人の子がいて、ランターン・ドライヴでも比較的大きいほうの家に住んでいる——カントリー・クラブまで歩いていける距離にあり、ジェニィ・ヒューストンは酔うとそのことを自慢する。それはかれらの家が十五万ドルをゆうに越える額の金がかかっていることを意味していた。ヒューストンはフォー・ドアの茶色のベンツを乗りまわしている。ジェニィは痔《じ》を患っているロールス・ロイスといった格好のキャデラック・シマロンに乗っている。子どもたちはウェストポートの私立の学校へいっている。フェアヴューの噂は——これが往々にして当っているのだが——ヒューストン夫妻は暫定協定を結んでいるとほのめかしていた。マイケルはきわめつきの女たらしだし、ジェニィのほうは午後の三時頃にはもうウィスキー・サワーを飲みはじめる始末だった。まさに典型的なフェアヴューの家庭だ、とハリックは思い、そして不意に疲れ、おびえた気分になった。

なぜ彼がおびえた気分になるのかといえば、ひとつには、このコミュニティの排他的な特権を行使することによって責任を逃れた後ろめたさのために、自分を含むフェアヴュー人種というものに嫌悪感を抱くからだ。そして、もうひとつには、痩せていくことに関して、癌《がん》のような重い病気なのではないかという内なる不安と、ジプシーの呪いという恐怖が共鳴し、自分の周囲の現実が揺らいでいくからでもある。

但し、このふたつの事柄は、郊外の生活をめぐって深く結びついてもいる。人々は、安全や安定を求めて郊外の町での暮らしを選ぶ。そして実際、この物語のように、対外的な問題は、コミュニティの政治力を行使することによって解消され、主人公の安定した生活は守られることになる。しかし、矛先が健康の問題に向けられるとなると、郊外の生活は何の保証にもならない。それどころか、なまじ対外的に安全が保証されているだけに、内なる不安がひとたび頭をもたげると、それはとめどなく膨らんでいくことにもなる。

そんな不安から彼は恐ろしい夢を見ることになるのだが、その夢の描写はなかなか興味深い。

痩せていく、ただその一言だが、十分に呪いの言葉になっているとハリックにはわかった、というのもニューヨーク市内に通勤して帰りには社交車両《クラブ・カー》でちょっと一杯という裕福な上流階級が住むこの郊外で、ジョン・チーヴァーの生国のド真ん中に位置するこの小ぎれいなニュー・イングランドの町で、フェアヴューで、誰もが餓死しかけていたからだ。（中略）フェアヴューはナチの強制収容所の生き残りたちで満ちあふれた町になっていた。

すでに第7章をお読みの読者には、〝ジョン・チーヴァー〟という人名や〝生国のド真ん中に〟といったキングらしい話術がもたらす効果について、あらためて説明する必要もないだろう。

この文章で印象的なのは、フェアヴューの世界から〝ナチの強制収容所〟といった過去の出来事が浮かび上がってくることだ。第7章で取り上げたチーヴァーの短編「カントリー・ハズバンド」には、郊外のパーティに出席した主人公が、ここには過去も戦争もなかったという暗黙の了解で人々が結束しているような印象を受ける場面があったが、この夢の描写からは、あの場面に通じる閉塞感や抑圧が浮かび上がってくる。

キングはもしかしたら、チーヴァーに影響されるところもあったのかもしれない。

＊＊＊

郊外の家庭を描くキングの作品のなかでも、本書で特に注目しておきたいのが、83年に刊行された『クリスティーン』である。この作品では、50年代という要素が、物語に深く関わってくるのだ。

というのも、この小説におけるホラーのアイデアは、以前の持ち主の怨念が乗り移ったクルマ、テイルフィンが突き出した58年型のプリマス・フューリーであり、他の作品と違って、ホラー・イメージが、時代性や象徴性を内包しているのである。そしてもし、これが50年代のクルマでなければ、小説の魅力は明らかに半減していたことだろう。

『クリスティーン』の舞台は、ペンシルヴェニア州ピッツバーグの郊外の町リバティーヴィル。時代は1978年である。主人公のアーニーは、家では母親に押さえ込まれ、学校ではいじめにあっている17歳の若者である。物語は、3部からなり、第2部は三人称で、第1部と第3部は、彼のただひとりの親友デニスの回想として綴《つづ》られていく。

主人公アーニーは、郊外の公営住宅の前庭に廃車同然の状態で放置された58年型プリマス〝クリスティーン〟に魅せられ、異様なほどの情熱を傾けてこのクルマに手を加え、再び生命を吹き込む。しかし、クリスティーンには、以前の持ち主の怨霊が潜み、アーニーに乗り移り、彼らの自由を妨げるものを襲い出すのだ。それが、この章のタイトルの〝よみがえる50年代の亡霊〟というわけだ。そして物語は、アーニーとクリスティーン、彼のガールフレンドの三角関係、アーニーとデニスの家庭の対比などを織り交ぜながら、悲劇的な結末へと展開していくことになる。

この小説もまた他の作品と同じように、一方に怨念が潜むクルマというホラー・イメージがあり、もう一方に、疎外された孤独な若者がいて、両者が共鳴することによって物語が展開していく。しかし、ホラー・イメージを体現するクルマが、時代や生活と深く結びついているために、恐怖の効果も他の作品とは異質な印象を受けるのだ。

まず、58年型プリマスのことから考えてみよう。このテイルフィンが派手に突き出した50年代のアメリカ車は、まさに大量消費時代の象徴である。そしてもちろん、このプリマスがピカピカの新車として走っていたころというのは、郊外化が急ピッチで進み、マス・マガジンの広告が夢の〝アメリカン・ウェイ・オブ・ライフ〟をうたい上げ、真新しい電化製品が、洪水のような勢いで一般家庭に普及していった時代だった。

それでは、小説のなかの現在である78年のピッツバーグ郊外のリバティーヴィルの町をキングがどのように描いているか、確かめてみよう。第1部のデニスの回想のなかで、この町は彼の言葉を通してこんなふうに描写されている。ちなみに、ここには、キングが得意とする固有名詞の列記も見られる。

この通りは、リバティーヴィルで育ったぼくのおふくろに言わせると、ケネディがダラスで暗殺されたいまから十五年ばかり前には、町でも指折りの魅力的な土地柄だったという。どうやら、せっかくのバーンスワロー・ドライブという名を捨てて、殺された大統領の名に変えたことが、けちのつきはじめだったらしい。というのも、一九六〇年代初めからこっち、この周辺の環境はだんだん悪化して、いわゆる準郊外住宅地になりさがってしまったからだ。いままでは、ドライブイン・シアター一軒、マクドナルド一軒、バーガー・キング一軒、アービーズが一軒、そしてビッグ・トゥエンティー・ボウリング場があり、そのほかに、ガソリン・スタンドも十軒近くある。

それから、3つの地域に分けられるリバティーヴィルのなかで、あまり発展しなかった地域については、第2部でこんなふうに綴られている。

元来、この界隈《かいわい》は中流の住宅地だったが、一九四五年に軍需景気が去ってからは、年とともに徐々に零落し、見すぼらしくなってきた。その下降ははじめのうち緩慢だったが、六〇年代から七〇年代前半にかけて、しだいに加速がつき、いまでは、さらに困った問題が起きている。（中略）つまり、黒人がはいりこんできつつあるのだ。それはごく内輪の場でだけ口にされる――市内のもうすこし品のいい住宅地で、バーベキューのかまどや飲み物をかこんで。

かつて中流の人々にとって夢の楽園だったリバティーヴィルの町は、60年代以降、しだいに環境が悪化し、着実に荒廃しつつあるのだ。

では、そんな郊外の町のなかでアーニーとデニスの家庭は、どのように描かれているのだろう。まず、50年代末に、この町に新しい住宅を購入したデニスの一家はといえば、前の年にやっとローンを終えたばかりだった。父親には、他の夢もあったようだが、それは、マイホームの犠牲となった。裏庭のバーベキューのかまどを囲んで、長いフォークの先に抵当権証書を突き刺し、家族全員でそれを火にかざしてお祝いをするくだりは、荒廃する町の描写と重ねあわせてみると、あまりにも寂しい光景のように思える。
一方、主人公であるアーニーの両親は、いささか矛盾した存在として描かれている。

いつもリベラルな考え方を標榜《ひょうぼう》し、農場労働者だの、虐待されている妻だの、未婚の母だの、その他もろもろに肩入れしているくせに、いざ自分の息子のこととなると、厳重にアーニーを管理している。

そうした矛盾が、後に触れるように、主人公の若者を奇妙な時代逆行の旅に追いやってしまうのだ。
50年代を象徴するようなクルマ〝クリスティーン〟は、そんな状況のなかで生命を吹き返すことになるわけだが、この展開をもう少し広い視野で見ると、その皮肉がいっそう鮮明になってくる。この小説は、78年に構想が固まり、83年に発表されている。そして、アメリカが、73年につづく第二次石油ショックにみまわれるのが79年のことで、それを機に日本車のアメリカへの怒濤《どとう》の進撃が開始される。厳密にいえば、小説の時代設定である78年には、まだ石油ショックは起こっていないわけだが、小説が発表された83年以降にこの作品に接する読者は、アメリカン・ウェイ・オブ・ライフの夢がしぼみつつある郊外を、大量消費時代の亡霊のような58年型プリマスが走る光景に何ともいえない不穏な空気を感じることだろう。
ちなみに、この小説のエピローグには、アーニーのガールフレンドだった娘が、悲劇の何年か後に結婚した相手が、ホンダのシビックに乗っていたというオチがついている。
しかしながら、78年の変貌《へんぼう》するアメリカの現実と50年代の世界は、どちらも一面的に描かれて、くっきりと対置されているわけではない。キングは、78年の世界に根深くはびこっている50年代的な価値観を、皮肉な表現でいやらしいほどに強調してもいる。たとえば、アーニーの母親の姉夫婦については、こんなふうに描かれている。

あのリゴニアという絵に描いたような中流の郊外住宅地で、これまたありふれた郊外型の牧場ふう住宅をかまえている姉夫婦。その町では、いまだに大半の住人がアメリカ車を持ち、マクドナルドへ行くことを、れいれいしく〝外食する〟と呼んでいるのだ。

また、デニスは父親のことを「父親業という〝アメリカにおける偉大な仕事〟を、そつなくこなしてきた」というように表現しているし、クリスティーンの以前の持ち主ルベイの弟は、次のような台詞を口にする。

前庭の芝生で、車を錆《さ》びつくままにしといたりしたら、近所が黙ってないだろうからね。田舎でなら、それも大目に見てもらえるかもしれんが、わが合衆国の都市近郊住宅じゃ、むりというものだ。

こうした表現からは、50年代に対する嫌悪感すら感じ取ることができる。そして、当然のことながら、こうした表現が積み重なっていけば、普通が普通に見えなくなっていくことになる。

そうした空気は、物語が進行するに従って、クリスティーンを中心に広がっていく50年代のイメージをさらに不気味なものにしている。この小説では、各章の冒頭に、エディ・コクランやボー・ディドリー、チャック・ベリー、あるいは、スプリングスティーンといったロックン・ローラーたちが、クルマを歌った曲の詞が引用され、クリスティーンのラジオは、オールディーズしかかからないといったアイデアも盛り込まれ、ノスタルジーとは異質な空気をかもし出していく。

またこの小説には、クリスティーンと50年代に言及するこんな一節もある。

彼女は点々と錆の浮いた両サイドに、真新しいボンネット、一千マイルもありそうな長いテイルフィンをつきだして鎮座ましましていた。五〇年代という暗い、まぬけな時代に生まれた恐竜——石油長者といえば、みんなテキサスの出身だった時代、そしてヤンキーのドルが日本の円を思うぞんぶん蹴《け》散《ち》らし、けっしてその逆ではなかった時代。カール・パーキンズがピンクのペダル・プッシャーのことを歌い、ジョニー・ホートンが一晩じゅう安酒場の堅木のフロアで踊りあかそうと歌い、そしてアメリカ最大のティーンのアイドルといえば、『サンセット77』に出ていた〝クーキー〟エド・バーンズだった時代。

スティーヴン・キングは、スピルバーグと同じ1947年の生まれである。彼の両親は49年に離婚し、その後の50年代という時代を、キングは、母親と、養子で血のつながりのない兄とともに、住居を転々とする生活を送っている。その時期に、彼は、50年代の侵略もののSFやホラー映画に惹《ひ》かれていくことになるのだが、キングが少なくとも50年代という時代を単純に楽天的な時代ととらえていないことは間違いないだろう。

そして、『クリスティーン』の物語の終盤には、クリスティーンの走行距離計が逆回りすることによって、アーニーとデニスが、50年代に向かって時間をさかのぼるという展開が盛り込まれている。80年代と50年代の深い結びつきについて書いた前の章の内容を思い起こしてみると、そのイメージは、物語の枠組みを飛び越えて、意味深に思えるのではないだろうか。その部分は、デニスの言葉でこんなふうに綴られている。

ぼくらは時をさかのぼった──さっきそう言ったはずだ。たしかに、現時点でのリバティーヴィルの街路は、いまなお存在していた。だがそれらはいずれも、薄いフィルムに焼きつけたよう──さながら、一九七〇年代末のリバティーヴィルを、サランラップに写しとり、それを過去の町並みにかぶせたような。しかし、その過去のほうが、なぜかいっそう現実的であり、それがぼくらにむかって死んだ手をさしのべ、ぼくらをとらえて、永遠のなかにひきずりこもうとしているみたいに思える。

この50年代に向かって時間をさかのぼるくだりには、50年代に作り上げられてしまったものが放つ底知れぬ不気味なパワーを暗示するような、異様なリアリティが漂っている。そして、このように『クリスティーン』について細かく書いてきたのも、実は、キング自身が、クリスティーンのように50年代という要素を背負って現代を走っているモンスターのようなもののように思えるからなのだ。キングが50年代のSFやホラー映画などに強く影響されていることはよく知られているが、ここでいいたいのは、もっと抽象的な意味で50年代という時代性を背負っているのではないかということだ。あのいやらしいほどアメリカらしさを強調し、日常を非日常の領域に追い込んでしまうような過剰な文体というのは、極端ないい方をすれば、あらゆる意味で過剰な50年代の価値観と共鳴しているのではないかということだ。

そういう意味では、アメリカン・ファミリーを崩壊に追いやるキングの過剰な文体こそが、〝50年代の亡霊〟なのかもしれない。

第16章　揺らぐ50年代のイメージ
――デイヴィッド・リンチ、『ペアレンツ』、『クライ・ベイビー』

『ブルーベルベット』、『ワイルド・アット・ハート』、そして何よりも「ツイン・ピークス」の異様なブームによって、広く注目を集めることになったデイヴィッド・リンチ。彼もまた、50年代という時代がその作品に影を落とす映像作家である。

デイヴィッド・リンチは、１９４６年にモンタナ州ミズーリに生まれた。リンチの場合には、監督として注目されていくのが80年代に入ってからのことなので、すでに本書で取り上げたスピルバーグやウォーターズなどよりも新しい世代のような印象を受けるが、実際には、ウォーターズと同い年で、スピルバーグよりもひとつ年上のまったく同世代ということになる。

リンチ一家は、50年代には、父親の仕事（農務省のリサーチ・サイエンティスト）の都合で、ワシントンやアイダホなどを転々とした。そして、60年代にヴァージニア州アレクサンドリアに落ち着き、リンチはそこでハイスクールに通った。「ローリングストーン」誌90年９月

6日号に載ったリンチのインタビューには、彼が両親といっしょに暮らしていた若いころの生活について、次のような実に興味深いコメントがある。

「まさに50年代という感じだった。雑誌には広告があふれ、素敵なかっこうをした女性がオーブンからパイを取り出している。顔に笑みを浮かべて。それから、微笑むカップルが、フェンスのある家に入っていくところだったり。そんな笑顔ばかりが目につくんだ。あれは奇妙な笑顔だよ。世界はこうあるべきだ、そうでなくてはならないといいたげな笑顔なんだ。ぼくは狂ったように夢に引き込まれた。いろいろな意味でこのことに興味を引かれるんだ。とにかく何かその、大事件ではないにしても、いつもと違ったことが起こってほしいと思っていた。まわりの人々が自分に同情するような。つまり、自分が被害者のような立場になるわけだ。たとえば、恐ろしい出来事があって、ひとりだけ取り残されるとか。それは、素晴らしい夢だともいえるんだ。しかし、実際には何も起こらずに過ぎてしまった」

リンチは同じインタビューのなかで、「両親があまりにも普通であることにある種の戸惑いを覚えた」とも語っている。どうやらリンチの両親は、50年代の広告の世界そのままに、アメリカン・ウェイ・オブ・ライフを送っていたようである。

そうした生活に対する違和感を、視覚的な要素を通して表現するリンチの言葉は、第12章で引用したエリック・フィッシュルのコメントを想起させることと思う。フィッシュルは、アメリカン・ドリームとしての郊外生活は、視覚の産物、まやかしであり、何もかもがあまりにも〝完璧《かんぺき》〟な郊外の世界に、耐え難い違和感を覚えたというようなことを語っていたが、リンチもまたそれに近いことを感じていたわけだ。

そして、フィッシュルは、様々な模索を経た後で、少年時代の郊外体験に根ざしたところから〈Bad Boy〉以降の独自の世界を切り拓《ひら》いてきたが、リンチの場合も、個人的な体験と作品の間に、同じようなつながりを見ることができる。

先ほど引用したリンチのコメントから真っ先に思い浮かぶ作品といえば、何といっても『ブルーベルベット』（１９８６）だろう。

ぬけるような青い空、そして、白いフェンスと赤いバラ。ボビー・ヴィントンの〈ブルー・ヴェルヴェット〉が流れ出し、のどかな郊外の家並みがつづく道を消防車が呑気《のんき》に走りすぎ、今度は、白いフェンスに黄色のチューリップが大きく映し出される。それから、横断歩道を渡る子供たちの、これまたのどかな光景、そして、白いフェンスと豊かな緑に囲まれた1軒の家。その庭では、家の主人が芝生に水をやり、居間では夫人が、テレビでサスペンスドラマを見ている。これはまさに、50年代の雑誌広告の世界を思わせる光景である。リンチ流にいえば、世界はこうあるべきだといいたげな光景といってもいいだろう。

ところが、家の主人が、植木に絡んでいるために水の調節がきかなくなったホースを何とかしようとしたときに、突然発作が起こり、彼は芝生の上に倒れ込む。犬がホースから噴き出す水と戯れ、その向こうでは、赤ん坊がよちよち歩きをしている。

すでに触れたように、郊外の世界には、快適な生活を送るための環境が整えられている一方で、ひとつ歯車が狂うと全体のバランスが崩れかねない危うさがある。この場面では、そんな危うい雰囲気がとらえられている。しかも、カメラは、表面的なイメージの影の部分をえぐりだそうとするかのように、緑の芝生のなかにもぐり込み、不気味にうごめく蟻の群れをとらえる。これは、『ブルーベルベット』という映画が描き出そうとする世界を暗示するようなオープニングだ。

この映画の主人公ジェフリーは、野原で人間の耳を見つけ、警察に届けたことがきっかけで、犯罪と暴力、倒錯的なセックスの世界に引き込まれていく。この官能と倒錯の世界が実に鮮烈な印象を残すのは、映像そのもののインパクトだけではなく、それとは対極にある世界との際立ったコントラストによるところが大きい。この映画には、ふたつの世界を対置させたり、ひとつのもののふたつの側面を見るようなイメージがふんだんに盛り込まれている。

たとえば、主人公が見つける耳は、こちらと向こう側の境界を暗示している。主人公は、いかにも郊外の中流家庭の娘といった感じのサンディと、ナイトクラブの歌手で倒錯的なセックスを強要されるドロシーの間を揺れ動く。〝耳〟の事件を担当する刑事はサンディの父親だが、彼の同僚の刑事が犯人たちとグルであったという展開も、この対置の図式に加えることができるだろう。

もちろん、先ほど触れた冒頭の典型的な郊外の光景と芝生の下にうごめく蟻の群れの対照もそのひとつである。また、この映画の冒頭では、ブルーのベルベットが妖《あや》しい艶《つや》を放ち、それが抜けるような青い空へと変わるのだが、このふたつの青の対照なども実に効果的である。

そして、こうした対置の図式のなかで展開するこの映画が、奇妙な余韻を残すのは、対置されるものが、単なる表と裏、光と影、あるいは正常と異常といった関係に帰結してしまうことがないからだろう。フィッシュルがあまりにも完璧な世界に耐えられないものを感じ、リンチがあまりにも普通である両親に戸惑い、世界はこうあるべきだといいたげな広告の笑顔に違和感を覚えたように、表や光、正常といった側面は、それがあまりにも過剰であれば、そこにすでに病理が潜んでいるのだ。この映画の冒頭の青い空と白いフェンス、赤いバラは、ある意味ではあまりにも完璧であり、それゆえに、非現実的で不気味な印象を与えるのだ。

リンチもまた、フィッシュルと同じように、少年時代の体験がひとつの大きなきっかけとなって、この『ブルーベルベット』の世界を作り上げたことは間違いないが、このふたりの作品を照らし合わせてみたとき、特にフィッシュルの〈Bad Boy〉と『ブルーベルベット』から、同じようなイメージが浮かび上がってくるのが、筆者にはとても興味深く思える。

『ブルーベルベット』には、主人公ジェフリーが、ドロシーの部屋のクロゼットに身を潜め、倒錯的なセックスを覗《のぞ》き見する場面があるが、そこに漂うムードは、〈Bad Boy〉そのものといっていいだろう。どちらも倒錯的で密室めいた濃厚な空気が漂い、少年や若者の好奇心や後ろめたさが入り混じった窃視行為が描かれるか、あるいは暗示されているのだ。

こうしたイメージは、本書でこれまで取り上げてきた様々な作品には、あまり見られなかったものである。そして、〈Bad Boy〉と『ブルーベルベット』は、どちらも80年代の作品だが、この2作品を、この何章かで書いてきた時代の流れのなかに置いてみると、なかなか面白いのではないかと思う。

＊＊＊

70年代から80年代にかけて、アメリカ社会は保守化し、ジュディス・ゲストの言葉にあったように、異常ではなく普通が見直されるようになった。映画『普通の人々』や『ポリエステル』では、普通であることに揺さぶりがかけられ、その意味が問い直される。そして、この前の章では、キングの『クリスティーン』を通して、50年代が不気味な雰囲気を漂わせてよみがえってきたばかりだった。

『ブルーベルベット』や〈Bad Boy〉は、そうした流れの先にあるイメージではないかと思う。あるいは、普通に見える世界を、家族の絆《きずな》や家庭というかたちから問い直すのではなく、個人の内面の奥底に触手を伸ばすことによって、表面的な世界の向こう側にうごめくものを描き出し、普通を異化してみせるといってもいいだろう。

こうしたイメージは、ひとつの流れを作り、90年代に向かってさらに開花していくことになるが、ここでは、とりあえず『ブルーベルベット』の2年後の88年に発表されたボブ・バラバン監督の『ペアレンツ』を取り上げ、その流れの一端を見ておくことにしよう。

『ペアレンツ』は、『ブルーベルベット』を通過しなければ生まれてこないような作品だといえる。おそらく、この映画を見た人は、この章の最初に引用したリンチのコメントを思い出すことだろう。というのも、この映画の主人公の少年は、絵に描いたような郊外の生活のなかで、生活をエンジョイする両親の姿に不自然さを感じ、悪夢に引き込まれていくからだ。そして、原色を強調する映像や、映画の時代設定がはっきりしていないにもかかわらず、冒頭に50年代の郊外の世界がくっきりと描かれるあたりも、『ブルーベルベット』に通じている。

映画は、両親と息子の3人家族が、クルマで郊外の町に越してくるところから始まる。その郊外の光景は、明るく活気にあふれ、郊外化が最高潮を迎えた時代の雰囲気を漂わせている。しかも、そんなシーンと交錯するように挿入されるのは、広大な土地に同じ規格で建てられた住宅が広がる、レヴィットタウンのようなパッケージ・サバーブの光景を収めた記録フィルムである。また、バックには、50年代に一世を風靡《ふうび》したペレス・プラードのラテン・ナンバーが流れ（サントラを手掛けているのは、リンチ作品でお馴染《なじ》みのアンジェロ・バダラメンティである）、このオープニングのシーンには、大量消費時代の夢の郊外における生活の始まりが、楽天的なムード一色で描かれている。

それだけに、本編では、幸福に満ちあふれた生活が始まるかに見える。そして確かに、両親の姿は幸福そのものだが、主人公の少年は、郊外の生活に馴染むことができずに、自分の世界に閉じこもっている。この少年は、ときとして両親が他人であるかのような不安を覚え、彼らに疑念の入り混じった眼差《まなざ》しを向ける。そして毎晩、グロテスクな悪夢にうなされ、そんな悪夢が、ビザールなイメージを膨らませていく。たとえば、少年が眠っているベッドが突然、プールのような液体になり、彼はそのなかに沈み、液体は血を思わせる色に変わる。

そして、真っ赤になった画面からカメラが引いていくと、それは、翌朝、ダイニングキッチンのテーブルの上に並べられたトマトスープの赤に変わっているのだ。

少年の悪夢がそんなふうに料理と結びつくのは、この映画の展開の伏線ともなっている。というのも、この少年が特に恐れているのは、両親が好んで食べる肉料理なのだ。彼はグロテスクなほど生々しい艶のある肉料理を見ると、両親にいくらすすめられても食べる気が起こらない。そこで彼は、肉の出所を突き止めようと、父親を尾行し、彼の勤め先に忍び込む。少年には意味のわからないことだが、観客には、彼の父親が、ベトナム戦争で使用する枯葉剤の研究を進めていることがわかる。そして少年は、父親が、病院に並ぶ死体から肉や内臓をとり、それを家に持ち帰って食べていることを知る。そのため、裏庭でのバーベキューという郊外の生活を象徴するような光景が、グロテスクなものに変貌《へんぼう》することになる。

ベトナム戦争に枯葉剤、カニバリズムまでが飛び出してくるこの映画のグロテスクなイメージは、どこまでが少年の悪夢なのか判断がつかないが、そこには、ふたつの要素が巧みに絡み合っている。

ひとつは、もちろん郊外生活を背景にした少年の悪夢である。悪夢など望んで見るものではないが、郊外の子供の場合には、リンチのコメントにもあったように、心のどこかで気づかぬうちにそれを求めているといったことがある。郊外の世界は、開放的である反面、プラ

イバシーが制限され、影となる部分が極端に少ない。そこで、無意識のうちに影を求めると
いったことが起こってくる。
しかし、そんな心理から引き寄せられた影や悪夢が、現実とは無縁の妄想とばかりはいえない。『ブルーベルベット』のあの青い空や白いフェンスを思い出してもらえばわかるように、自然ではなく、過剰な光に照らし出される人工的なイメージがまともには見えないように、隅に追いやられた影の世界もまた歪《ゆが》み、そこに病理が潜むことになるからだ。
そこでこの映画の場合には、もうひとつの要素としてベトナム戦争が浮かび上がってくる。平穏な郊外生活とベトナムの戦場を模したミニチュアで行われる実験の対置は、何ともシュールだが、こうした展開によってこの映画は、50年代という枠組みから逸脱し、外部へと視野を広げていく。楽天的なムード一色だった郊外の空間は、少年の悪夢を通して生々しい現実のなかに放り出され、危うい世界へと変貌していくのである。

＊＊＊

デイヴィッド・リンチとジョン・ウォーターズがともに1946年生まれであることはすでに触れた通りだが、このふたりが同じ90年に『ワイルド・アット・ハート』と『クライ・

ベイビー』というそれぞれに50年代と深い関わりを持った作品を発表しているのは、とても興味深いことのように思える。

『ワイルド・アット・ハート』には、セックスと暴力に彩られたセイラーとルーラという若い男女の危険な逃避行が描かれているが、物語が進むに従って、彼らがさまようのは、欲望や衝動が渦巻く人間の内面の暗闇のようにも思えてくる。それはもちろん、マッチや煙草の象徴的なクローズアップやセックスと暴力を際立たせる強烈な色彩、狂気をはらんだ登場人物などによるところが大きい。

しかし、もう一方で、50年代的な要素が、暗闇を覗き込むための窓でもあるかのように、キャラクターや設定の枠組みとなっているのを見逃すことはできない。

たとえば、音楽の使い方だ。セイラーとルーラの関係は、セイラーが熱唱する〈ラブ・ミー〉と〈ラブ・ミー・テンダー〉という2曲のプレスリー・ナンバーに表れているように、情熱的であり、また、親の影におびえたり、妊娠の事実に心が揺れるというように、稚拙でナイーブでもある。しかし、そんな彼らは、50年代のイメージを突き破る現代のメタル・サウンドに挑発されるように、向こう側の闇の世界へと突き進んでいく。

あるいは、ふたりの関係に影を落とすルーラの母親の秘密にも同じことがいえる。彼女はかつて、情夫と結託し、夫を火災による焼死と見せかけて殺害している。それから、かつてルーラを犯した男が自動車事故で謎の死を遂げたエピソードが、断崖《だんがい》から転落するクルマの映像とともに盛り込まれる。こうした物語の伏線や映像のイメージは、現代的というよりも、明らかに40年代後半から50年代にかけて数多く作られたフィルム・ノワールの世界を連想させる。

リンチは、映画雑誌「ニュー・フリックス」（1990年8月号）のインタビューのなかで、50年代についてこんなふうに語っている。

「個人的な考えですが、私たちの人生のある時期に突然、自分のマインドのドアがどこかに通じて開かれ、そこから来るすべてのものをなんの抵抗もなくフリーに受け入れてしまうといったことがあるように感じられ、わたしのその小さなドアは間違いなく50年代に通じているのだと思います。50年代という時代のムードや雰囲気、センスなどが好きです。アメリカでは映画産業が華やかで、当時の映画は今では決して真似のできない独特のムードを持っていました。わたしは、今でもその時代の映画をみにいっては、その時代の持つ雰囲気、そしてあの時代の人々と一緒にいるムードを味わうのです」

ところで、なぜフィルム・ノワールの作品が、40年代後半から50年代にかけて量産され、スタイルとジャンルが確立されたのか。ここで、そのことを振り返っておくのも、無駄ではないだろう。この時期は、いうまでもなく中流が急増した時期であり、彼らのモラルが作り上げられた時期でもある。郊外生活は楽天的に見えるが、その背後には政治的な抑圧があった。そして、平穏な生活のなかで気づかぬうちに浸透する上からのモラルの締め付けに対し、人々の潜在的な願望が、フィルム・ノワールという映画のダークサイドに具現化されていった。ハードボイルド作家ミッキー・スピレインが、挑発的なセックスと暴力の描写によって、聖書に負けないくらいの広範な読者を獲得したのもこの時代のことである。そして、当時の教育機関や教会組織が、モラルを押し付けようとすればするほど、このダークサイドへの欲望も肥大化していった。ちなみに、『ワイルド・アット・ハート』の原作者バリー・ギフォードは、フィルム・ノワールを題材にした『The Devil Thumbs a Ride and Other Unforgettable Films』を書いてもいる。

フィルム・ノワールのイメージは、50年代のもうひとつの顔ともいえるわけだが、リンチが、そうしたイメージに引かれたとしても不思議はない。フィルム・ノワールの世界では、平穏な日常を揺るがすような事件が起こる。しかも、厳しい検閲があったために、モラルに反する行為は、リンチが好むような象徴的なイメージで描かれていたからだ。

映画『ワイルド・アット・ハート』では、そうしたフィルム・ノワールのイメージが、主人公となる男女の逃避行の基調となり、向こう側を覗きこむかのような眼差しがさらに強調されている。その眼差しの先には、たとえば、ボブ・ラフェルソン監督の『郵便配達は二度ベルを鳴らす』（1981）のように、当時のフィルム・ノワールをリメイクして、直接的な表現で描くような作品とはまったく異質な世界が広がっている。映画の世界では、直接的な表現が自由になったが、リンチは、映画の世界でも影の領域が隅に追いやられるような時代だからこそ、暗闇に強く引かれるのかもしれない。

それでは、ウォーターズの『クライ・ベイビー』はといえば、舞台は例によってウォーターズの故郷ボルティモアで、時代背景は1954年という明確な設定がある。物語は、不良グループ〝ドレイプス〟と山の手のお金持ちグループ〝スクエアズ〟の争いに、階層の違う男女のラブストーリーが絡むというように、通俗的な展開を見せるが、50年代のふたつのイメージが、ウォーターズ流のユーモアでカリカチュアされているところに、まず興味をそそられる。

この映画のヒロイン、アリスンは、山の手育ちの娘で、彼女の育ての親である婦人は、いわばこの町のモラルの鏡のような存在である。彼女は、社交スクールを開いて、ティーンの健全な育成に尽力している。そのスクールにおけるタレント・ショーの挨拶《あいさつ》で、彼女は、ティーンに向かって4つのBを強調する。それは、気品（Beauty）、教養（Brain）、作法

(Breeding)、奉仕（Bounty）である。一方、ティーンの溜《た》まり場になっている娯楽施設には、キリスト教の伝道師がやって来て、説教をしている。54年といえば、ウォーターズはまだ8歳で、こうした世相のなかで、郊外生活を送っていたわけだ。

そして、そんな彼が密《ひそ》かに憧《あこが》れていたのが、ドレイプスのような不良グループ、そして、彼らのリーダーであるクライ・ベイビーのような存在だったのだろう。この50年代のロックンロール・ヒーローを取り巻いているのは、早くも妊娠して生まれてくる子供に胸をときめかせている妹のペッパー、元ポルノ女優のトレイシー・ローズ扮《ふん》するまだヴァージンのワンダ、イギー・ポップ扮するかなりいかれたおじさんといった連中である。そして、あちらが4つのBなら、こちらはABCである。クライ・ベイビーの父親は、ABC順に、空港（Airport）、床屋（Barber）、洗車場（Carwash）、ドラッグストアを爆破しつづけた事件の犯人なのだ。

この映画は、50年代の雰囲気を盛り上げるロックンロール・ナンバーにのって、エルヴィスの『監獄ロック』や『理由なき反抗』のチキン・レースなどもカリカチュアしつつ、明るくファンキーなコメディとして突っ走っていく。しかしながら、この50年代のドラマが明るければ明るいほど、どこか奇妙な世界に見えてくるところに、ウォーターズの悪意を感じ取ることができる。

『クライ・ベイビー』と『ワイルド・アット・ハート』は、スタイルやセンスはかけ離れているように見えるが、その根底では、ある意味で特異ともいえるこの50年代という時代に対するスタンスを共有している。この2本の映画はどちらも、50年代的なヒップスターを主人公にし、クルマとロックンロールにのった情熱的なラブストーリーを過剰なタッチで押し出しながら、50年代の世界に対してそれぞれに異質な光をあてるブラック・コメディになっているからだ。

そして、2本の映画でもうひとつ印象に残るのが、『オズの魔法使』である。『ワイルド・アット・ハート』では、ルーラの台詞《せりふ》に『オズの魔法使』が引用され、最後に釈放されて自由の身となったセイラーは、〝魔法使〟に導かれるようにルーラのもとに帰っていく。一方、『クライ・ベイビー』では、終盤近くに、〝魔法の森〟と呼ばれるテーマパークが登場する。町にオープンしたばかりのそのテーマパークは、ドレイプスの面々がスクエアズからヒロインを取り戻す舞台となる。ヒロインのアリスンは、「いっしょに郊外で暮らそう」というスクエアズのリーダーの求愛を蹴《け》って、クライ・ベイビーのもとに走る。『ワイルド・アット・ハート』で、魔法使が、ヒップスターとヒロインを結びつけたように、この映画でも、魔法の森がふたりを結びつけるのだ。

少年時代のリンチとウォーターズにとって、異世界への入り口となったであろう『オズの魔法使』は、いまも彼らのインスピレーションの源になっているのだ。

第17章　戦争が終わり、世界の終わりが始まった
——フィリップ・K・ディックの50年代体験

50年代との深い関わりをめぐって、キング、リンチにつづいて、この章では、フィリップ・K・ディックを取り上げたいと思う。

ディックは、映画『ブレードランナー』の原作である『アンドロイドは電気羊の夢を見るか?』の他、『火星のタイム・スリップ』、『パーマー・エルドリッチの三つの聖痕』、『高い城の男』といったSF小説でカルト的な人気を誇る作家である。

この本の流れからすると、火星が舞台になったり、アンドロイドが登場するSF小説の作家を取り上げるというのは唐突な印象を与えることだろう。しかし、本書の前半で50年代を振り返り、さらに50年代を鋭い感性でとらえる作品や作家のコメントなどを取り上げていくうちに、いろいろな意味でディックとの接点が広がってきたので、少し違う視点から見るのも面白いと思い、ここでディックを取り上げることにした。

ディックのユニークな世界を短い言葉にまとめるなら、確かなものに見えた現実が、目の

前で次第に揺らぎ、がらがらと崩れ去っていくということになる。前の章で、リンチは、〝世界はこうあるべきだ、そうでなくてはならないといいたげな笑顔〟から悪夢へと引き込まれていったわけだが、ディックの場合もまた、まったく異なる感性から生み出される悪夢によって、現実が浸食されていくのである。

しかも、ディックの作品には、ＳＦであるとはいえ、舞台や登場人物たちのライフスタイルなどに、50年代の世界、その生活や価値観が反映されている。

たとえば、『パーマー・エルドリッチの三つの聖痕』（１９６４）は、「パーキー・パットの日」という短編がもとになっているが、この短編のアイデアは、異常な人気を集めていたバービー人形がヒントになっている。第9章で取り上げたビル・オウエンズの写真集『Suburbia』には、ヴァレリーという少女が、居間のカーペットの上にバービーとケンの人形たちとキャンピングカーやクロゼットのミニチュアを広げている写真が収められていたが、ディックは、その少女と大人たちを入れ替え、ＳＦ的なアイデアにしているといえる。『パーマー・エルドリッチの三つの聖痕』の時代は21世紀、地球から太陽系の各地に移住した人々は、植民地のあまりにも苛酷《かこく》な環境を一時でも忘れるために、キャンＤというドラッグを使って、パーキー・パット人形というミニチュア・セットの世界にトリップすることに熱中しているのだ。

こんなふうにアイデアだけを書き出してみると、実際に作品を読んだことのない人には、ひどく陳腐な物語のように感じられるだろうが、筆者は、奇妙というよりも不気味なほどのリアリティを感じる。たとえばここで、郊外住宅地を実際には不毛な世界と仮定してみよう。その不毛な郊外に続々と流出していった人々は、バービー人形のミニチュアの空間を等身大にしたような世界とライフスタイルにすがりつき、広告から浮かび上がる、世界はこうあるべきだといいたげな笑顔に支配されていたとはいえないだろうか。

また、『パーマー・エルドリッチの三つの聖痕』の物語が、キャンDの供給を一手に引き受ける会社の社長、チューZという新しいドラッグを売り出そうとする実業家、流行予測コンサルタントたちを中心に展開するというように、ディックの世界の現実が、常に消費にまみれたものであることも無視するわけにはいかない。ディックの代表作のひとつ『ユービック』（１９６９）でも、そんな消費にまみれた現実が浮き彫りにされているが、彼はそんな世界を描くにあたって、明らかに50年代の消費生活の空気を取り込んでいる。

物語の時代設定は１９９２年。細かいストーリーの説明は省くが、〝ユービック〟とは、謎の時間退行現象のなかに投げ出されてしまった登場人物たちが、衰退していく現実を補強するものとして、それを手に入れる必要に迫られるスプレー缶である。この物語は、揺らぐ現実をめぐって悪夢の迷宮へと入り込んでいくのだが、ディックは、その各章の冒頭に、様々なユービックの広告のコピーを盛り込んでいる。そのいくつかを引用すると、こんな具合になる。

みなさん、一掃セールの時期となりました。当社では、無音、電動のユービック全車を、こんなに大幅に値引きです。そうです、定価表はこの際うっちゃることにしました。そして――忘れないでください。当展示場にあるユービックはすべて、取扱い上の注意を守って使用された車ばかりです。

一番いいビールの注文のしかたは、ユービックとさけぶことです。よりぬきのホップと吟味された水を原料に、完全な風味をつけるためにゆっくりと熟成されたユービックは、わが国最高の特選ビールです。クリーブランドでしか作られていません。

インスタント・ユービックは、いれたてのドリップ・コーヒーそのままの新鮮な風味です。あなたのご主人はこうおっしゃるでしょう。驚いたな、サリー、ぼくはいままできみの作るコーヒーを、まあまあだと思っていた。だが、こいつはいける！　使用上の注意を守ってお飲みになれば、安全です。

家具や調理器具の汚れは、新しい奇跡のユービックでさっとひと拭《ふ》き、たちまちピカピカ。扱いやすく、べとつかない、プラスチック皮膜の艶《つや》出し剤です。説明書をよく読んで使えば安全無害。もうゴシゴシ磨く時代は去りました。キッチンから飛び出しましょう！


小説のなかで、ユービック・スプレーの存在は、登場人物たちにとって死活問題となるものだが、クルマや家庭生活をめぐって、夫婦のやりとりまで盛り込まれたこの広告のコピーを見ていると、ユービックが、中流家庭の生活を支える様々な商品＝現実を補強するもののように思えてくるはずだ。こうしたポップなアイデアから現実を突き抜け、哲学的、宗教的な深みへと入り込んでいくところがディックのユニークなところだが、こうした発想は、おそらくディック自身の50年代のころの模索と無縁ではないだろう。

ディックは50年代に、ＳＦと並行して、ＳＦではない主流小説も書き、主流小説だけに専念している時期もあったほど力を入れていた。ところが、そうした主流小説は、出版社に受け入れられることがなく、ディックの生前に発表されたのは、『戦争が終り、世界の終りが始まった』だけだった。そして、ディックの死後に、主流小説にも光があてられ、日本でも『小さな場所で大騒ぎ』『メアリと巨人』などが翻訳出版されている。

これらの主流小説は、50年代に執筆されたこともあって、戦後から50年代の風俗や時代の空気といったものが、ディック特有のタッチで描き出され、興味深く読むことができる。

たとえば、各作品の登場人物たちの職業を見ただけでも、時代を感じることができる。『小さな場所で大騒ぎ』の主人公ロジャー・リンダールは、テレビの販売店のオーナーである。彼は、戦時中に、「第二次大戦後テレビは巨大産業になるだろう」と考えていた。小説のなかには、回想のかたちで、考えが古い電気屋のオーナーとテレビを勧めるロジャーのこんな会話が盛り込まれている。

「十年間はテレビはできっこないよ」

「そんなことはありません。見込み違いもいいとこです。テレビは一年以内に出回ります。経済雑誌をぜんぶ読んで知っているんです。嘘ではありません。来年のいまごろは、電気製品をぜんぶ載せたカタログと同じサイズのテレビのカタログが出ますよ。事実です。作り話じゃありません」

それから、50年代半ばのサンフランシスコを舞台にした『The Broken Bubble』の主人公ジム・ブリスキンは、ラジオのＤＪである。彼はある日の放送中に、番組の新しいスポンサーになった中古車ディーラーの宣伝に嫌気がさして、とんだ失言をしてしまい、１ヶ月間の停職を命じられる。そんな彼が周囲から、テレビ界に転職しようとしているのではないかと思われるあたりにも、時代の急激な変化が現れている。

そして、ディックの主流小説のなかでも、特に興味深いのが、『戦争が終り、世界の終りが始まった』（１９７５）である。これは、１９５９年の北カリフォルニアを舞台にした作品だが、中心となる４人の登場人物の設定が、考えようによっては、まさに50年代という時代が産み落とした人物といいたくなるようなリアリティを漂わせている。

ディックの小説ではしばしば、登場人物たちの複数の視点から物語が綴《つづ》られていく。この作品で、物語の中心的な語り手となるのは、傍観者的な立場にあるジャック・イシドールという34歳の男だが、彼の説明は後回しにして、とりあえずその他の登場人物に触れておきたい。

まず、ジャック・イシドールの妹フェイ。彼女は、50年代の消費の欲望にとらわれた主婦である。彼女の夫のチャーリーは、町工場の経営者。そして、フェイと関係を持つことになるネーサン。彼は、28歳の既婚者だが、まだ法律の勉強をつづけている学生でもある。

さらに、この作品の場合には、もうひとりの主人公として、人間ではないが、フェイが夫に建てさせた邸宅にも注目しておくべきかもしれない。それは、サンフランシスコのど田舎に建つモダンな家で、リビングの中央にはバーベキューができる円形の暖炉があり、客室にも使える書斎、4つのベッドルームにバスルーム、ソーイングルーム、ユーティリティルーム、ファミリールーム、ダイニングルーム、冷蔵庫の部屋、テレビルームが備わった邸宅だ。そして、この家を牛耳るようなフェイという主婦の存在が、男たちを振り回し、物語を動かしていくことになる。

それでは、複数の視点に沿って、このフェイの存在を浮き彫りにしてみよう。たとえば、夫のチャーリーは、心のなかでこんなふうに思う。

おれの稼ぐ金はすべてあの糞《くそ》いまいましいマイホームの維持費につぎ込まれている。呑《の》み干し、吸い取る。おれを、おれが得るすべてをむさぼり食らう。利益を得るのは誰だ？　おれではない。

精神的に行き詰まったチャーリーは、最終的には自殺することになる。但し、彼が単に経済的に追い詰められたために自殺するのではないところが、この物語の深いところだろう。

そのことは、フェイに対するネーサンの分析によって明らかになる。ネーサンの心の声は、こんなふうに綴られている。

男は女より弱く、短命で、問題を解決に導くのも下手糞だとフェイは思い込んでいるな、まるで現代の神話そのものだ、とネーサンはさとった。商品はすべて女のマーケットに的が絞られている。財布の紐《ひも》を握っているのは女だってことは生産者はとっくに知っている。テレビドラマで女はしっかり者として登場し、男は愚かなダグウッド・ハムステッドで——。

中産階級的な古くさい人生観の持ち主で、自分でものを考えることができず、古ぼけた価値観に頼っている。家庭教育の犠牲者と称している。人がショックだと感じることに自分もショックを感じ、人のほしがるものをほしがる。家庭を、夫を求める。夫の理想像とはそこそこの金を稼ぎ、庭いじりの手伝いをし、皿洗いする——雑誌の『ジス・ウィーク』のマンガに出てくる良き夫のことなのだ。もっともありきたりな社会的階層の考え方だ。世代から世代へと受け継がれる、いつの時代でも、どこにでも転がっているブルジョワ的な家庭の。

フェイの存在は、テレビドラマや雑誌のマンガ、そして消費をうながす生産者が作り上げた中流意識の権化といっていいだろう。チャーリーとネーサンは、そうした不動ともいえる中流意識に振り回されていくのだ。そのネーサンが、なぜ自分に興味を持ったかフェイに尋ねたとき、彼女はこう答える。

「良き夫になれる素材だから。その点、抜け目がないんだよ、私は。これにはロマンチックな要素はないんだよ」

これは、ベビーシッターすら呼べないほど辺鄙《へんぴ》な場所に邸宅を建てたフェイが、単調な日常に疲れ、ロマンスを求めて情事に走ってしまったという話とはぜんぜん違う。恐ろしいのは、ネーサンが、彼女自身に惹《ひ》かれるのではないことだ。彼が惹かれるのは、彼女の向こう側にある、彼女が作り出したものでもなく、彼女自身にも操ることができない確固とした中流の価値観なのだ。つまり、彼は、作り上げられた中流意識の〝かたち〟に抵抗できずにはまっていくのだ。

一方、そうしたかたちにはまることができずに登場人物たちを傍観するのが、フェイの兄ジャック・イシドールだ。彼は、チャーリーとフェイの邸宅の居候として登場し、現実と虚構の境界に立たされたとき、虚構を選ぶしかないアウトサイダーとして描かれ、50年代の価値観が過剰に強調されたこの夫婦を傍観することになる。

現実よりも虚構を選ぶ彼は、いかにも西海岸の郊外にいそうな狂信的なキリスト教徒の主婦が唱える予言を信じる。彼女は、間もなく世界が終わると予言するのである。しかし結局、この予言は現実のものとはならない。イシドールは自分の誤りを悟るが、しかし、彼が傍観する世界そのものにすでに崩壊感覚が漂い、戦後の大量消費時代のなかでリアリティが失われていくのを感じ取ることができる。

このイシドールという人物の説明をなぜ最後に持ってきたかというと、彼の立場が、後に触れるSF作品『時は乱れて』の主人公レイグル・ガムの立場に酷似しているからだ。『戦争が終り、世界の終りが始まった』と『時は乱れて』は、主流とSFという違いはあるものの、だいたい同じ時期に書かれ、どちらも1959年を舞台にし、主人公は、妹夫婦の家に居候している。そして、レイグル・ガムの場合には、平穏な50年代の世界のなかで、彼が感じる崩壊の予感が、イシドールの場合とは違って、幻想では終わらないのである。

そういう意味では、主人公イシドールが、実際に世界の終わりを目の当たりにすることはないにしても、ディックが、自殺に追いやられるチャーリーや中流のかたちにからめとられていくネーサンの姿に、戦後のアメリカ社会の崩壊を感じ取り、それを、イシドールが信じ込む世界の終わりの予言に投影していると考えることも可能だろう。この章のタイトルを「戦争が終わり、世界の終わりが始まった」にしたのも、そんなディックの視点を明確にしたいと思ったからである。

というわけで、本来ならすぐにSF作品『時は乱れて』に話を進めるところだが、ここまで主流とSFの作品を交互に取り上げてきたことによる混乱を避けたいので、もうしばらくディックの主流小説のなかにある崩壊感覚やリアリティの喪失というテーマを探ってみることにしたい。

ディックの50年代の世界では、テレビや郊外の家など50年代を象徴するような〝もの〟が登場人物たちを包囲し、彼らの現実を支えている。先ほど触れた50年代前半のロサンゼルスを舞台にした『小さな場所で大騒ぎ』は、テレビの販売店のオーナー、ロジャーと妻のヴァージニア、そして、製パン会社の副社長チック・ボナーとその妻リズという2組の夫婦を主人公に、ロジャーとリズの不倫が描かれる作品だが、この小説でも、ロジャーやヴァージニアの回想を通して、大量消費時代に向かう戦中、戦後の変化が、生き生きとリアルに描かれている。彼らの周囲では、洒落《しゃれ》た名前のついた郊外住宅が次々と造成され、新しいポータブルラジオやテレビが電気屋の棚に並ぶ。主人公もテレビという新しいメディアに夢を託す。

しかし、そんな何もかもが新しく、輝いている時代は、ディックの目を通して見たとき、どこかかげりをおびていく。

特に筆者が印象に残っているのは、主人公ロジャーの目を通して見た不倫相手リズの家の描写である。この小説の中盤あたりで、同じ家に対するロジャーの印象が、少し時間をおいて2度出てくる。最初は、息子の学校で知り合ったリズに会うために、初めて彼女の家を訪ねたときの描写である。

まわりの家と似ていて、最近建てられた平屋作りの小さな家だった。カリフォルニアのランチハウス風の造りで、前庭に広いガレージ、それから南アメリカ産のコショウボクが一本植えられている。ピクチャーウィンドーにはカーテンがかかり、淡い光が映っている。家の前にフォードの赤塗りのステーションワゴンが駐車していて、街灯のぼんやりした明かりが当たり灰色に見えた。

しかしながら、この最近建てられた家は、再び彼が訪れたとき、明るい陽光のもとで印象が変わっている。

さんさんと陽光を浴びている小さな家はみすぼらしく見えた。窓の周囲からペンキがはげ落ち、芝生もしばらく刈られた様子がない。外に駐められている赤塗りのステーションワゴンは埃《ほこり》をかぶっていて、フェンダーにふたりの息子の指で描かれたのだろうか、イニシャルがぼんやりと浮かんでいた。

ロジャーの印象を綴るこのふたつの文章は、前者がイメージで、後者が生活が重くのしかかる現実といってもいいだろう。そして、ふたつの印象のはざまに、現実を覆うイメージを維持し、補強するユービック・スプレーといったアイデアをかいま見ることもできるはずだ。ディックの世界では、主流小説の作品でも、ちょっと前まで輝いていたものが、わずかの間に生気を失い、補強が必要な危ういものに変わっている。そして、ひとたびそんな危うさを感じてしまった登場人物たちは、イメージとしての現実から逸脱して、もっと確かな現実を求めて世界をさまよう。

そのこととも関連して、ディックの主流小説の世界をめぐる話の最後に、『メアリと巨人』（1987）から、とても印象に残っている文章を引用したい。

この小説の舞台は、1953年のカリフォルニアの小さな町で、主人公は、自分の世界を探し求めてさまようような20歳の女性メアリアンである。彼女には、デイヴィッドという婚約者がいるのだが、その彼の父親が、メアリアンについて心のなかでこんなふうに考えるのである。

あの子はまだほんの小娘だ。最近はみんなああいうふうなのだろうか。妙に大人びた若者たちの世代——成熟しすぎて、気になる面もある。無遠慮だし、信仰心がない。尊敬するに足る人、尊敬するに足るものを見つけられないでいるのだ……信じるに足る何か現実的なものを捜し求めている。尊敬するに値する何かを。そして、あの子たちは絶対にだまされない。ごまかしを見ぬいてしまうのだ。

自分の生き方がメアリアンの目にどう映っているのかを考えると居心地が悪くなる。まやかしでむなしい平凡な毎日。中身のない虚礼ばかり。あの子といると、自分が鈍い愚か者のような気がしてくる。自分がどういうわけか縮んでしまったような気がしてくる。あの子の目から見ると、自分はなにかの基準に達していないのだ。その基準というものも謎だが。あの子といると、自分が恥ずかしくなる。

おそらくは、50年代におけるこうした社会の変化や世代の断絶に対する鋭い観察が、ディックのSF小説の土台になり、他のSFにはない奇妙なリアリティを、彼の作品にもたらしているのだろう。そして、そんな印象をさらに強くするのが、先ほど触れたSF小説『時は乱れて』（1959）である。

この作品は、SF小説ではあるが、かなり主流小説に近い。というのも、冒頭から全体の5分の4くらいまでの物語は、ほとんど主流小説として展開し、それからSF的なアイデアによって世界が急変することになるからだ。

時代は1959年。主人公のレイグル・ガムは、『戦争が終り、世界の終りが始まった』のイシドールと同じように、妹夫婦の家に居候し、新聞の懸賞パズルに勝ちつづけ、毎日をパズルのために費やしている愚かなアウトサイダーである。SF的な設定については、細かく説明するとややこしくなるので簡単にまとめると、終盤に至って、実は彼が生きているのは、50年代ではなく1990年代であることがわかる。というのも、この主人公は、その時代の戦争のなかで、苛酷な使命を遂行し、その重圧のために、意識が平穏だった50年代の少年時代に退行してしまったのだ。そこで、国家が、彼の周囲に50年代の世界を作り上げ、パズルに偽装して任務をつづけさせていたのだ。

要約すると、陳腐なアイデアのように思われるかもしれないが、こうした展開を通して見る50年代には、実に興味深いものがある。主人公がほんとうに体験した50年代は、少年の目から見た50年代で、退行した主人公は、46歳にしてもう一度50年代を生き、その時代を今度は大人の目で見直すことになる。

この作られた50年代の世界のなかで、主人公が現実に疑問を抱くきっかけになるのは、目の前にあったはずのドリンク・スタンドが突然消えてしまうといった幻覚や、現実に符合しない雑誌や電話帳といった未来の断片が顔を出すことだが、この小説に説得力があるのは、46歳の主人公が50年代そのものに違和感を覚えているからでもある。

たとえば、彼は50年代の世界に対して、ホワイトの『組織のなかの人間』を想起させるような印象を持っている。


奇妙なことにこの世界では、熱心に働いて昇進を狙うというタイプ、独創的な考えをまったく持たず、ネクタイの最後のひねり方や顎《あご》の剃《そ》り方まで自分のすぐ上にいる権威ある人々を真似する人間がどこでも注目されている。選ばれている。出世している。銀行、保険会社、大電気会社、ミサイル建造工場、大学。


主人公のまわりにいるのは、ホワイトのいうオーガニゼーション・マンばかりなのである。

また、主人公が、過去へと退行する以前に体験したらしい離婚も、50年代に対する違和感に結びついていく。主人公の隣人ビルの妻ジャニーに対して、主人公はその体験をこのように語っている。

「とても明るくて機敏な娘だったが、わたしに大きすぎるほどの期待を抱いていた。ガーデンパーティ、中庭でのバーベキュー、そういったものを開ける身分になりたいという願望しか頭の中になかったんだ」

「そのどこがいけないのかわたしにはわからないわ」ジャニーが言う、「優雅な生活をおくりたいというのは自然なことよ」この言葉は、彼女とビルが購読している雑誌の一冊『ベター・ホームズ・アンド・ガーデン』の中から借用したものだった。

「ベター・ホームズ・アンド・ガーデン」誌は、映画『リトル・ショップ・オブ・ホラーズ』でオードリーが、その広告に見入り、郊外の生活を夢見る雑誌だが、この主人公レイグル・ガムは、そんなメディアが作り上げるライフスタイルに違和感を覚えているのだ。

主人公の少年時代には、50年代は商品に満ちあふれた楽しい世界だったが、大人になってその時代を見直したとき、その50年代からは確実にリアリティが失われていく。この作品は、小説が舞台にしているのと同じ59年にハードカバーで発表されたものだが、当時の人々は、この崩壊するはりぼて＝イメージとしての50年代の世界を、果たしてどのように受け止めたのだろうか。

第18章　郊外のティーンエイジャーに襲いかかる悪夢
──『ハロウィン』、ウェス・クレイヴン

第15章で取り上げたスティーヴン・キングの作品や映画『ポルターガイスト』などでおわかりのように、家庭という題材とホラーというジャンルが結びつくとき、郊外の世界は、恐怖のイメージを描き出すかっこうの舞台となる。この章では、郊外を舞台にしたホラー映画、そのなかでも特にティーンエイジャーが主人公になる作品を取り上げ、恐怖と郊外のティーンがどのように結びついているのかを探ってみたいと思う。

最初に取り上げるのは、ジョン・カーペンター監督の出世作にして、70年代のホラー映画の代表作ともいえる『ハロウィン』（1978）だ。この映画は、様々な意味で郊外の町という舞台が印象に残る作品である。

この映画でまず興味を引くのは、なんといってもハロウィンという設定だ。映画の舞台は、イリノイ州にあるハドンフィールドという郊外の町で、このコミュニティでは、住人がほとんどみな顔見知りである。当然のことながら、見知らぬ人間がうろついていれば、住人の関

心を引くし、気になる存在にもなる。主人公のベビーシッターは、そんな町のなかで見知らぬ男につけ回される。だが、友人たちは、男の存在に気がつかない。それだけでも映画には独特の緊張感が漂う。

しかも、それがハロウィンの当日ともなれば、この主人公ばかりでなく、見る者にもリアルな恐ろしさが伝わってくる。なぜなら、見知った顔がみな仮装し、コミュニティの内と外の境界がなくなってしまうからだ。町の警官の姿勢からも明らかなように、この町にはさしたる事件もない。そうした郊外の町では、各家庭が戸締りなどはしないに違いない。そういう意味で、これは、郊外を舞台にした実によくできたホラー映画といえる。

また、殺人鬼の設定にも、どこか郊外ならではの暴力性を感じ取ることができる。

78年のハロウィンの日にハドンフィールドにやってくるのは、15年前にこの町で姉を惨殺し、精神科病院に収容されていた少年である。15年の間に成人した彼は、再びこの町に舞い戻る。この少年が犯行に及んだ63年のハロウィンの夜、両親は留守で、姉は家にボーイフレンドを呼び寄せてセックスする。

そして、ボーイフレンドが帰った直後に、道化の仮装をした弟が、入れ替わるように姉の部屋に入っていき、下着しかつけていない姉を刺し殺す。姉と弟の年齢差を考えると、嫉妬《しっと》の感情からという動機なのかもしれないが、この郊外の雰囲気は、娯楽に乏しい世界で、唐突にむき出しになる性が暴力を誘発するという印象を与える。町に舞い戻った男が、ある家の窓から偶然目にするのは、ポップコーンを作っていたベビーシッターが、服にバターを飛ばしてしまったために着替えをする姿だ。

この映画のなかで、唐突にむき出しになる性とハロウィンは効果的に結びついている。見通しがきく郊外の世界のなかで、ハロウィンは影の部分を作り、清潔で明るい郊外とは程遠いゴシック的な想像力を引き寄せる。そして、ティーンの隠れたセックスもまた、郊外に影の部分を作っている。

スピルバーグは『E.T.』において、そんなハロウィンが生み出す影を逆手に取ってファンタジーを盛り上げ、ウォーターズは『ポリエステル』において、ハロウィンの影を悪用する強盗を登場させている。また、この章で後に触れる『デッドリー・フレンド』でも、ハロウィンが悲劇の発端となる。

＊＊＊

『エルム街の悪夢』の監督としてよく知られるウェス・クレイヴンは、彼が監督したすべての作品にそれが当てはまるというわけではないが、郊外のティーンがたぐり寄せる影に関心を持っていることを物語る作品を何本か発表している。

クレイヴンの監督デビュー作『鮮血の美学』（１９７２）は、そのうちの1本である。これは16ミリで撮影したものをブロウアップして公開された超低予算作品で、後に『13日の金曜日』を監督するショーン・S・カニンガムが製作にあたり、クレイヴンが監督、脚本、編集を手がけている。アメリカでは、いわゆるカルト・ムービーになっている。

また、これは、クレイヴンの郊外のティーンに対する関心とも結びつくことだが、この作品には、彼のもうひとつの特徴が現れている。彼は、『エルム街の悪夢』以後の比較的新しい作品『ショッカー』では、新聞記事がヒントになっているといったコメントを残し、『壁の中に誰かがいる』では、実話がもとになっていると語っているように、現実の出来事からインスピレーションを得ることが多いが、このデビュー作でも、映画の冒頭に「これは実話であるが、生存者の安全を期して、人名と地名は変更した」という前置きがある。実際にこの作品を見た人は、どこまでが実話であるのか、気の遠くなるような思いをすることだろうが、クレイヴン自身は、ベルイマンの『処女の泉』に触発されてこの作品を撮ったとも語っており、そこには大胆な脚色や飛躍があるに違いない。

『鮮血の美学』の主人公、というよりも、あまりに凄惨《せいさん》な犠牲者となるのは、17歳の誕生日を迎えるマリーという娘と彼女の女友だちのフェリスである。マリーはひとり娘で、医師の父親と母親の3人で暮らしている。彼らの家は、周囲に湖水や森林しかないような自然のなかにぽつんと建っている。郵便配達が、「文明社会からマリーにカードだ」と告げるような場所だ。その居間では、新聞に目を通す父親と母親の間で、こんな会話のやりとりがある。「世間はどんな様子?」「あい変わらず殺人が多い」。この両親は、危険な都会を嫌って、この人里離れた家にこもって生活しているのだろう。

娘のマリーは、その誕生日の日に、お気に入りのロックバンドのライヴを見るために、フエリスと街へ繰り出す約束をしている。父親は、娘がノーブラだったり、お目当てのロックバンドが演奏中にニワトリを殺したことがあるバンドであることに眉《まゆ》をひそめるが、しぶしぶ彼女を送り出す。ここまでは、60年代から70年代であれば、よくありそうな家族のやりとりといってもいいだろう。

そのふたりの娘たちが街に向かうとき、クルマのラジオからは、凶暴な脱獄犯が付近を徘《はい》徊《かい》しているというニュースが流れているが、彼女たちは気にもとめない。

映画は、彼女たちが街に着くあたりから、娘と両親をめぐって、それがまるで別の時代の物語であるかのように断絶が浮き彫りになっていく。街では、ふたりの娘たちがマリファナを探し歩き、家では、両親が娘の誕生日の準備を進めている。娘たちが、うまい話に釣られて、脱獄犯の隠れ家に連れ込まれてしまったころ、両親は、〝誕生日おめでとう、マリー〟

と書かれた垂れ幕を壁にかけ、部屋の飾り付けをしている。

脱獄犯に抵抗しようとしたフェリスが、男たちの欲望の餌食《えじき》となり、目の前の悪夢にマリーの顔が引きつり、意識が朦朧《もうろう》としていくとき、彼女の両親は、焼きあがったケーキのスポンジをオーブンから取り出し、クリームを絞って娘の名前を入れている。飾り付けられた居間を見回して、「姫のお城が出来上がった」と満足げな両親の様子は、50年代の幸福なアメリカン・ファミリーの姿そのものである。しかも、家のシーンには、軽快な音楽が鳴り響き、脱獄犯の隠れ家のシーンでは、ベースの低音が不穏な空気をかもし出し、異様なコントラストを生み出している。

この並行して描かれるドラマがひどく不気味に見えるのは、50年代そのものの時代錯誤的な両親がカリカチュアされる一方で、新しい価値観を持つ娘にも、悪意の矛先が向けられるからだろう。

たとえば、マリーの父親は、街に行く娘に、お守りとして〝ピースマーク〟を象《かたど》ったペンダントをプレゼントする。マリーの部屋には、ミック・ジャガーやジャニス・ジョプリンのポスターが壁いっぱいに貼ってある。そして、凄惨な暴力シーンのバックに絶え間なく流れるのは、愛と平和を思わせるほのぼのとしたロックやフォーク、カントリー&ウエスタンなのである。

娘たちは、そんな音楽を打ち砕くように、あまりにも凄惨な暴力の洗礼を受ける。脱獄犯たちは、娘たちをクルマのトランクに詰めて街から逃亡するが、そんな彼らのクルマがエンコするのは、皮肉なことにマリーの家のすぐ手前だった。娘たちは、湖面をカモが泳いでいるような自然のなかで、放尿《ほうにょう》を強制されるような辱めを受け、強姦され、そして殺害され、放置される。

この暴力と死をさらに重くしているのは、事件に遭うまでのマリーの浮き立つような感情だろう。彼女はこの映画の冒頭で、シャワーを浴びながら、自分の胸の膨らみを見つめる。友人と会ったときには、初めて自分が女らしくなったと感じたことを、嬉《うれ》しそうに語る。結局、彼女は、17歳の誕生日を迎え、最高の気分のときに、悲惨な事件に遭遇することになる。

しかし、話がそこで終わるわけではない。クレイヴンの眼差《まなざ》しは、なおも家庭の奥深くへと入り込んでいく。脱獄犯は、偶然すぐそばにあった家、つまりマリーの家を訪ね、一泊させてもらうことになる。犯人たちは、マリーの部屋の写真から、そこが誰の家か気づき、一方、マリーの両親も、部屋から漏れる彼らの会話と荷物の中身から、その正体を知る。その結果、両親は、復讐《ふくしゅう》の鬼と化すが、その手段は尋常ではない。母親は、犯人のひとりを色仕掛けで外に誘い出し、男のペニスを食いちぎる。父親は、『悪魔のいけにえ』（１９７４）の登場を予感させるかのように、地下室からチェーンソーを持ち出し、犯人を血祭りに上げるのだ。

結局、クレイヴンは、かたちはどうであれ、一見すると平和な家庭から激しい暴力を引き出し、その暴力によって映画を結末へと導く。この映画のすごさは、暴力が、最後の最後まで単なる残虐趣味におちいってしまわないところにある。クレイヴンは、両親の50年代的な価値観と娘のロックやマリファナの価値観にさしたる違いがないかのように、この家族に冷徹な暴力の洗礼を浴びせ、家庭という世界から暴力性を引き出してしまうのだ。そして、この作品以後も、クレイヴンは、様々なかたちで家庭の内側から暴力的なイメージを引き出していくことになる。

＊＊＊

クレイヴンの代表作『エルム街の悪夢』(1984)では、文字通り郊外のティーンエイジャーが、夢のなかで鋭い爪を持ったフレディという殺人鬼に襲われる。

この作品はシリーズ化され、殺人鬼フレディが人気者になってしまったために、〝エルム街の悪夢〟というと、すぐにフレディが思い浮かんでしまうが、クレイヴンが監督した1作目と他の監督が手がけた2作目以降では、フレディが襲いかかる〝日常〟の意味が、明らかに異なっている。ということは、突き詰めれば、フレディという存在の意味も、いささか異なることになる。

それは、クレイヴンの『エルム街の悪夢』と、その翌年に作られたスティーヴン・ダイナー監督による続編『エルム街の悪夢2　フレディの復讐』とを比較してみるとよくわかる。ということで、まずは、クレイヴンらしいイメージが、巧みな編集によって効果的に結びつけられている1作目の冒頭のシーンをじっくりと振り返ってみたい。

『エルム街の悪夢』の冒頭では、クレジットとともに、ティナというティーンの悪夢が進行していく。彼女は、鉄管が入り組む地下の下水処理施設のような空間のなかで、殺人鬼フレディに追い回される。彼女が叫び声をあげて目を覚ますと、声を聞きつけた母親が、ドアを開けて現れる。その母親の娘に対する態度は、決して温かいものであるとはいいがたい。

それから、彼女につづくように男が姿を見せ、母親に早く戻るようにせかす。ティナにまったく関心を示さないことから、男が彼女の父親ではないことは明らかだ。場面は変わり、緑の芝生のうえで白い服を着た少女たちが、数え歌にあわせて縄跳びをしている象徴的なショットを挟んで、ティナと友だちの登校風景がつづく。

これだけの描写のなかに、悪夢に悩まされる人物の家庭環境が暗示され、悪夢の背景をなす薄暗いトーンと緑が光に映える郊外のトーンが、印象的なコントラストを作っている。そんなことを踏まえ、1作目における〝日常〟やフレディの意味などを、ストーリーを追って明らかにしてみたい。

まず、最初の事件によって、この導入部で暗示されたものが、具体的に展開される。事件は、冒頭に登場したティナの母親が家を留守にした夜、ティナの家に彼女のボーイフレンドのロッドと、ティナの友人ナンシーとそのボーイフレンドのグレンが泊まり込むときに起きる。ティナとロッドは、彼女の両親のベッドでセックスに励み、彼女を悪夢から護《まも》るために泊まったはずのもうひと組のカップルは閉口している。だがその夜、ティナはフレディに惨殺されてしまう。

ティナの家庭環境は、事件後に明らかになる。彼女の両親は10年前に離婚し、事件のあった晩は、母親が愛人と旅行中だった。そのティナにつづいて悪夢に悩まされるのは、この映画の主人公ナンシーだが、彼女の家庭環境にもまた不穏な空気が漂ってくる。父親は、この事件を担当する刑事だが、両親は別居中で、ナンシーは母親とふたりで暮らしている。エルム街の素敵な家のなかで、母親と娘の間にはこんなやりとりがある。ナンシーが現れると、母親がウォッカらしいボトルをさっと背中に隠すというシーンが何度か挿入される。そしてついには、娘の口から「ママみたいにお酒を飲んでやる、酔っぱらえば悪夢も忘れられるわ」という痛烈な台詞《せりふ》が飛び出してしまう。

つまり、キングやスピルバーグの例を引くまでもなく、悪夢の恐怖イメージは、娘たちの日常ならざる日常と深く結びついている。

それでは、先ほど触れた続編『フレディの復讐』はといえば、1作目の事件から5年後に、同じ家に越してきた一家の長男が、夜毎悪夢に悩まされるという展開になる。しかし、この家族には何ら亀裂らしきものは見当たらない。フレディの存在は、家族ではなく、家に取り憑《つ》いた単なるおどろおどろしいモンスターと化し、底の浅いホラーとなってしまうのだ。

そこで、1作目と2作目では、フレディの存在のリアリティが、おのずと違ってくる。1作目でそのイメージが際立っているのは、フレディが現れる背景である。このコンクリートや鉄管がむき出しになった薄暗い空間には、そのイメージと結びつけようとするかのように、かつてフレディが焼却炉で殺されたというこじつけ的な説明がそえられてはいるが、そんな説明とは無関係に独立した効果を生み出している。

というのも、映画の冒頭に関する説明でも触れたように、クレイヴンは、この空間を郊外の緑と対置しているからだ。この映画では、悪夢の背景に対して、見事に整えられた芝生や木立の緑が巧みに強調されている。すでに何度か触れたように、郊外住宅地では、自然や緑が強調され、快適な居住空間を支え、町の景観をそこねるような施設は、徹底的に見えない場所に隠されている。そういう意味では、フレディの背景とは、郊外の景観から最も敬遠されるものだといえる。
そこで筆者が思い出すのは、前にも引用したキングの『クージョ』で、情事に走ったドナが、その行為について自分を納得させようとする次のような心の動きである。

彼女はスティーヴ・ケンプとの情事にのめりこんだのはほぼ偶然からだったと、本気で信じていた。それはいわば地中の下水管が破裂したようなものだった。同じような下水管が、アメリカのほとんどすべての家の手入れの行きとどいた芝生の下に埋まっている、と彼女は信じていた。

こうしてみると、フレディの悪夢とは、平和そうに見える郊外の家庭のなかで、家族が、ささやかな亀裂を見て見ぬふりをしているところから吹き出してくる悪夢といえる。こうしたリアリティは、もちろん、続編である『フレディの復讐』から感じ取ることはできない。但し、クレイヴンが監督はしていないものの、製作にあたっているシリーズ第3弾『惨劇の館』（1987）では、ナンシーが再び登場するということもあり、家族から見離された子供が登場する。しかし、物語は、フレディの出生の秘密といった展開へと向かい、あのリアリティがよみがえることはない。

＊＊＊

クレイヴンが、『エルム街の悪夢』の続編の代わりに監督した『デッドリー・フレンド』（1986）は、映画の出来がいまひとつだったこともあり、『エルム街の悪夢』のように評判になることはなかったが、この作品にはやはり、彼の郊外の家庭への関心を確認することができる。この作品は、クレイヴンには珍しく、ダイアナ・ヘンステルの『Friend』という原作小説がある。その原作は未読なので、内容を比較することはできないが、この映画の舞台となる郊外の町では、主人公の家庭を含めてまともな家庭はほとんどない。

映画は、主人公ポール・コンウェイ少年の一家が、この町に引っ越してくるところから始まる。というのも、少年はIQが異常に高く、15歳にして人間の脳に関する権威になり、町の近くにある大学の研究助手になったからだった。しかし、一家といっても、母親とポール、そして、彼が自らの手で作ったロボットの〝BB〟という母子家庭である。映画では、その事情についていっさい触れられない。

しかも、引っ越し早々から、主人公一家の周囲には不穏な空気が漂っている。隣の家からは、「この野郎、酒ビンをどこに隠した」という男の怒鳴る声が響いてくる。向かいの家では、カーテンの陰から誰かが見ているが、決して姿を見せようとはしない。そして、ストーリーの進行とともに実情が見えてくると、郊外の景観とそこで暮らす家族は、完全にバランスを欠いていることが明らかになる。

主人公の隣家では、父親とサマンサという娘がふたりで暮らしている。母親がどうしたのかは、娘の悪夢から読み取れる。母親はかつて浮気をして父親を裏切り、家族を捨て、酒びたりの父親は、成長して母親に似てくる娘を虐待する毎日を送っている。これはもちろん、クレイヴン的な設定である。一方、向かいの家はといえば、偏屈な老婆がひとりで暮らし、家のまわりに金網を張り巡らし、近所の人々を寄せつけようとしない。そして、ハロウィンの日、主人公とともに悪戯《いたずら》のつもりでこの老婆の庭に入ったロボットの〝BB〟は、彼女にライフルで吹き飛ばされてしまう。

というように、クレイヴンはこの作品で、荒んだ郊外の光景を描き出している。ポールの母親は、食事の前に「立派なクルマが持てるのは、神のおかげです」とお祈りするのだが、何とも虚しい言葉である。その後、この映画はSF的な展開を見せる。

サマンサは、激昂《げきこう》した父親に階段から突き落とされ、脳死状態になってしまう。そこでポールは、すでに生命維持装置を外され、死亡している彼女を蘇生《そせい》させようと、ロボット〝BB〟の頭脳であるICを、彼女の脳に埋め込む。こうした展開は、スティーヴン・キングの

『ペット・セマタリー』を連想させるが、その結果も同じように悲劇へと向かっていく。サマンサの意識は戻ったかに見えたものの、その脳は〝BB〟の記憶に支配され、サマンサの父親、向かいの老婆が、次々と惨殺されていく。『エルム街の悪夢』のフレディとは逆に、郊外の悪夢が大人たちに襲いかかるのだ。

この映画を、クレイヴンのこだわりを意識することなく見たとしたら、おそらく陳腐な展開だと思うことだろう。しかし、家庭の崩壊とか、郊外の歪《ゆが》みといった情報がインプットされていないロボットの意識が、この郊外をどのように認識し、判断を下すのかということを考えてみると、この映画は、野心的なアイデアを秘めていたようにも思える。結果的にそれが成功しているとはいえないが、ここまで設定やイメージを飛躍させていくクレイヴンという監督の作家性には、やはり興味をそそられるものがある。

また、第3章で触れたように、この映画には、テレビをめぐって印象的なシーンがある。ポールは、友だちと結託して、母親に睡眠薬入りのコーヒーを飲ませ、彼女が眠り込んだすきに病院に侵入して、サマンサの死体を持ち出そうとする。3人は、母親が眠り込むまでの間、居間でテレビを見ている。後ろのソファに母親が座り、ポールと友だちは、彼女の前でカーペットにうつ伏せになり、テレビに見入るふりをしている。ふたりは、そうすることで、母親に背を向けていられる。これは、『リトル・ショップ・オブ・ホラーズ』で、オードリーが憧《あこが》れる郊外のファミリールームの光景とまったく同じわけだが、母親には、もちろん子供たちの表情が見えない。そんな光景が、悲劇に向かう断片を構成しているのは、なかなか印象的である。

先ほどこの映画は、フレディとは逆の、大人たちを襲う悪夢と書いたが、物語は、ポールがサマンサを失う悲劇で終わる。そういう意味では、これもまた『エルム街の悪夢』とは違った意味で、郊外のティーンに襲いかかる悪夢ということにもなる。

＊＊＊

作品はさらに新しくなるが、『壁の中に誰かがいる』（１９９１）では、クレイヴンの個性が過剰に出ている一方で、これまでの彼の感性からはあまり予想できない展開も盛り込まれている。

この映画は、下層の黒人たちが暮らすスラム街のアパートの一室から物語が始まる。主人公は、黒人の少年フール。彼の一家は、家賃が払えないために立ち退きを迫られ、彼は、癌《がん》の母親と身重の姉を助けるために、姉の友人とともに、金貨コレクターだと噂される家主の家に忍び込む。ところが、フールの住む街の郊外にある古色蒼然《そうぜん》としたその屋敷は、両親に絶対服従する〝完全な子供〟を求める家主夫婦が、誘拐した子供たちを調教し、思うようにならなければ舌を切るなどの体罰を加え、地下室で飼い殺しにしている異様な世界だった。そして、発見されたフールは、屋敷のなかを逃げ回るはめになる。

黒人のスラム街から映画が始まるというのは、白人の郊外からユニークなホラー・イメージを引きだしてきた監督にとって、新たな展開だといえる。そして、本書の第6章で書いたような郊外における人種差別やゾーニングのことを振り返るなら、都市のスラムと郊外の落差が激しくなっていったとき、そこに歪んだ関係が肥大化していくのも不思議ではないはずだ。

もちろん、意外な展開があるとはいえ、この作品でも、クレイヴンならではの感性と極端さが光っている。たとえば、子供やティーンに対する虐待のイメージは、こだわりを超えて、妄執というべきものになっている。黒人家庭と白人家庭のコントラストも印象的だ。主人公の黒人家庭には、さしたる説明もなく父親が不在であるのに対して、家主の白人家庭では、夫婦が（実は夫婦という関係ではないにもかかわらず）50年代のように、パパ、ママと呼び合い、恐怖を突き抜けて笑いを誘うように、子供の虐待に精を出している。50年代といえば、デイヴィッド・リンチが思い浮かぶが、この映画では、リンチの「ツイン・ピークス」で夫婦をやったエヴェレット・マッギルとウェンディ・ロビーのコンビが、家主夫婦に扮《ふん》しているのだ。

この映画の物語は、クレイヴン自身が12年前に、「サンタモニカ・イヴニング・アウトルック」紙で読んだ実話がもとになっているという。その事件のあらましは、このようなものだ。郊外の住宅地で、隣人宅に押し込み強盗が入っているらしいと、警察に通報があり、警官が調べたところ、発見されたのは、部屋に監禁された数人のティーンエイジャーだった。事情聴取の結果、両親が、自分の子供たちを監禁し、子供たちは、生まれてから一度も外に出たことがないことが判明した。

また、クレイヴンは、この映画について以下のようにも語っている。


「その事件に刺激され、わたしはすぐに80ページの脚本を書きあげたが、他の企画を映画化するために、このアイデアは、その後10年以上ほったらかしになっていた。だが、毎回、新聞やTVのニュースで、よく似た事件の報道を目にするたびに、そのアイデアが脳裏に甦《よみがえ》ってきた。そしてついにそれをフィルムに定着させる日がやって来たんだ」

(『壁の中に誰かがいる』プレス資料より引用)


クレイヴンを虐待される郊外のティーンのイメージに駆り立てているのは、現実そのものだといっていいだろう。

しかし、クレイヴンはこの映画化にあたって、そんな両親を、スラム街の黒人たちから冷酷に金を絞り上げる家主に変え、黒人の少年を主人公にして、わざわざ黒人の問題もストーリーに盛り込んでいることになる。

それは、スパイク・リー以降のブラック・ムービーの台頭も影響を及ぼしているに違いない。しかし、筆者がまず感じるのは、これまで中流の白人社会を掘り下げてきた監督が、その社会の外部に向ける眼差しだ。都市から郊外に逃避した人々が、郊外の外の世界に対しておぼろげな脅威を感じることはすでに書いたが、郊外と家族に関心を持つ監督であれば、中流の白人社会の内側にこだわればこだわるほど、外側にも意識が向かうもののように思える。郊外の世界にこだわってきたスピルバーグが、突然、『カラー・パープル』へと飛躍したのも、そういう意識の表れと見ることもできる。

そうした内側から外側への視点と関連して、この映画のなかで印象に残るのは、主人公の少年が、屋敷の天窓からスラム街を見下ろすシーンだ。

屋敷とスラムのコントラストからは、富める者はますます豊かに、貧しい者はますます貧しくなるという80年代の現実が浮かび上がってくる。但し、この作品では、こうした歪みがグロテスクなイメージとして肥大化していくことなく、次第に単純な図式へと収束していってしまう。ちなみに、この映画のサウンドトラックには、ヒップホップ・グループ、レッドヘッド・キングピン・アンド The F.B.I. の〈ドゥ・ザ・ライト・シング〉がフィーチャーされていた。この曲はもともとスパイク・リーの同名映画のために書かれたが、使用されず、このサントラに加えられることになったという。ブラック・ムービーとの接点を示す面白いエピソードではあるが、映画ではやはり、差別も吹き飛ばすような、クレイヴンの暴走するホラー・イメージは影を潜めている。それでも、ホラーというジャンルのなかで、白人の郊外と黒人のスラムが結びつけられていることは注目に値するが。

最後に、クレイヴンの映画以前の経歴にも少し触れておくことにしよう。オハイオ州生まれの彼は、大学で英文学の修士号を取得して、カレッジで教鞭《きょうべん》をとっていたが、教師生活に飽き、映画界に身を投じたという。ジャーナリズムに強い関心を示し、映画のアイデアを引き出すのも、そうした経歴と無関係ではないだろう。

この本の第24章では、郊外の子供たちをめぐって、80年代に実際に起こった陰惨な事件をいくつか取り上げるが、そんな事件がつづくかぎり、クレイヴンのアイデアも次から次へと膨らんでいくことだろう。

第19章　こわばった郊外居住者の妄想
――『ネイバーズ』、『メイフィールドの怪人たち』、『チェッキング・アウト』

前の章では、ティーンエイジャーに襲いかかる悪夢について書いたが、この章で扱うのは、しいていうなら、郊外の父親が遭遇する悪夢のような状況になる。但し、こちらはホラーではない。

スピルバーグは、『激突！』の主人公のことを〝ミスター・サバービア〟と表現していたが、この章では、そんなミスター・サバービアたちの頭のなかに広がる妄想に注目してみたい。ここで取り上げるのは、典型的な郊外の父親である主人公を挑発し、風刺するような映画である。

もちろん、そうした主人公たちは、郊外の世界というものに違和感を覚えているわけでもなく、家庭の歪《ゆが》みや崩壊といった問題を抱えているわけでもなく、とりあえず何事もなく（あるいは、何事もないかのように）郊外の生活を送っている。そこで、映画の流れとしては、主人公の周辺に何事かが起こり、彼の内面に波紋が広がり、それが妄想といえるようなものに発展していく過程が風刺的に描かれることになる。スピルバーグは、風刺を様々なガジェットでカモフラージュしていたが、これから取り上げるのは、そうした風刺をもっと前面に押し出した作品といっていいだろう。

最初に取り上げる作品は、トマス・バーガーのベストセラー小説『危険な隣人』の映画化で、ジョン・G・アヴィルドセンが監督し、ジョン・ベルーシの最後の主演作となった『ネイバーズ』（1981）である。この映画でベルーシは、彼のキャリアからすると間違いなく異色の役柄といえるだろうが、ミスター・サバービアである主人公アール・キーズに扮《ふん》している。

『ネイバーズ』から見えてくる主人公アールの基本的なキャラクターを簡単にまとめておくと、彼は、専業主婦のイーニドとふたり暮らしで、ひとり娘はすでに家を離れ、大学に通っている。彼がどんな仕事をしているのかは定かではないが、とにかく最寄の駅から電車通勤し、駅と家の間は、妻が運転するステーションワゴンで送り迎えしてもらうという毎日を送っている。

映画は、この夫婦がステーションワゴンで帰宅する冒頭から、どことなく暗い雰囲気を漂わせている。それは、夫婦の間にほとんど会話がなかったり、他にやることもないため、しかたなくテレビを見て過ごすためでもあるが、彼らの家を取り巻く景観によるところも大きい。

彼らが住んでいるのは、田舎町がベッドタウン化しつつあるような郊外の一角であり、彼らの家ともう1軒の家の2軒が、取り残されたようにぽつんと建つ行き止まりの空間なのだ。しかも、家の周囲は、以前は自然に恵まれていたようだが、いまでは、どこかの工場から流される廃液によってヘドロの沼ができ、そばには、送電線を支える巨大な鉄塔まで建っている。要するに、どこか風通しが悪く、全体に空気が淀《よど》んでいるのである。

そして、主人公のアールは、もう1軒の家に、謎めいたカップルが引っ越してきたことがきっかけとなって、不条理な悪夢に引き込まれていくことになる。この展開は、かなりシュールなタッチで描かれているため、郊外の世界という背景が見えないと、つかみどころのない話のように思われるかもしれない。

たとえば、ボブ・ウッドワードが書いたベルーシの伝記『WIRED』は、日本では内容を削った編訳版『ベルーシ殺人事件』として出版されているが、そのなかに、この『ネイバーズ』に対して対照的な反応を示す映画人のエピソードが出てくる。

映画監督のルイ・マルと脚本家のジョン・ガールは、『ネイバーズ』の次にベルーシを自分たち作品に起用しようと考えていた。そんな彼らのこの映画に対する反応は、こんなふうに綴《つづ》られている。

試写を見終わったルイ・マルとガールはいささか呆然《ぼうぜん》となった。こんなに胸が悪くなるような映画とは思ってもみなかったのだ。ガールは、けばけばしくて少しもおかしくないコメディだと思った。二人の隣人が死闘をくりひろげる。だがどうしてそうなるのかよくわからない。しかも最後に二人は一緒に家出してしまう。ベルーシの妻が悪役になっているが、やっぱりどうしてそうなるのかわからない。ベルーシの演技は始めから終わりまでどこかぎこちない。ガールは初めのうちギョッとした。というのは、映画が最初からコメディそのものを破壊しようとしているように思えたからだ。その責任は監督にあるのだろうが、ベルーシとエイクロイドも責任の一端を負わなければならない。

一方、『ネイバーズ』はコロンビア映画配給の作品だったが、パラマウント映画の社長マイケル・D・アイズナーの反応は、このように綴られている。

「『ネイバーズ』をみてきたばかりだが、非常に素晴らしい映画だ。わたしは気にいっている。」そして、興行的には成功しないかもしれないが、あの映画がかもしだす不思議な暗さを考えれば、それもうなずけると付け加えた。

『ネイバーズ』に描かれているのは、24時間にも満たないドラマだが、その間に、まるでひと晩の悪夢ででもあるかのように、新来の隣人が、主人公の家庭に何の遠慮もなく踏み込んでくる。

最初に主人公の家の扉を叩《たた》くのは、セクシーなドレスに身を包んで色気を振りまくラモーナという女だ。彼女はずかずかと家のなかに入り込んで、ソファでくつろぎ、家の主人を隣に座らせ、言葉と態度で誘惑していく。彼の妻は、キッチンで夕食の支度をしている。主人公は、誘惑に気づかないふりをしつつ、彼女の真意を確かめようとする。しかし、ラモーナは、彼がキッチンの妻の様子を見にいっている間に姿を消している。ところが今度は、見知らぬ男が、まるで主人であるかのように居間のソファに腰かけ、当たり前のように夕食のメニューを聞いてくる。そして、家にまともな材料がないことがわかると、買い物に行ってくるから金を出せという。そればかりか、クルマが故障しているから貸してくれという。そこで、しかたなくキーを取りに2階の寝室に行くと、勝手にシャワーを浴びたラモーナが、全裸のままベッドにもぐり込んでいるといった具合だ。

郊外の住人たちの社交的な関係については、すでに触れた通りだが、この主人公もまた、そんな郊外のしきたりに従って、新来の隣人をオープンに迎え入れようとする。ところが、この隣人は、あまりにもあつかましく、しかも得体の知れないカップルであることがわかってくる。もちろん主人公は、彼らを何とか家から追い出そうとするが、その一方で、ラモーナに対する好奇心を抑えることができない。そして、形式的な社交性と好奇心が入り混じった主人公の優柔不断な態度が、彼を抜きさしならない立場に追い込んでいくのだ。

この謎の隣人との関係は、銃の発砲騒ぎや殴り合いへとエスカレートし、ついには、隣人の家が火災を起こして焼失し、カップルが家に転がり込んでくるはめになる。そして、ここまでくると、さすがに主人公の感情は、社交や好奇心といったレベルをはるかに飛び越えている。もちろん、彼は、この危険な隣人の化けの皮をはがし、悪夢から抜け出そうとする。

ところが、それと同時に、主人公のなかには、まったく別な感情が芽生えている。彼は、『激突！』の主人公とタンクローリーの関係と同じように、信じられないような隣人の行動に、これまでにない刺激を覚えてもいる。そんななかで、主人公が、居間の壁にかかった3人家族の肖像画を見つめる姿は印象的である。というのも現実には、突然家に戻ってきたかと思った娘は、あっという間に若い男と出て行ってしまい、妻もアメリカの土着文化の研究と称して家を空け、彼だけが取り残され、行き場を失いつつあったからだ。

そして結局、彼は絵に描いたような家族のかたちよりも、越してきて間もない得体の知れない隣人に強い絆《きずな》を感じていることに気づく。なぜなら、映画のラストで彼は、家と家族を捨て、奇妙な隣人とともに、解放されたかのように嬉々《きき》として町を後にするからだ。しかも、彼は家を去る前に、肖像画を自分の頭でぶち破り、テレビを壁に投げつける。壊れたテレビからは火花が飛び散り、部屋に火が燃え移り、主人公は、煙が立ちのぼる家を後にするのだ。

この映画は、象徴的なイメージをちりばめた心理劇と見ることができる。たとえば、行き止まりの通りの2軒の家とドロ沼や鉄塔からなる奇妙な光景は、上っていくための次の階段がもはや残っていない主人公の心象風景のように思えてくる。また、肖像画やテレビが象徴的に描かれていることはいうまでもない。そんなふうに考えると、この映画は、主人公の心の底に潜む不安や願望が、謎の隣人を作り上げてしまう妄想のドラマに見えてくるのだ。

＊＊＊

そして、この『ネイバーズ』と比較してみると興味深いのが、ジョー・ダンテ監督の『メイフィールドの怪人たち』（1989）である。この映画には、『ネイバーズ』の焼き直しといえるくらい、共通する設定や展開が盛り込まれているからだ。

『メイフィールドの怪人たち』の舞台は、メイフィールドという郊外の町の一角。〝ミスター・サバービア〟の主人公レイ・ピーターソンと彼の一家が暮らす家は、『ネイバーズ』と同じように行き止まりの通りにある。そして、こちらも、物語の展開のポイントになっているのが、新来の隣人である。その隣人が引っ越してきてから1ヶ月になるというのに、周辺で彼らの姿を見かけた人間がほとんどいない。そこで、主人公を中心とした行き止まりの通りの住人たちの好奇心に火がつき、妄想が膨らみ、ついには、家の爆発、焼失騒ぎにまで発展していくことになる。

この映画が郊外居住者に対する風刺を狙っていることは、そのタイトルが端的に物語っている。邦題は、正体不明の怪しげな隣人の雰囲気にあわせて「メイフィールドの怪人たち」になっているが、原題は、郊外を意味する“the suburbs”を縮めた「The 'Burbs」なのだ。『ネイバーズ』の行き止まりの通りは、ドロ沼や鉄塔によってシュールなイメージを生み出していたが、メイフィールドの行き止まりも、映画の冒頭から、その閉塞《へいそく》感が巧みに強調されている。

映画の冒頭には、映画会社のロゴが浮かび上がるが、この映画では、そのロゴも利用されている。ユニバーサルのロゴには地球のイメージが使われているが、この映画では、その地球が次第に拡大され、北アメリカ大陸を中心に拡大はつづき、最後にピンポイントで主人公たちが暮らす通りを映し出す。俯瞰《ふかん》でとらえたその場所はまさに行き止まりの通りなのである。

その通りは、まるで両隣と向かいの家が世界のすべてであるかのように閉ざされた空間であり、郊外のなかの孤島を思わせる。もちろん、変化といったものは、ほとんどないに等しい。休暇中の主人公レイは、向かいの隣人同士が犬の糞《ふん》をめぐっていつものように争いを始めるのを楽しみにしている。彼にとって、変化とはその程度のものなのだ。レイの隣人アート（問題の家とは反対側の隣人）は、レイの家にずかずか上がりこみ、自分の家であるかのように冷蔵庫から勝手に食べ物を取り出し、世間話をしながら、テーブルで食事を始める。彼らは、閉ざされた空間に長く暮らしているため、お互いの境界もないのだろう。

ところが、主人公は、休暇にもかかわらず、妻と子供の期待を裏切って、どこにも行こうとはしない。そんな彼にとって、引っ越してきた謎の隣人は、かっこうの気晴らしとなる。彼は、妻と子供だけを外出させ、近所の男たちと隣人の詮索《せんさく》を始める。ホワイトの『組織のなかの人間』には、転居してきた家族が、郊外のどの通りのどの位置に暮らすことになるかによって、サークルがわかれ、趣味や習慣まで変わるといった分析があったが、好奇心を刺激し合うことによる団結というのも、行き止まりという場所から生まれるある種の習慣といえるかもしれない。

主人公を含む3人の男たちは、隣から出たごみバケツに死体が入っていると信じ込み、ごみの回収にやって来た清掃員の作業を邪魔して、ごみを通りにぶちまけてしまう。そのとき、呆《あき》れた清掃員が口にするのは、「だから行き止まりの通りはいやなんだ」という台詞《せりふ》である。

そして、この映画でもうひとつ印象的なのが、謎の隣人が暮らす家の様子である。この家は、周囲の家と建築様式が違ううえに、何の手入れもされず、ほったらかしになっている。壁はひび割れ、ペンキははげ、床も腐りかけ、庭には不気味なかたちをした木がはえている。それは、まるで幽霊屋敷である。しかも夜中に、地鳴りとともに地下室から強烈な光が漏れてくる。

周囲の住人たちが好奇心をかき立てられるのももっともだが、現実に照らして考えるなら、いくら行き止まりの通りとはいえ、このこぎれいなメイフィールドのコミュニティが、こんな家を放っておくはずがない。という意味では、この家とその雰囲気に見合った風采《ふうさい》をした隣人には、まったくリアリティが欠けている。

しかし、これを妄想のレベルで考えるなら、そのイメージはとても興味深い。というのも、視界があまりにも良好で、影のない郊外の生活のなかで、人々が潜在的に求めるものは、郊外の世界から程遠いイメージであり、そのひとつがゴシック的な世界だと思われるからだ。ちなみに、この映画のプレスには、監督のダンテのこんなコメントが引用されている。「これは町の人々がどんな感情を持って生活しているか、彼らの動機は何か、彼らの妄想は何かを描いた話なのだ」。

というように、この映画の設定やイメージには興味をそそられるものがあるのだが、それだけにストーリーには不満が残る。なぜなら、好奇心が高じた主人公が、誤って隣人の家を吹き飛ばしてしまうことによって、妄想と現実の折り合いをつけるのが難しくなり、隣人が実は妄想通りの人間たちだったという陳腐な結末を準備しなければならなくなるからだ。

そうなると、郊外という世界で、わざわざ人目を引くようなことをしているこの隣人は、あまりにもリアリティと説得力に欠けるおそまつな人々ということになってしまう。最後まで妄想と現実の境界が曖昧《あいまい》だった『ネイバーズ』とは対照的な結末といえる。

ちなみに、本書では、ゴシック的なイメージと郊外の世界が、現実とファンタジーの境界で見事に折り合った作品として、第25章でティム・バートン監督の『シザーハンズ』を取り上げる。

＊＊＊

郊外の世界からかけ離れたものが、人々の妄想のきっかけになるならば、死というもののリアリティはどうしても無視するわけにはいかないだろう。なぜなら、人々は、死に対する不安や恐怖を遠ざけ、排除するために郊外にやって来るともいえるからだ。

これまでの章から、そうした例をあげるのは難しいことではない。たとえば、チーヴァーの短編「ジャスティーナの死」で、ジャスティーナが現実に死亡しているにもかかわらず、死んだことにならなかったのは、コミュニティがゾーニングによって葬儀会社を遠ざけたことが根本的な原因だったし、「カントリー・ハズバンド」の主人公には、隣人のパーティに集う人々が、戦争も死につながるような危険も存在しないという暗黙の了解のもとに結束しているように見える。キングの『クージョ』の主人公は、ニューヨークに戻ればあの町に殺されるというように、大都会の生活が常に死と隣り合わせであることにおびえ、郊外の安全な生活に執着する。また、大都会シカゴの喧騒《けんそう》を嫌って、メイン州の田舎町に転居した主人公一家の悲劇を描くキングの『ペット・セマタリー』では、一家の向かいに暮らす老人が彼らにこんなことを語る。

「――でもね、そうなる前に多少は死とおなじみになっておくのも悪くないと思うんですよ。ところが近ごろは……さあ、なんというか……だれもそのことを話したがらないし、考えたがらないみたい。それが子供によくない影響があるかもしれない、心に傷を残すかもしれないというんで、テレビからもそういう番組は消えちゃったし……家族が死んでも、お棺《かん》の蓋《ふた》は閉じたままにしとくのが好まれるんですって。そうすれば、遺体と対面したり、お別れを言ったりしなくてすむから……なんだか早く忘れてしまいたいとしか思ってないみたい」

この老人は、大戦や熱病、伝染病で死ぬ人々をたくさん見てきて、死に慣れ親しんでいるのだ。

郊外の世界は、外部からの脅威を遠ざけ、死のリアリティを排除しているが、それでは、内部の、というか、心の防備の方はどうなのだろうか。

デイヴィッド・リーランドが監督した映画『チェッキング・アウト』（1989）は、そんなことを考えさせる作品である。主人公のレイ・マクリンは、順風満帆の満ち足りた生活を送っている。彼は、幼なじみのパット・ハーゲンと同じ航空会社に勤め、パットは副社長で、レイもそれに継ぐポストにあり、仕事は安定している。ふたりは、それぞれの家族とともに、美しい山々と緑に囲まれた同じ郊外の町で、優雅な生活を送っている。

ところが、レイが、パットの豪邸のプールサイドで開かれたパーティに出席したとき、事件が起こる。レイの目の前で、バーベキューを焼いていたパットが、「イタリア人はどうしてバーベキューをやらないのか？」というジョークを話している途中で倒れ、そのままあの世に行ってしまったのだ。レイは、まさに自分の生活から最も遠いはずのものを目の当たりにし、ひどい不安からパニックにおちいっていく。死のリアリティがきっかけとなって、ミスター・サバービアの妄想が始まるのだ。

その晩、彼は、墓穴に落ちる夢を見る。穴のうえからは、家族や友人たちが、パーティ気分で彼のことを見下ろしている。死んだパットは、同じジョークを繰り返すが、その〝オチ〟を語ろうとはしない。あまりの恐ろしさにベッドから飛び起きたレイは、寝室の窓からパンツ一枚の姿で表に飛び出す。この町のセキュリティシステムは万全で、誰かが窓から飛び出しただけで警報が鳴りひびき、数分で銃を持った警備員が駆けつけ、レイに銃を向ける。

まさしくこの町は、万全の警備によって護《まも》られている。しかし、内面に抱え込んでしまった不安は、セキュリティシステムではどうにもならない。しかも、外部に対する不安というものがまったくないだけに、意識が必要以上に内面に向かってしまい、妄想が膨らんでいくことになる。それが、この映画に盛り込まれたブラック・ユーモアなのだ。

そこで、妄想にとらわれた主人公の涙ぐましい奮闘が始まる。彼は、パットが最後にいおうとしたジョークのオチを聞けなかったことが心に引っかかり、イタリア人についてのジョークを読み漁《あさ》る。また、異常なしという検査結果が信じられず、精神科医のもとに送られ、さらには、血圧計、脈拍計、心拍数測定器、ポータブル酸素タンク、水治療法のための機械などを片っ端から買い集める。不安のために、セックスができなくなり、妻から秘書と浮気をしていると誤解され、病気ともいえない病気で死ぬと信じ込んでいる姿に愛想をつかされる。しかも、パットの代わりに副社長に昇進した彼は、会社の飛行機が起こした事故の処理のために、無理やり飛行機に乗せられ、現場に送られそうになるが、死の恐怖のために自ら爆弾騒動を巻き起こす始末なのだ。

しかし残念ながら、この『チェッキング・アウト』では、妄想による騒動をきっかけに、主人公が自己を振り返ったり、あるいは、妄想が彼の心の奥底を照射していくような進展が見られないまま、ありきたりな結末を迎えてしまう。バカは死ななきゃ治らないのたとえではないが、彼は妄想ではなく、本当に虫垂が破裂して入院し、生死の境をさまよったあげく、目覚めたときに、パットのジョークのオチが閃《ひらめ》くのである。

この映画で、主人公のレイに扮しているのは、ジェフ・ダニエルズという俳優だが、彼は、ミスター・サバービアのような役が似合うらしく、次の章でもまた、彼が主演した映画を2本取り上げる。その2本でも彼は、涙ぐましい奮闘を繰り広げることになるが、そちらでは進展のある結末を見ることができる。

＊＊＊

そして、この章の最後に、映画ではなく小説を1冊取り上げておきたい。それは、ジョン・コーエンという作家の最初の長編『Max Lakeman and the Beautiful Stranger』（1990）である。この小説も、ミスター・サバービアの妄想を描いた作品だが、その妄想の背景となる主人公の心理は、これまで取り上げた映画とはいささか趣が異なる。

この小説の主人公マックス・レイクマンが、まず何よりもユニークなのは、郊外の世界というものに強い愛着を持っているということだ。彼は、フィラデルフィアの郊外の町グラメントンで生まれ育ち、そのまま30年以上もの間、同じ町に暮らしつづけている。彼はすでに結婚し、妻のネリー、ベンとノラというふたりの子供たちと平穏で幸福な生活を送っている。

主人公は郊外の世界に強い愛着を持っていると書いたが、もっと厳密にいえば、彼が愛着を感じているのは、郊外を彩る緑の芝生である。彼は、実は芝刈りを仕事にしているのだが、次のような文章を読むと、そのユニークなキャラクターがおわかりいただけるだろう。

マックスはときどき、芝刈り機の音と夏の日の暖かさでいい気持ちになって、われを忘れ、夢を見ることがあった。顔をあげると、まわりにあったものがすべて消え、彼が押していた芝刈り機もなくなり、彼は、すばらしい緑の芝生、完璧《かんぺき》な緑色の海のなかにひとりきりになる。それは、とても幸せなひとときであり、彼が求めているのは、ネリーもベンもノラも忘れ、どこまでも続く芝生を自分だけのものにすることだった。

彼は、同じ町にずっと暮らし、町の芝を刈って生活している。ほとんど町を離れることもなく、町といっしょに呼吸しているような人物である。もちろん、これは、現実的というよりは、郊外の世界を象徴するキャラクターといっていいだろう。

そんな主人公マックスがとらわれる妄想は、悪夢からほど遠いもののように見える。というのも、小説のタイトルにもあるように、謎の美女が彼の前に出没するようになるからである。彼女は、最初はあたかも幻であるかのように、裏庭の生垣の間から半裸で現れて一瞬にして消えたり、バカンスに訪れた海から浮かび上がってきたりするが、次第にこの主人公の現実へと侵入してくる。つまり、まともに洋服を着て、夫とともに町に引っ越してくるのである。

これが、主人公の家庭に対する不満やひそかな願望から生まれた妄想であれば、よくある話だが、この小説の場合は、そういうことではない。むしろ主人公は、幸福な家庭に十分満足しているし、これまでにも、仕事の最中に暇をもてあました主婦から誘惑されたこともあったが、まったく心が動かなかった。
ということで、この小説では、いささか奇妙な表現ではあるが、実は主人公が幸福であることが、妄想の原因になっている。たとえば、主人公が家族とバカンスを過ごしているとき、彼の気持ちはこんなふうに描写されている。

マックスには、現在の出来事を未来の時点から見る習慣があった。そのため、ペレッグズ・アイランドへの今回の旅行も、まだ終わっていないというのに、まるで遠い昔の出来事であったかのように、振り返るように見ていた。彼は、あまりにも幸せだった。彼とネリーは若く健康で、ふたりの子供はもっと若く、そして間違いなく、もっと健康だった。(中略)マックスは、幸運の神が輝く腕を彼の肩に置き、彼を終わりのない喜びに満ちた生活に導く様を思い浮かべた。さあ、すべてがいかにすばらしかったか思い出すんだ、マックスは自分にいいきかせた。満ち足りたペレッグズの時間を思い出すんだ。さあ、思い出せ、思い出すんだ。

若く健康でという、このマックスの幸福感は、第5章で触れたアメリカン・ファミリーの抽象的な幸福を思い出させる。誰の目から見ても幸福であることは明らかだが、どこに向かうという指針があるわけでもなく、漠然とそこにとどまっている。あるいは、主人公が現在の幸福を感じるために、過去のことを思い出すような努力をしなければならないのは、その幸福が、あらかじめ約束され、ある意味ではすでに完結した世界のなかにあるからなのかもしれない。

そして実は、主人公の前に謎の美女が現れるのは、彼が現在の幸福を思い出し、満足感と空虚さを同時に感じているときなのである。彼は、幸福を思い出して現在に復帰するたびに、家族との間に微妙な距離ができ、家族のなかである種の異邦人となっている。そんな距離感が、この小説では、ユーモアたっぷりに表現されている。たとえば、家族が、芝生のグリルでハンバーガーを焼く郊外のお決まりの光景は、マックスの視点で、こんなふうに表現されている。

異星人マックス・レイクマンは、芝生に置いた椅子に座って、枯れかけた桃の木のわずかな陰から、彼の家族を観察していた。あの生物は何者だ？　どうやって裏庭に入ったんだ？　彼らの目的は？

二匹いる小さな生物の一匹が振り向き、芝生の向こうから彼の方を見た。そいつは彼がいるのを見抜いていた。交信が始まる。そいつが口をきくと、マックスが驚いたことに、そいつは地球の言葉を自由に使いこなした。

こうした距離感によって、主人公は、もうひとつの世界を作り上げていくことになるわけだ。そして、結局彼の妄想がどうなるかといえば、最後に彼は、謎の美女に誘われて海に入っていくところを、駆けつけた妻によって現実に引き戻されるのである。

この小説は、重いテーマを扱うような作品ではないが、こうしてみると、郊外の幸福にどっぷりと浸《つ》かっているよりも、不安や密《ひそ》かな願望や好奇心に突き動かされている人々の方が、まだしも健全という気がしてくる。抽象的な幸福にどっぷりと浸かってしまえば、人生は完結してしまい、その向こうには、地上の楽園ではなく、天国が待っているだけなのかもしれない。

第20章　エスケープ・フロム・サバーブズ
――『サムシング・ワイルド』、『トラック29』、『アラクノフォビア』、『ストレート・アウト・オブ・ブルックリン』

この章は、タイトルにもあるように〝郊外からの脱出〟がテーマである。郊外居住者はいかにして郊外の世界を後にするのか。このことについては、もはや基本的な説明は不要だろう。これまで見てきた郊外化の現実や郊外の世界を描いた作品からも、様々なかたちでこのテーマに関わりのある要素が浮かび上がってきているからだ。

たとえば、第6章で触れたように、50年代にも、実際に郊外から都市に戻ってくる人々がいた。その理由には、都市の方がプライバシーが確保できること、人種や階層を問わず様々な人々と接触できる、あるいは、友人関係の幅が広がるといったことがあげられていた。それから、60年代には、郊外を飛び出したヒッピーたちがいた。但し、彼らが、反郊外的かどうかについて見解が分かれることは、第12章で触れた通りである。

一方、フィクションでは、バックマン（=キング）の『痩せゆく男』などが、ひとつの典型といえる。この小説の主人公は、呪いを解いてもらうために、ジプシーを追って町を出るが、彼が妻に残す手紙にはこんな言葉も出てくる。

アンディス・パブやランターン・ドライヴやカントリー・クラブ、薄汚い偽善的な町全体に自分がもう飽きあきしていることに気づいたんだ。わたしに事実その未来があったら、きみとリンダがほかのどこかもっと清らかな土地へいっしょについてきて、わたしと未来を共にしてくれればと願っている。きてくれなくても、あるいはきみらは無理でも、とにかくわたしはいく。

郊外を描く作品には、主人公が、ある出来事がきっかけで、自分の生活や人生を振り返る展開が少なくない。そして、主人公が、その目覚めた現実に耐えられない場合には、その世界を出ていかざるをえないことになる。

それから、郊外の生活や住人を風刺する作品にも、郊外を出るドラマが多く見られる。たとえば、映画『ポルターガイスト』は、トビー・フーパーが監督したことで体裁はあくまでホラーだが、その本質は、スピルバーグが悪意を込めて、主人公の一家を郊外から出て行かざるをえない状況に追いやるブラック・コメディである。

あるいは、前の章で取り上げた『ネイバーズ』なども、とらえようによっては、この章に入れても面白い作品だと思う。主人公の潜在的な願望が妄想となり、町を出て行く結果になるようにも考えられるからだ。ちなみに、この章では、これと似た展開のある映画も出てくる。ということで、郊外からの脱出をユニークな視点で描いた映画を何本か取り上げてみたい。

＊＊＊

最初に取り上げる映画は、必ずしも郊外を舞台としているわけではなく、この章のテーマとは無縁の作品に見える。物語の始まりも、大都会の街角である。

ニューヨークの昼下がり、食堂で昼食をすませたいかにもヤッピー風の男が、食い逃げをはかる。彼の名前はチャーリー。翌週には副社長への昇進が決まっている、まさに出世街道をひた走るエリートである。

彼の食い逃げはまんまと成功するが、同じ店で食事をしていたルルという女が一部始終を見ていた。彼女は、奇抜なファッションできめた正体不明の女だ。チャーリーは、食い逃げの後ろめたさとささやかな好奇心から、会社までクルマで送るという彼女の誘いにのる。ところが彼女は、あらぬ方向に暴走を始める。途中で立ち寄った酒屋のレジから札をくすね、白昼堂々とモーテルに乗りつけ、あれよあれよという間に彼を手錠《てじょう》でベッドにくくりつけ、のしかかろうとするばかりか、財布の名刺をチェックして会社に電話を入れ、社長を呼び出してしまうのだ。

後に『羊たちの沈黙』で成功を収めるジョナサン・デミ監督の86年の作品『サムシング・ワイルド』は、冒頭からこんな調子でたたみかけてくる。そしてチャーリーは、謎の女ルルにどこまでも振り回されることになるのだが、そのチャーリーに扮《ふん》しているのが、前の章で取り上げた『チェッキング・アウト』に主演しているジェフ・ダニエルズなのだ。但し、作品の順番としては『サムシング・ワイルド』の方が古く、ジェフ・ダニエルズは、この『サムシング・ワイルド』で、予期せぬ出来事に巻き込まれ、悪戦苦闘する小市民的なキャラクターの第一歩を踏み出したといっていいだろう。

この映画には、実に様々な要素が盛り込まれている。コミカルなラブストーリーであり、ロードムービーでもあり、異色のスリラーといえる展開もあり、風刺もふんだんに盛り込まれている。デイヴィッド・バーンやファイン・ヤング・カニバルズ、UB40、ニュー・オーダーといったセンス抜群のナンバーがちりばめられた音楽映画ともいえる。そんなごたまぜ感覚は、おそらく見る人によって好き嫌いが分かれることだろう。

だが、どちらにしても、この映画の場合には、表面的にはごたまぜでも、その底には一貫したメッセージがある。というよりも、一貫したメッセージがあるために、ユニークなごたまぜ感覚が生み出されているのだ。

そのメッセージは、これまで本書で取り上げてきた作品を踏まえて、このように表現することができる。もはやタンクローリーや凶暴なサメ、狂犬病のセントバーナード、悪夢に悪霊、怪人ぐらいでは効果がない。ならば、もっと強引な手段で、往生際の悪い中流の代表者を、郊外の幻想から都市の荒野に引っぱりだし、その腐りきった性根を叩《たた》き直してしまおう。それが、『サムシング・ワイルド』に流れている一貫性の出発点だといえる。

その違いを明確にするために、この映画を、スピルバーグの『激突!』と比較してみよう。『サムシング・ワイルド』で、『激突!』のタンクローリーの役割を果たすのは、もちろん謎の女ルルである。ちなみに彼女は、チャーリーをクルマに乗せている間に、彼の財布に入っていた写真を見て、彼に妻子がいることを知っている。そこで2本の映画の比較だが、『激突!』の主人公がタンクローリーにさんざん翻弄《ほんろう》されたように、チャーリーもまたルルに翻弄される。『激突!』では、タンクローリーが崖下《がけした》に消え去った後、主人公は、一抹《いちまつ》の寂しさを覚えつつも、マイホームを守るために、虚しい仕事を黙々とこなすだけのわびしい日常に戻っていくことが暗示される。

しかし、ルルはそう簡単にはチャーリーをマイホームに帰してくれない。というのも、彼女には、刑務所を仮釈放になったばかりの凶暴な元旦那《だんな》がいることが明らかになるからだ。その元旦那は、嫌がる彼女と無理やりよりを戻そうとする。チャーリーにしてみれば、自分はあくまで巻き添えにされただけで、しかも、ルルもこの小市民的な男に何も期待していないことが明らかなだけに、彼は、しばらく目をつぶってでもいれば、災難から逃れることができる。ところが、彼の心の片隅にわずかに残る感情、穏便なエリート人生のなかで食い逃げをはかる程度のちっぽけな感情が、どうしたことかむくむくと頭をもたげ、彼自身を、見た目通りの人間で終わるか、男になるかの瀬戸際に追い詰めるのである。

というわけで、チャーリーは、滑稽《こっけい》なほどぎこちなく見えるものの、男になる道を選んでしまう。しかも、その時点ではまだ、どんなに恐ろしい男を敵に回してしまったかわかってはいない。監督のデミは、このようにして、チャーリーという主人公を抜き差しならない状況へと追い込んでいく。そのために、コメディだろうが、ロードムービーだろうが、スリラーだろうが、おかまいなしに盛り込んでいくのだ。

こうしたごたまぜ感覚は、登場人物たちの立場を明確にする役割も果たしている。たとえば、ロードムービーの要素は、ほんの遊び心でルルの婚約者を装うことになったチャーリーを、フィラデルフィアにある彼女の実家に運んでいくことになる。彼女の母親がひとりで暮らす家は、ノスタルジーを感じさせるような郊外住宅地のなかにある。ルルは、郊外の子供として成長したわけだ。

再会した母親と娘のやりとりからは、彼女たちの関係の軋《きし》みをかいま見ることができる。チェンバロの演奏を披露する母親と、その場に居づらそうに耳を傾ける娘の姿は、娘が、堅苦しい家庭と郊外の幸福に馴染《なじ》むことができなかったことを示唆する。そして、刑務所を出たばかりのルルの元旦那が登場するに至って、幼なじみのこのふたりは、かつてこの保守的な町で〝恐るべき10代〟を体験し、結びついたカップルであることが察せられる。

そうした体験は、ふたりのキャラクターにも反映されている。このふたりとチャーリーの間で交わされる会話のなかに、それをよく物語る部分がある。たとえば、この元旦那は、ルルを守ろうとするチャーリーに向かって、「こいつは、ステーションワゴンじゃ我慢できない贅沢な女なんだ」という台詞《せりふ》を口にする。この台詞は、彼女が元旦那と完全に縁を切ることができても、決してミスター・サバービアになびくような女ではないということを意味する。

また、ルルにも同じような台詞がある。チャーリーは、元旦那にはめられ、コンビニ強盗の片棒をかつがされる。その後で元旦那は、チャーリーをそのまま帰したりしたら警察に通報するのではないかと危惧《きぐ》するのだが、そのときルルがこんな台詞を口にする。

「そんなことできるわけないわ。ひと言でも話せば、郊外の家もステーションワゴンも平和な生活も失うのよ。その話がウソでないなら」

ルルと元旦那は、過去の体験ゆえに、ミスター・サバービアに対して自然にそんな棘《とげ》のある言葉が出てしまうのだろう。

こうなると、さんざんコケにされたチャーリーは、黙っていられないところだが、彼はさらにボロを出さざるをえなくなる。というのも実は、彼が妻子持ちだったのは過去の話で、妻子は家を出て医師の男のもとに走り、彼は独身の身だったのだ。にもかかわらず、財布に家族の写真を大事そうにしまい、マイホームパパのごとく仕事に精を出し、誰もいない郊外の家にすがりついていたというわけだ。しかし、そんなチャーリーは、ルルを選ぶことによってミスター・サバービアのイメージをかなぐり捨てていく。

ルルとチャーリーは、凶暴な元旦那から逃れてフィラデルフィアを後にし、チャーリーの家に隠れることにする。それは、外から見る限り夢の郊外の一戸建てだが、なかに入ってみると、妻子との思い出を刻み込んだ写真が以前の面影を残すだけで、広々としたリビングには何もなく、がらんとしている。そして、異色のスリラーへと展開する映画のクライマックスの舞台となるのが、この空虚な郊外の家なのである。

チャーリーとルルは、この家で元旦那と対決することになるが、この3人はみな郊外と関わりを持っている。ルルと元旦那のカップルは、10代の頃に郊外の生活のなかで悲劇を体験し、郊外の住人というものに対して嫌悪感を持っている。ルルに襲いかかる元旦那が〝サバーバン・ビッチ〟という言葉で彼女を罵《ののし》るのは、とても印象的である。一方、チャーリーは、ヤッピーが台頭してきた80年代の時流に乗り、その豊かさのなかで再び人々の夢となった郊外へと乗り出していった新しい世代の郊外居住者であり、しかも悲劇の体験者でもある。そして、それぞれに郊外で悲劇を体験した彼らは、空虚な一戸建てのなかで死闘を演じ、過去を清算し、決着をつけることになる。

この映画のラストはなかなか心憎い。会社を辞めたチャーリーが、かつて食い逃げをはかった食堂を出ると、そこにはルルが待っている。彼女の背後には、ちょっとユニークなかたちをしたワゴンがとめてある。ふたりは、都市の路上からクルマ1台で前進を始める。彼らがどこに向かうのかは定かではないが、郊外の町ではないだろう。

ちなみに筆者は以前、この映画の監督ジョナサン・デミにインタビューしたことがあるが、彼はチャーリーのキャラクターについて、このように語っていた。

「ジェフ・ダニエルズ扮する主人公は、資本主義のメカニズムに埋没してしまって、脳死したような男なんだ。それをメカニズムの外にいる人間が強引に誘拐する。これが、主人公にとってはメカニズムからの脱出になって、彼は人間性をとりもどしていくんだ」

＊＊＊

これまで取り上げてきたフィクションでは、郊外を出ていくような展開があっても、そのほとんどが、出ていくまでに重点が置かれ、どこに向かうのかが明確に描かれることはなかったが、『サムシング・ワイルド』では、新しい出発点として都市が魅力的に描かれている。この章の冒頭で、人々が実際に郊外から都市に戻る場合、その理由のひとつとして、人種や階級を問わず様々な人々と接触できるということがあると書いたが、デミもそれに近い考え方を持っている。

但し、デミの場合は、もっとはるかにスケールが大きい。彼は、グローバルな視点に立ち、異なる文化や人種、国と国との関係といったことに強い関心を持っているのだ。たとえば、彼は、『サムシング・ワイルド』を作った翌年の87年に、ハイチのドキュメンタリーを製作している。この作品にまつわる次のようなコメントを読むと、彼がハイチの現実を単純に外国の問題とはとらえていないことがおわかりいただけるだろう。

「ハイチの人々が、民主主義を獲得するために、どれほど奮闘してきたのかということについて、アメリカ人ひとりひとりが、もっと関心を持たなければいけないんだ。なぜなら、アメリカ政府は、自国民に対して間違ったお金の使い方をしているからだ。アメリカにも民主主義はあるけど、それは、お金や家を持っている人々のもので、収入がない人や路上で生活している人たちにはあまり意味のないものなんだ」

このコメントには、第14章で触れたような80年代のアメリカに対する批判が込められているが、それはまた『サムシング・ワイルド』とも無縁ではない。この映画は、そんな80年代を象徴するような主人公に覚醒《かくせい》をうながし、都市へと呼び戻す作品であるからだ。そういう意味では、ハイチのドキュメンタリーは外側から、そして『サムシング・ワイルド』は内側から、アメリカに揺さぶりをかける作品だといえる。

この他にも、『サムシング・ワイルド』には、デミらしいセンスを随所に見ることができる。たとえば、バックの音楽は、主人公チャーリーを都市に呼び寄せるかのように、デイヴィッド・バーンとサルサの女王セリア・クルスのデュエットで始まり、シスター・キャロルのレゲエで終わる。また、映画にちょっとだけ顔を出すゲストにも、彼らしい人脈が浮かび上がる。白バイ警官に扮しているのは、『ブラザー・フロム・アナザー・プラネット』や『希望の街』など、マイノリティや都市の世界を通して、もうひとつのアメリカを描き出す監督ジョン・セイルズである。そして、中古車販売店のオーナーに扮しているのは、ジョン・ウォーターズなのだ。

デミが『サムシング・ワイルド』につづいて監督した『Married to the Mob（ビデオタイトル：愛されちゃって、マフィア）』には、チャーリーの立場を女性に置き換えたような展開もあり、デミの都市に対する関心がさらに明確になっていて興味深い。『愛されちゃって、マフィア』の主人公は、マフィアの妻アンジェラである。彼女は、ひとり息子と3人で、郊外の高級住宅地で贅沢な暮らしをしている。だが彼女は、どんなに生活が豊かであっても、それが夫の血なまぐさい仕事に支えられているものだと思うと耐えられず、普通の生活を望んでいる。そしてついには、離婚まで考えるのだが、おめでたい夫は、冗談だと思って取り合おうとはしない。

ところが、この夫は、なんとマフィアのボスの愛人にちょっかいを出していて、それがボスの知るところとなり、殺されてしまう。しかし、話はそこで終わらない。そのボスは、怖い奥さんがいるというのに、アンジェラにぞっこんで、ほとんど夫気取りで彼女の生活に割り込もうとする。そこでアンジェラは、ひとり息子を連れて、豪華な住宅を捨てて、郊外の町を後にする。さらに、アンジェラに疑惑を抱き、尾行をつづけていたFBI捜査官も絡んでくることになる。

アンジェラが引っ越したのは、ニューヨークのダウンタウンにあるぼろアパート。部屋は狭く、キッチンのど真ん中にバスタブが置かれているという代物だ。この展開は、チャーリーが郊外から都市へと乗り出す展開を想起させることだろう。この映画には、『サムシング・ワイルド』ほど鋭い風刺や挑発があるわけではないが、それでも、ストーリーに盛り込まれた郊外と都市の対比には、デミらしい視点がある。

たとえば、この映画に出てくるふたつのヘアサロンは、それぞれに郊外と都市を象徴し、コントラストを生み出している。この映画の冒頭は、ヘアサロンのシーンから始まる。こちらのヘアサロンは、マフィアの夫人たちの溜《た》まり場になっている郊外のそれで、アンジェラはもちろんそこの顧客だった。一方、都市に飛び出した彼女は、生活のために、偶然にもヘアサロンで働くことになる。こちらは、郊外のそれとは違い、人種が入り混じった世界で、彼女は、最初は大いに戸惑うものの、しだいにそこに溶け込んでいくのである。

『愛されちゃって、マフィア』は、あくまでアンジェラとFBI捜査官を主人公にしたコメディタッチのラブストーリーだが、この映画でデミが最も力を込めて描いているのは、アンジェラが、ぼろアパートやヘアサロンという都市の世界のなかで自立していく姿のように思えてならない。

＊＊＊

次に取り上げるニコラス・ローグ監督の『トラック29』（1988）は、テーマとしては、前の章とこの章にまたがる作品だといえる。つまり、郊外居住者の妄想があり、そして郊外からの脱出があるということだ。

映画の舞台は、ノースカロライナにある幹線道路沿いの郊外住宅地。周囲は、建ち並ぶ家々とプール、クルマ、そしてファミリーレストランの世界である。この映画で、妄想にとらわれ、郊外からの脱出を果たすのは、夫とふたりで暮らしている主婦のリンダだが、夫婦それぞれのキャラクターとその関係はなかなか面白い。

夫のヘンリーは、療養型病院に勤める医師で、鉄道模型のマニアである。それも半端なマニアではなく、熱中するあまり、寝室や風呂《ふろ》場の壁までぶち抜き、自分の世界を作り上げている。この夫の姿を見て、筆者の頭にすぐに思い浮かんできたのは、同じように鉄道模型に凝っていた『未知との遭遇』の電気技師である。このふたりは、成長を拒絶しているのか、退行しているのか、とにかく幼児的な部分があり、鉄道模型の完結した世界を、現実から目をそむけたり、自分を守ったりするための防壁にしている。

一方、妻のリンダはといえば、単調で退屈な生活のなかで、子供が欲しいと思っているが、いま説明したように夫に完全に無視されている。そんな彼女は、夫の鉄道模型に対抗するかのように、部屋にずらりと人形を並べている。

ニコラス・ローグは、物語ではなく映像で語るタイプの監督だが、この映画の場合は、平穏に見える家庭の水面下で、夫婦それぞれの感情を体現する鉄道模型と人形たちが、激しくせめぎ合っているといっていいだろう。但し、もっと厳密にいえば、夫の鉄道模型が揺るぎないのに対し、妻は、増殖する鉄道模型の世界に埋没するか、人形に踏み止まるかの瀬戸際に立たされている。

この映画は、そんなふたりのほとんど2日間に満たないドラマを描いているが、その間に、夫婦はそれぞれに、お互いの関係について、大きな決定を下すことになる。夫は、子供のことで彼を現実に引き戻そうとする妻を見限り、どこまでも鉄道模型の世界に順応しようとする病院の看護師を選ぶ覚悟を決める。

一方、瀬戸際に立つリンダは、これまで何もなければ、おそらくは鉄道模型になびいていただろうが、過去のトラウマが彼女を人形へと傾かせ、ある意味では、その人形に生命を吹き込むことになる。その過去のトラウマは、物語の展開とともに明らかになっていくが、実は彼女は、若い頃にある過ちから妊娠し、生まれた子供が、彼女の両親の手でどこかに里子に出されるという苦い経験をしていた。

映画では、そんな彼女の前に、イギリスから母親を捜しにきたという若者が現れる。彼は、夫が仕事に出ている間に家に上がりこみ、リンダを現実とも幻想ともつかない世界へと引き込んでいく。過去のトラウマが、動きのとれない退屈な世界のなかに、妄想を作り上げていくのだ。

そして、この妄想的な世界のなかで、若者は、鉄道模型を壊し出す。そのイメージもまた、『未知との遭遇』を想起させる。というのも、電気技師は、UFOと遭遇してから、あるイメージが脳裏に焼きつき、自分の世界である鉄道模型をつぶし、その上に奇妙な岩山を築き出すからである。『未知との遭遇』では、この岩山が、電気技師が郊外から別の世界へと旅立つきっかけになる。『トラック29』でも、鉄道模型を壊すことが、同じようなきっかけになる。但しそれは、自分のではなく、夫の鉄道模型だが……。リンダは、妄想のなかで決定的な既成事実を作り上げ、郊外の生活からの脱出を果たすのである。

＊＊＊

この章では、ジェフ・ダニエルズが主演した映画を2本取り上げると書いたが、もう1本は、フランク・マーシャル監督の『アラクノフォビア』（1990）である。この映画については、作品を掘り下げてみたいということではなく、ほとんど『ジョーズ』の焼き直しでありながら、結末が違うところが印象に残ったので取り上げることにした。この作品は、スピルバーグが製作総指揮にあたり、ともにスピルバーグ・ファミリーであるキャスリーン・ケネディが製作に、マーシャルが監督を手がけた毒グモ版『ジョーズ』である。それは、ストーリーを簡単に説明しただけでも、おわかりいただけるだろう。

この映画の主人公、医師のロス・ジェニングスは、妻とふたりの子供を連れてサンフランシスコの都会を離れ、カリフォルニアの小さな町カナイマへとやって来る。両親は、子供を育てるのに理想的な環境として、この町を選んだというわけだ。

この映画で特に『ジョーズ』の焼き直しを感じさせるのは、主人公ロスのキャラクターである。実は彼は、クモ恐怖症（アラクノフォビア）であり、せっかくの自然に囲まれた生活ではあったが、納屋や地下室に張っているクモの巣は、彼にとって苦痛以外の何ものでもなかった。『ジョーズ』で水を怖がる警察官が、海辺の町に転居してきたように、クモ嫌いがたくさんクモの巣のあるところにやって来るのである。

そして、巨大なサメの代わりになるのは、南米産の攻撃的で猛毒を持ったクモだ。そのクモが、南米の探検で死亡したカメラマンの死体に潜んでこの町に紛れ込み、地元のクモと交わって異常繁殖し、町をパニックにおとしいれていくことになる。

これはまさしくクモ版『ジョーズ』だが、先述したように結末は違う。この主人公一家は、結局、都会に戻っていく。都会の美しい夜景が眺められる高層マンションの一室で、主人公の夫婦が乾杯するところで映画は終わるのである。

75年の『ジョーズ』とこの『アラクノフォビア』との結末の違いには、都市と郊外（あるいは非都市圏）をめぐる状況の変化が反映されているようにも思える。というのも、特に80年代に入ってから、都市部では、ウォーターフロントなどの再開発やジェントリフィケーションが進み、都心部の人口が増加する傾向が出てきたからである。ちなみに、この映画の一家は、サンフランシスコに戻るのだが、そのサンフランシスコも、ジェントリフィケーションが進んだ都市のひとつに数えられている。

＊＊＊

都市／郊外と黒人との関わりについては、これまで第6章、第9章、第18章で触れてきたが、ここでは、黒人監督マティ・リッチの19歳の記念すべきデビュー作『ストレート・アウト・オブ・ブルックリン』（1991）を取り上げ、最も現在に近い状況にスポットをあててみたい。この映画の舞台は、郊外ではなく、ブルックリンにあるレッドフック低所得者用住宅である。主人公は、この住宅に暮らす若者のデニスで、物語は彼とその一家をめぐって展開していく。

ガソリン・スタンドで働くデニスの父親は、家族を悲惨な生活から救うことができないジレンマに苛《さいな》まれ、白人社会を憎悪し、自らの不甲斐《ふがい》なさを忘れようとアルコールに頼り、週末ともなると妻にあたりちらす日々がつづいている。母親は、職安に通い、臨時の仕事をもらう毎日を送っている。主人公のデニスは、そんな生活のなかで、映画のタイトルが示すように〝ブルックリンからおさらばする〟ことを夢見ている。

しかし、どうにも出口を見出《みいだ》すことができない彼は、ヤクの売人の金を強奪してしまい、その結果、家族を争いに巻き込み、崩壊させていくことになる。監督のマティ・リッチは、そんなドラマを、見る者が逃げ場を失うような生々しいリアリティで描き出していく。

ここで、郊外から最も遠いこのような作品を取り上げるのには、それなりの理由がある。ひとつには、これが迫真のリアリティだけの映画ではなく、〝ストレート・アウト・オブ・ブルックリン〟というタイトルに、痛烈な皮肉が込められているということがある。つまり、この映画には、出ていくことばかりで頭がいっぱいになって、強盗を働き、家族を崩壊に追いやるくらいなら、とっとと自分の足元を見ろという前向きなメッセージが込められているのだ。

この映画の資金については、リッチ自身がブルックリンのラジオ局を訪れ、黒人の投資家を募ったところ、1万ドルあまりの金が集まり、製作が進行することになった。彼はラジオを通して、中流化した黒人たちが郊外に流出していくことによって、いっそう悲惨な状況におちいっていくゲットーの状況や問題を批判した。「なぜ、つくるのではなく、出ていかなければならないのか」、「なぜ、ここにとどまって、自分たちの庭をつくることができないのか」と彼は訴えたのだ。彼の主張からは、ジェントリフィケーションとは似て非なる都市への視点が浮かび上がってくるのだ。

そして、ここでこの映画を取り上げたもうひとつの理由は、映画の向こうにあるリッチの実体験に、〝エスケープ・フロム・サバーブズ〟に近い足取りを見ることができるということだ。

リッチは、実際にレッドフック住宅で少年時代を過ごし、父親はアルコール依存症で暴力を振るったという。映画と違うのは、母子が、母親の判断で、レッドフックを出て生活する道を選んだということだ。ところが、仲間が残っている町を忘れられないリッチは、頻繁にレッドフックに戻ってきた。この映画を作る決意を固めたのも、町に戻った彼が、バイクを盗んだ友人が刑務所で死亡するという事件に遭遇したことがきっかけだった。

つまり彼は、ひとたび外に出たにもかかわらず、あるいはそれゆえに、都市を立て直そうというメッセージにたどり着いたのである。

ところで、この章は、ジョナサン・デミの作品から話が始まったが、ここで再び彼の名前が出てくる。というのも、リッチのこのデビュー作に、デミが少し絡んでいるからだ。『羊たちの沈黙』の編集作業中に、デミは、別の編集ルームで作業を進めるリッチと知り合った。この若き監督と親しくなったデミは、ポストプロダクションの資金調達が可能な会社をリッチに紹介したという。しかも、デミは、生まれたばかりの自分の子供に、この映画にちなんで〝ブルックリン〟という名前をつけたという。都市の活力を魅力的に描くデミと都市を立て直そうと訴えるリッチ。これはまさに、人種や階層を超えた出会いといっていいだろう。

第21章　サバーブズからエッジ・シティへ
——続・変わりゆくアメリカの風景

　第7章では、作家ジョン・チーヴァーの作品を通して郊外化にいたるアメリカの風景の変化に着目したが、この章と次の章では、郊外化から現代にいたる風景の変化の跡をたどってみたいと思う。その流れとしては、まずこの章で変貌《へんぼう》の実際や現場に着目し、次の章でそうした変貌を描いた映画や小説を取り上げることにする。

　郊外の世界は、荒廃が進む従来の都市に対する新たなフロンティアという性格を持ち合わせていたが、実際には、コミュニティの排他的な性格など、これまで触れてきたようにある種の袋小路ともなっていた。そこで郊外の世界は、さらに新たなフロンティア、袋小路の出口を求めて変貌を遂げていくことになる。

　そうした変化は、これまで取り上げてきた作品からも断片的に浮かび上がってきている。都市から郊外に向かう道路の拡張や改善が進んだことは、中流の人々の郊外への進出をうながしたが、郊外の変貌の発端になるのは、そうした動きを追うように、郊外居住者をターゲットにした様々な店舗が郊外へと進出するようになったということである。

但しこの変化は、そのかたちにもよるが、必ずしも郊外居住者にとって望ましいものであったわけではない。

たとえば、第15章で取り上げたスティーヴン・キングの『クリスティーン』をちょっと振り返ってみてもらいたい。この小説の舞台となるピッツバーグの郊外にあるリバティーヴィルの町は、60年代に入ってから次第に店舗が進出するようになり、小説のなかの現在である78年の時点では、ドライブイン・シアター、マクドナルド、バーガー・キング、アービーズ、ボウリング場に10軒近いガソリンスタンドに囲まれている。

そして小説では、この事実が郊外居住者の視点に立って町の荒廃としてとらえられている。つまり、かつては町でも指折りの魅力的な土地柄だったが、60年代以降、次第に周辺の環境が悪化し、いわゆる準郊外住宅になり下がってしまったということだ。すでに明らかになっている50年代の郊外の理想を踏まえてみるならば、当然とも思える視点であり感情である。

これはフィクションの例だが、これまでたどってきた郊外の現実に目を向けた場合でも、理想はともかくとして、60年代から70年代にかけて変貌を遂げる郊外の実例を見出《みいだ》すことは決して難しいことではない。

たとえば、第9章で取り上げた写真家ビル・オウエンズが、彼の地元であるカリフォルニア州ダブリンの町の変貌を語るコメントを振り返ってもらいたい。この町は、２本の州間高速道路の交差点にあり、郊外化が進行した。そして、60年代末から70年代初頭の時点で、町にはガソリンスタンドが15軒、スーパーが6店、デパートが2店にコンビニもあったという。ちなみにオウエンズの場合には、カメラのファインダーを通した郊外の観察者であったためか、こうした変貌をありのままに町の成長とみなしている。

こうした郊外の変貌を、その住人たちが発展とみなすか荒廃とみなすかについては、一概に判断することはできないが、それを左右する大きな要因になっているのは、どうやら進出する店舗の形態のようである。

もし郊外の町、すなわちコミュニティ精神によって見事に統一された景観の周辺に、ファストフード店やその他の娯楽施設などが、無計画に乱立していくだけであれば、それは町の荒廃ということになるだろう。そこで、もちろん郊外の町のなかには、荒廃を避けるために徹底的にそうした店舗を締め出し、旧来の形態を守っていくコミュニティもあるはずである。しかし一方、60年代から70年代にかけて、実際に大きな変貌を遂げた郊外の町の場合には、進出した店舗が時代の流れとともにしだいにかたちを整え、統一された形態をとるようになる。つまり、デパートやファストフード店は、ショッピングセンターとなり、ついには、巨大なモールへと発展していくということである。

こうした発展の実例もまた、ほんのわずかではあるが、すでに本書のなかに出てきている。それは、第12章でベッツィ・イスラエルのノンフィクション『Grown-up Fast』の内容に触れた部分だ。

前後の流れは第12章を振り返ってみてもらいたいが、ベッツィは、彼女が暮らしていたマサピークアの町が、71年までの3年間に大きな変貌を遂げたと書いている。具体的には、ふたつの巨大なモールがオープンし、それに合わせてハイウェイが整備、拡張され、古いショッピングセンターが次々と閉店を余儀なくされていったということである。そして、71年には、子供のころのマサピークアの面影が、ほとんどなくなっていたという彼女の言葉は、まさに郊外の次なるステップを思わせる。

＊＊＊

郊外の変貌をテーマとするこの章で着目するのは、こうしたデパートやファストフード店、ショッピングセンターからモールへの発展の過程である。

ここではこれから実際に、ニュージャージー州にある2本の幹線道路が交差する郊外の町に、どのような過程を経て巨大なモールがオープンすることになったのかをたどってみる。

だがその前に、この町に限らず全般的にモールへの発展を興味深く見るためのポイントだと思える事柄をふたつあげておきたい。

まずひとつ目は、少し長い説明になるが、ショッピングセンターとモール（あるいはショッピングモール）に関する基礎知識である。デパートやファストフード店なら説明の必要もないが、ショッピングセンターやモールとなると、おぼろげなイメージは浮かんできても、具体的にどのようなもので、どのように違うのかということは、けっこう曖昧《あいまい》なのではないだろうか。また実際に、便宜的にということなのか定かではないが、モールのことをショッピングセンターと表現する例を見かけることもある。

しかしながら、郊外居住者にとってみると、ショッピングセンターとモールにはずいぶん大きな違いがあるようである。というのも、先ほどこれから取り上げると書いたニュージャージー州の町では、住人たちがショッピングセンターの建設計画に反対し、紆余《うよ》曲折を経て、住民たちの意向をくんだモールが完成することになるからだ。

ということでまず、ショッピングセンターとモールの違いを確認したいと思う。ここで筆者が参考にしているのは、ノンフィクション作家クリストファー・フィンチが92年に発表した『Highways to Heaven』という本である。これは、アメリカにおける自動車文化の歴史を綴《つづ》ったノンフィクションで、当然のことながらショッピングセンターやモールの発展にもページが割かれている。

ショッピングセンターの原型というのは、複数の商店がひとつの駐車場を共有するような形態である。この本によれば、この形態はT型フォードの時代（1908〜28年）から存在していたが、50年代以前には、本流ではなく支流にとどまっていたという。ところが、郊外化によってこの原型は大きな変貌を遂げていく。新しい消費者を求めて郊外に進出するデパートや成長するドラッグストアやスーパーマーケットのチェーンが、ショッピングセンターを発展させていくことになるからだ。

先ほど郊外における商店の無計画な乱立は、町の荒廃とみなされると書いたが、このショッピングセンターの発展は、統一性のある形態に向かう第1段階といえる。『Highways to Heaven』には、そうした郊外化の時代におけるショッピングセンターの典型的な形態が解説されているが、それをここで紹介しておこう。

敷地の一方の端にデパートが建ち、もう一方の端には、ディスカウントショップや大型のドラッグストアが建ち、その間をこれまで高速道路に沿って発展してきた地元の小さな商店が埋める。これにスーパーマーケットが参入したり、隣接している場合もある。そして、その周辺には、ファミリーレストランや昔ながらのダイナーが店を構えるといった形態である。

そこで、欲しいものがこれと決まっている人は、目当ての商店のすぐそばにクルマをとめ、数分で用をすませることもできるし、たくさんの買い物がある人は、時間をかけてぶらぶらすることもできる。こうしたショッピングセンターは、いまだにかなりの数が存在しているという。

一方、モールの方はというと、こちらは60年代にショッピングセンターが進化するようにそのかたちができあがり、次第に数を増していくことになる。モールがショッピングセンターと大きく異なるところは、商店やレストラン、その他の娯楽施設などが、遊歩道となるゆったりとしたフロアや吹き抜けの空間のあるひとつの巨大な建物（といっても、後に明らかになるような理由で、高層建築になることはまれである）のなかに、機能的に集約されている。そのため、モールに足を運ぶにはクルマが必要になるが、ひとたびモールのなかに入ってしまえば、人は完全な歩行者になるということだ。

この違いは、これだけの説明ではたいしたことがないように思われるだろうが、後述するようにモールの発展とともにはっきりとした違いが出てくる。

『Highways to Heaven』ではまず、モールをディズニーランドのようなテーマパークに近い空間とし、双方を対比してみることによってその特徴を明らかにしている。

どちらもアクセスするにはクルマを使うが、ひとたびゲートや入口をくぐってしまえば完全な歩行者となる。モールの場合は、当初は商品の小売によって収益をあげるための空間だったが、現実には買い物に限らず、テーマパークと同じように、ある程度の長さの時間をそこで過ごすための空間になっている。しかも、様々な催しや娯楽施設、ファストフード店など、ティーンエイジャーのグループや親子連れなどが、それぞれの目的に応じた楽しみを自由に選ぶことができるのも、テーマパークに似ている。

また、モールは何もかもが新しいように見えるが、興味深いのは、食品の小売店などの場合、全国的なフランチャイズに占領されることはまれで、かつての商店街に軒を並べたような地元の小売業者に復活の機会が与えられているということだ。そうした地元に根ざした部分が広がることもあって、モールは、自動車以前の時代のスモールタウンにいるような効果を与えるという。この効果は、消費者とのあいだに親近感を生み、モールは社交の場となったり、あるいはティーンエイジャーがうろつくのに格好の場所ともなっているということである。

ここまでがひとつ目のポイントの説明ということになるが、これでショッピングセンターとモールの基本的な違いが明確になったことと思う。

ふたつ目のポイントは、いまの説明の最後の〝社交の場〟とも関わりがあるが、郊外居住者からみたとき、モールがその形態や特徴以上に、どのような意味を持つかということである。

すでに触れたように、郊外は階級のない、平等な社会を理想としているため、町や住宅の形態、生活様式などがすべて均質化する構造になっている。住人たちはコミュニティ精神を培ったり、パーティや共通の趣味にもとづく活動によって、そこに中心が存在するかのようなサークルを作っているが、本質的には中心は存在しない。

あるいはこのことについては、第8章で取り上げたジョン・アップダイクの『カップルズ』を振り返ってもらってもいいと思う。この小説の登場人物たちは、ある意味で教会に代わる中心を求めるかのように親密な関係を作り上げていくのだが、結局、中心を見出すことなく、というよりも現実に中心が存在しないために、ばらばらになっていくのである。

このように中心を欠いた郊外の世界に対し、統一性があり、しかも多様な機能を備えたモールの出現といえば、ここでいわんとすることはもう察しがつくことと思う。モールが郊外の新たな中心かどうかということについて、ここで結論を急ぐつもりはないが、これも郊外居住者が、ショッピングセンターではなくモールを受け入れていく手がかりになることだろう。

それでは、このふたつのポイントを念頭に置いて、モールへの発展を具体的に見ていくことにしよう。

先ほど触れたように、取り上げるのはニュージャージー州にある町の例であり、「ワシントン・ポスト」紙の主筆であるジョエル・ガローが91年に発表した『Edge City』を参考にする。

この本の内容は実に興味深い。アメリカ人はこれまで新しいフロンティアを求めて、都市や生活空間を更新してきたが、タイトルになっている〝エッジ・シティ〟とは、彼らがたどり着いた新しい都市の形態のことをさしている。エッジ・シティはいままさにその数を増し、発展しつつあるという。

このエッジ・シティの定義を細かく紹介すると長くなるが、この本の第1章の冒頭に、エッジ・シティへの発展過程がとても簡潔にまとめられている部分がある。そこで著者のガローは、エッジ・シティが既成の都市から3つの段階を経て発展したと解説している。

その第1段階は、第二次大戦後に始まる郊外化である。これによってまず、住空間が都市の伝統から離れることになった。次に、生活に必要なものを求めて都市に足を運ぶという不便を解消するために、マーケットも居住空間に移った。この第2段階は、アメリカのモール化と表現され、特に60年代から70年代にかけて進んだという。第3段階は、まさに現在であり、ついに仕事や職場が住と消費の空間に移されることになった。ガローは、この第3段階に入った新しい空間をエッジ・シティの出現としているのである。

但しもちろん、現実はそれほど単純ではない。たとえば、第1段階の郊外住宅地がどれも次の段階へ進めるかといえば、これは無理な話である。仮に均質化へと向かう構造を持っているある郊外住宅地が、すでに十分に開発されているとするなら、巨大なモールやオフィスを作るための大規模な再開発は不可能に近いからだ。そこでエッジ・シティは、郊外化が進んでいる都市の周縁のなかでも、より〝へり（エッジ）〟に近い地域で、しかも幹線道路が交差するような要所で発展していくことになる。

この『Edge City』には、アメリカの大都市から様々な過程を経て脱皮し、発展するたくさんのエッジ・シティの実例があげられている。そのなかで、ニュージャージー州のある町の例を取り上げてみたいと思ったのは、そこにエッジ・シティが発展してきたいきさつから、都市や郊外、モールに対する住人たちの意識が、くっきりと浮かび上がってくるからだ。

その町というのは、ニュージャージー州のなかで、287号線と78号線という2本の州間高速道路が交差する場所から南に広がるブリッジウォーター・タウンシップである。この町に再開発の話が持ち上がったのは60年代末のことだったが、最終的にモールを中心とした計画がまとまり、敷地面積が270平方キロメートル以上という巨大なモール、ブリッジウォーター・コモンズがオープンしたのは、それから20年近くもたった88年のことだった。

その間には、開発業者と住民の意見の食い違いや駆け引きがあったが、そのやりとりはいろいろな意味で興味深い。

まず注目しておきたいのは、このブリッジウォーター・タウンシップの住人が、ニュージャージー州のなかで既成の都市というものの歴史をまったく持たない地域を、最初に作り上げた人々だったということだ。つまり彼らは、郊外化の先頭に立って理想の町を作った人々ということになる。

しかしながら、その理想にも誤算がなかったわけではない。先ほどこの町では、60年代末に再開発の話が持ち上がったと書いたが、これも町の抱える問題と関わりがある。問題の発端は、郊外化の初期にまでさかのぼる。というのも、この町の中央にある土地は、都市から離れる人々をできるだけ多く受け入れるために、あまりにも細かく区画整理され、結果的には狭くてまともに家も建てられない宅地になってしまったのだ。そのためこの土地は草が伸び放題の状態で放置されていた。それは先の見えない郊外化の初期ならではの過ちといっていいだろう。

ところがこの土地は、不動産業者の目から見ると〝黄金の三角地帯〟になっていた。というのも、先ほど触れた州間高速道路の２８７号線、22号線と２０２／２０６号線という２本の国道に囲まれる場所に位置していたのだ。そこで60年代末に開発業者が、この土地のなかの22号線沿いの地域をまとめて整地し、そこにショッピングセンターを建設する計画を進め出したというわけだ。

この計画を発端に、開発業者と住人との時間をかけた駆け引きが始まる。先述したように、住人は、かつて郊外化の先陣を切り、住空間に対する意識を明確に持っているだけに、この駆け引きからは、彼らの過去に対する反省や現在の理想などが、くっきりと浮かび上がってくる。

まずショッピングセンターの計画は、住人の強い反発にあって立ち消えとなった。反対の理由については、住人のコメントがそのまま紹介されているが、それをまとめると、彼らにとってショッピングセンターは安っぽい歓楽街であり、悪夢といえるほどに醜悪なものだということになる。またこの町は、かつてショッピングセンターの開発が進められたことがあるが、そのとき住人たちが勝ち取ったのは、店の表にネオンのたぐいを出すのを禁じる条例だったという。ショッピングセンターは、郊外の統一性のある景観をだいなしにするものなのだ。

それから、これはショッピングセンターと直接関係しているとはいえないが、反対の背景には別の理由もある。ブリッジウォーター・タウンシップの住人たちは、開発に際して町の中心となるものを求めていたということである。彼らは〝タウンシップ〟という法的な単位によって区切られた町のなかに暮らし、しかも、もはやいうまでもないが、同じ階層に属してはいるものの、もともとは何のつながりもなかった隣人同士だった。そこで、この制度に頼ったような町や住人のつながりを、もっと活性化することができるような中心を求めていた。

結局、住人たちは、ショッピングセンターに代わる計画を求めて「ウォール・ストリート・ジャーナル」紙に広告を出し、開発業者に大規模な再開発計画を募ることにした。そして、彼らのもとには37の案が寄せられるのだが、大規模な再開発を求める理由からも、住人たちの町に対する理想の一端が浮かび上がってくる。

住人たちは、大規模な開発工事を委託する見返りとして、企業側の負担で周辺の道路の改善を計画に盛り込むという条件を出した。但し、道路の改善といっても半端な工事ではない。開発予定地を取り巻く幹線道路を立体交差にするということだ。住人たちは彼らが毛嫌いする信号を町から駆逐したかった。これもまた、既成の都市に対する反発といっていいだろう。そんな希望を実現可能なものにするためには、企業にとってはよほど魅力的な計画、つまり総合的な開発が必要になったというわけだ。

そこで、町に寄せられた再開発計画案が、ふるいにかけられていく。駐車場のスペースを大きくとろうとしたある案は、町の中心から緑を奪い、環境を悪化させ、町の質が落ちるということで却下された。それから、この黄金の三角地帯に最大限の緑を確保するために、ホテル、会議場、小売店の店舗などを15、6階建てのビルに集めてしまうという計画も受け入れられなかった。当時の町長のコメントは、「高層ビルは望ましくない。都市を思い出してしまうからだ」というものだった。

この町の住人たちが、もともと60年代末の時点から望んでいたのはモールだったようだが、こうしたやりとりによる再確認を経て、住民投票も行い、作り上げられたのが、先ほど少し説明した広大なモール、ブリッジウォーター・コモンズである。3階からなる建物は、開発を請け負った企業の負担による総工費2300万ドルの立体交差に囲まれ、シェラトンホテルにふたつの巨大なオフィスタワーを備えているという。

このモールはまさに、住人それぞれが自由に楽しみを選択することができるテーマパークの世界といっていいだろう。たとえば、〝コモンズ・コレクション〟と呼ばれる1階フロアは、ブルックス・ブラザーズ、ローラ・アシュレイその他の有名ブランド店が並び、高級感を求める人々の欲求を満たす。〝キャンパス〟と呼ばれる3階フロアは、ネオンきらめく若者たちのスペースだ。巨大なレコード店の他、サングラスだけ、アニメのキャラクター商品だけといった専門店が並び、16のレストランがひとつになったスペースがあり、7つの映画館が深夜1時までオープンしている。

そして、〝プロムナード〟と呼ばれる2階は、家族のためのフロアだ。ここには、ふたつの静かで落ち着ける大人向けのレストランがあり、うち1店では酒類も許可され、どちらの店もビジネスマンのためのランチも用意されている。また、ボーイスカウトのメンバーが集まったりするためのコミュニティルームなども、組み込まれているという。

ブリッジウォーター・タウンシップの住人たちは、こうして新たな町の中心を手にすることになるのだが、この例からは、モールに対する価値観や郊外の変化がとても具体的に見えてくることと思う。

＊＊＊

『Edge City』の著者ジョエル・ガローは、モールに言及する別の部分で、モールを中心としたエッジ・シティの創造へと向かう力は、人々が個人主義と自由の新たなバランスを探求することから生まれると書いている。確かに、個人よりも集団の価値観が支配的だったこれまでの郊外のコミュニティのことを考えると、モールを中心とした世界では、町を統一するシンボルができると同時に、個人の自由な空間が広がるようにも思える。

かつて最も新しいフロンティアであった郊外の世界からは、時間の経過とともに、これまで取り上げてきたような作品を通して、様々な現実が浮かび上がってきた。それでは、この現在も発展の途上にあるともいえる新しいフロンティアの場合はどうなのだろうか。

次の章では、そうした変貌する郊外、モール、エッジ・シティを描いた映画や小説を取り上げるが、ここでは、そうした作品を見ていくうえで非常に参考になる評論に触れておきたい。

『Logics of Television』については、第3章でリン・スピーゲルの評論を紹介しているが、ここではこの研究書のなかから、マーガレット・モースの評論を取り上げたいと思う。どうしてここでまたテレビなのかと思われるかもしれないが、実はこのモースの評論は、テレビと高速道路、モールの3つに共通する特性を掘り下げ、それらが人々に及ぼす影響をテーマにしているのだ。

ブリッジウォーター・タウンシップの例を振り返るまでもなく、これはモールを中心とした新しい世界に暮らす人々が、その環境からどのような影響を受けるかというテーマに限りなく近い内容だと考えていいだろう。但し、この評論はかなりアカデミックなもので、難解な表現や用語も多く出てくるので、あくまで次の章で取り上げる映画や小説を理解するためのヒントになる程度の参照であることを、あらかじめお断りしておく。

このモースの評論で面白かったのは、たとえば、人がテレビを見たり、モールのなかを歩いたり、クルマで高速道路を走る場合、この3つのものが、〝いま〟と〝ここ〟の感覚を曖昧なものにし、別の世界に入っていくような効果や現実感の喪失をもたらすということだ。

そして、この3つに共通する特徴として、人々を周囲の環境から限定された空間に隔離する一方、隔離された空間の内側には、それぞれにある種ミニチュア化された世界が広がっているということがあげられる。

このことを郊外の生活に則して考えてみるならば、まずテレビについては、ほとんど説明の必要がないことと思う。テレビは、外の世界から隔離された郊外住宅地やそのなかの一戸建ての生活における中心的な娯楽であり、その画面の向こうには、ミニチュア化された様々な世界やイメージが広がっている。そしてまた、『ポルターガイスト』などで触れたように、現実と非現実の転倒や現実感の喪失を招くメディアでもある。

それではモールはといえば、人々は駐車場でマイカー族から完全な歩行者となり、巨大な建物の出入口をくぐったところで外の世界から隔離される。モールのなかは、たとえば外の景観を楽しむために窓を大きくとったレストランや展望ルームなどは別として、ほとんどの場合、建物の壁や屋根に窓はない。

そして、先ほど『Highways to Heaven』を参考にショッピングセンターとモールの違いについて書いた部分には、モールがかつてのスモールタウンにいるような効果をもたらすという話があった。モースの評論にも同様の記述が出てくる。それがミニチュア化であり、人々はモールのなかで、スケールを縮小した昔懐かしいスモールタウンの大通りを歩くような体験をするということだ。人々はそうした環境のなかで、時間や空間の感覚、現実感を失うことにもなる。

最後に高速道路だが、いうまでもなく郊外化は、都心から郊外へと延びる高速道路の発達の恩恵をこうむっている。人々は、その高速道路に入ってから出るまで、クルマという機械と道路の側壁によって外の世界から隔離されている。そして、クルマの風防ガラスに仕切られた道路の両側の風景は、奇妙な目の高さやスピード感も手伝って、非現実的なミニチュアの世界と化していく。そこで、仮にこの高速道路を使って郊外から都心に通勤する人々を思い描いてみると、彼らは、自分たちにとって好ましくない高層ビルやネオン、危険で得体の知れないスラムなどを、独特の距離感で視野に収めながら、移動するということになる。

ところで、こうした特性とこの章の冒頭から書いてきたことを照らし合わせていくと、テレビとモール、高速道路は、新しいフロンティアに暮らす人々が、自分たちの環境を自由にコントロールするための、オン／オフの切り替え装置を備えた空間であるようにも思えてくる。

たとえば、ショッピングセンターが彼らにとってまぎれもない現実の世界にネオンの光をばらまくことは許されないが、テレビは、おそらくそれよりもさらに毒々しいコマーシャルを流しているだろうし、モールのなかではネオンもまたたけば、商店街も広がっている。しかしもちろん、テレビやモールの場合は、ひとたびスイッチを切ったり、出口を出てしまえば、それがあたかも存在しなかったかのように見事に姿を消すのである。そして、高速道路もまた、緑の楽園と生活にとって必要な場所や彼らにとって魅力的な場所を、オン／オフ感覚で結んでいるといえる。

ジョエル・ガローは、新しいフロンティアの原動力を個人主義と自由の新たなバランスの探求と表現していたが、あるいは、この自由なオン／オフ感覚も、新たなバランスを作る装置といえるのかもしれない。

但し、これはあくまでオン／オフがうまく機能すればの話である。というのも、この3つのものには、当初の目的とか価値を曖昧なものにして、次第に習慣となるような、オン状態を持続させる作用があるように思えるからだ。

たとえば、テレビについては、『ポルターガイスト』や、第20章ではそのことに触れなかったが『トラック29』など、一日の生活が始まると同時にテレビがつけられ、一日中つけっ放しになっているというように、見るという目的でつけられているのではなく、環境の一部と化している。また、『ネイバーズ』では、主人公を演じるジョン・ベルーシが、テレビのチャンネルを変えるたびに流れてくる〝血も凍るサスペンス〟やら〝あまりにも悲惨な事故〟の話題やらを、ひどく退屈そうに、表情ひとつ変えずに眺める姿が印象に残る。

モールについては、モースの評論のなかに、他の学者の面白い分析が引用されている。たとえば、モールのなかを歩くことは、テレビのなかを歩いて回る体験に等しいとか、人々がモールのなかで時間や空間の感覚を失い、何時間もうろつきまわる現象について、〝ゾンビ効果〟という表現が使われているといったことである。モールの空間も、何かを買ったり、催しを見るといった目的が曖昧になり、習慣となり、環境の一部になっていくというわけだ。

しかも、モールをうろつくことは、実際にはもはや現象とはいえないくらいに一般化し、モールをうろつく人々を意味するいろいろな言葉を、小説などでもよく目にするようになっている。たとえば、モースの評論には、“mall rats”という言葉が出てくるし、80年代のアメリカの風景をシュールなタッチで描いたスティーヴン・ビーチーの小説『The Whistling Song』（※1996年に『路の果て、ゴーストたちの口笛』として邦訳された）では、それが“mall maggot”という言葉で表現され、現代アメリカの風景の一部となっているのである。

それから、高速道路についてはいささかわかりにくいかもしれないが、たとえば、先ほどの高速道路で都心に通勤するという例を思い出してもらいたい。オン／オフ感覚の通勤が習慣化していくとき、都市のスラムを飛び越しているといったリアリティは希薄になり、スラムの光景は非現実的なイメージとして環境の一部に定着していくことだろう。

こんなふうに見てくると、エッジ・シティに向かう新たな環境は、様々なアーティストの創作意欲を刺激する魅力を持ち合わせていることがおわかりいただけると思う。そこで、次の章では、この新しい環境を描いた映画や小説を取り上げることにする。

第22章　新しいフロンティアのリアリティ
――『トゥルー・ストーリーズ』、『ゾンビ』、フレデリック・バーセルミ

前の章の最後に書いたように、この章では、これまでの郊外住宅地から〝エッジ・シティ〟へと変貌《へんぼう》を遂げていく世界を描いた映画や小説に注目する。

最初に取り上げるのは、変わりゆくフロンティアを巧みなアイデアで視覚化した映画で、わかりやすい解説をしてくれる案内人まで登場するという実によくできた作品である。

それは、ロック・ミュージシャンのデイヴィッド・バーンが映画監督としてデビューした作品『トゥルー・ストーリーズ』（1986）だ（この映画の邦題は『デヴィッド・バーンのトゥルー・ストーリー』だが、まわりくどくなるので原題のカタカナ表記で統一する）。

この映画の出発点になっているのは、バーンが、タブロイド版の新聞とか雑誌から拾い集めたおかしな実話の断片である。それから彼は、テキサスの歴史を扱った本や学術書、アメリカの風景をとらえた写真集などを読んだり、見たりして、この映画の世界を作り上げていった。写真については特に、ウィリアム・エグルストンやレン・ジェンシェル、ジョエル・

スタンフェルドといった〝ニュー・カラー〟の写真家たちの作品集『The New Color Photography』と『New Color / New York』を参考にしたということだが、それはこの映画の色彩によく表れている。

映画の舞台になるのは、150周年を迎えてお祭り気分にわくテキサス州にある架空の町ヴァージル。映画は、カウボーイ・ファッションに身を包んだ正体不明の男（ディヴィッド・バーン）が案内人となり、赤のコンバーティブルに乗ってこの町を訪れ、町の現在やそこに暮らす人々を紹介するかたちで展開していく。

そして、この映画をご覧になればすぐに、ヴァージルの町が、前の章で触れたエッジ・シティとしての形態を整え、発展しつつあることがおわかりいただけると思う。

ヴァージルの町の現在の状況を簡単にまとめると、まずかつての町の中心だった大通りはいまは寂れて、閑散としてしまい、住人たちは続々と郊外に転居し、郊外には新しい住宅が次々と建てられている。町には、ダラスやフォートワースといった都市から延びていると思われる高速道路《フリーウェイ》が通っている。郊外には、広々とした空間を備えたモールがあり、また、バリコープ社というコンピュータ会社が、社屋と工場をでんと構えている。まさに住みよい環境のなかで、住居と娯楽施設、職場がきれいに分化し、コミュニティを作っている現代的な都市なのである。

この映画にはいろいろな驚きがあることと思う。デイヴィッド・バーンがいくらマルチな才人とはいえ、こうしたアメリカの新しい環境に関心を持ち、それを映画にしてしまうというのは驚きだし、86年という早い時期であることも驚きだ。しかしもっとすごいのは、ともすると学術的に語られがちな題材を、ポップなセンスで巧みに料理していることだろう。そして、前の章でこうした環境の背景を確認している読者には、バーン扮《ふん》するポーカーフェイスの案内人が、とぼけたふりをしつつもしっかり要所を押さえて、町を紹介しているのがおわかりいただけるはずだ。

クルマでヴァージルの郊外に向かう彼は、高速道路の立体交差を横目に見ながら、こんなふうにコメントする。

「こういうフリーウェイが、この町をつくったのです。これこそ現代のシンボルという人もいます」

それから、バリコープ社を誘致した町の有力者に案内されて、現在も拡張が進む町の周縁部を訪れたときには、建築途中の住宅を見ながらこうコメントする。

「ここが、いってみれば文明世界の最前線です」

さらに、モールについては、コメントを紹介する前に字幕に少し説明を加えておく必要がある。この映画の劇場公開の際にはどうなっていたのか思い出せないが、ビデオ版では、謎の案内人が口にする〝ショッピングモール〟という言葉に対して、字幕では〝ショッピングセンター〟という訳がつけられている。もちろん前の章で触れたように、一般的にはこのふたつの言葉が意味するものの境界は曖昧《あいまい》であり、日本語の場合にはショッピングセンターのほうが一般的であるところからこの訳語があてられたのだと思うが、この映画に限ってはちょっと問題がある。

というのも、この案内人はモールについてまず、モールがオープンしたことで、都心中心型のデパートが次から次へと町から撤退していったと説明する。そのデパートは、前の章でも触れたように、郊外におけるショッピングセンター発展の中核を担った店舗である。となると、この案内人の説明は、ショッピングセンターからモールへの移行を意味していることになり、この訳語は混乱を招くことになる。

そして、実際にモールのなかを歩きながら、案内人の説明はさらにつづく。彼はモールが新しい町の中心だと説明する。それから、待ち合わせをしていた女性グループを見ながら、モールが買い物をするだけでなく、付き合いの輪を広げる場でもあると語る。また彼は、「いま何時？」と自分に問いかけ、ちらっとあたりを見て、「そんなことは気にしていない」という答えを出してみせる。断るまでもなく、これらはすべてモールの特徴を簡潔にまとめてみせたものである。ちなみに、映画のプレスによれば、この撮影に使われたのは、実際にはダラスにあるモールだということだ。

とりあえず、要所だけを押さえた案内人のコメントを取り上げてみたが、この映画では、映像やちょっとした演出などでも監督バーンのセンスが光っている。言葉だけではなく、イメージからもいろいろなメッセージを読み取ることができるということだ。

たとえば、この映画には、青い空と緑の大地が地平線で画面を二分するようなシーンが、何度となく象徴的に挿入される。そして、この原風景をバックに浮かび上がるのは、ヴァージルの郊外を彩る鮮やかな人工の色の数々である。このコントラストは、アメリカの新しいフロンティアを強く印象づけている。しかもこの映画では、その意味にもさりげない考察が加えられている。

謎の案内人は映画の冒頭で、テキサスの歴史を遊び心たっぷりに、太古《たいこ》の昔から現代まで一気にたどってみせる。そのなかには、開拓時代があり、やがて様々な産業が起こり、この土地を繁栄に導いた。「最初は綿、それから牧畜、続いて石油、そして今はマイクロ・エレクトロニクス」と彼は語る。そして、こうした説明と関連して印象に残るのが、この案内人が、帽子からブーツまでカウボーイ・ファッションで固めていることだ。

彼のファッションは、バリコープ社でもモールでも郊外住宅地でも浮いている。この映画のなかで彼の姿がさまになるのは、緑の大地とヴァージルのかつての大通りがせいぜいというところだろう。これが何を意味しているかといえば、南部の町ではあっても南部人らしい人物は見当たらない。新しいフロンティアのなかで、アメリカ人全体が均質化へと向かっているということである。

この映画には、その背景を暗示するかのように、日常のなかでメディアのネットワークが町の住人たちを包み込む場面が、随所に盛り込まれている。住人たちがアフターファイブを楽しむモールに隣接したクラブでは、ステージのうしろに積み上げられたたくさんのビデオモニターが、断片的なイメージをまき散らす。町の教会の説教の場面では、なぜか祭壇に備えられている巨大なスクリーンを通して、真実や現実を曖昧にする情報化社会、消費社会が、イメージのコラージュとして視覚化されている。

それでは、前の章で注目したテレビ、モール、高速道路などが住人たちをどのように包み込んでいるかというと、バーンは、先ほどのように端的なコメントを加えるばかりではなく、非現実性のほうにもしっかり目を向けている。

テレビについては、決してベッドから出ることなく、テレビを相手に人生を送るすごい中年女性が登場する。彼女は、テレビから次々と流れ出すCMのシュールで毒々しいイメージにどっぷりと浸《つ》かっているのだ。

このシーンには、テレビのCMとビデオクリップをうまくだぶらせて、トーキング・ヘッズのアルバム『トゥルー・ストーリーズ』に収められた〈ラヴ・フォー・セール〉という曲が流れる。この曲には、「僕はいつもTVのついている家で生まれた」とか「愛してあげるよ／カラーTVみたいにね」といった歌詞が盛り込まれ、なかなかこのシーンに合っているのだが、この中年女性の姿を見て筆者が思い出すのは〈テレヴィジョン・マン〉という曲だ。この曲は、『トゥルー・ストーリーズ』の前にトーキング・ヘッズが発表したアルバム『リトル・クリーチャーズ』のなかに収められている。この〈テレヴィジョン・マン〉の歌詞は、こんなふうに始まるのだ。

僕は見ながら　夢見心地　生まれて初めてのことさ
内部にいると同時に　外側にもいる
そして　何もかもが本物なんだ
この感じが気に入っているかいって？

世界が僕の居間めがけて　崩れ落ちてくる時
僕がいまあるのはテレヴィのおかげさ
テレヴィのことをけなす人がいるけど
僕らはとてもいい友だちなんだ
（山本安見訳）

映画のなかの中年女性といい、この〈テレヴィジョン・マン〉といい、バーンのユニークなところは、とかく風刺の対象になりがちな人物や設定を、温かく見守っているところだろう。ヴァージルの住人たちはみな、メディアから氾濫するイメージを泳ぐように生活を楽しんでいる。ある意味では、そうした非現実的な空間の広がりこそが、アメリカの新しいフロンティアであるのかもしれない。

そして、モールやフリーウェイにも同じようなユーモアが盛り込まれている。モールのなかで開かれるファッションショーでは、芝生のスーツやワンピース、レンガの壁の柄のスーツ、ウエディングケーキ型のドレスといった不思議なファッションが次々と披露される。

フリーウェイについては、先ほど触れた謎の案内人がコメントする場面を思い出してもらいたい。そこには、フリーウェイの実写とクルマに乗った案内人を合成した部分があり、クルマが作り物と入れ替わっていて、案内人はハンドルを根元からぐらぐら揺さぶってみせる。フリーウェイについて説明する部分に、わざわざこうした演出をするあたりは、やはりその非現実的な要素を意識しているように思える。

このように見てくると、映画『トゥルー・ストーリーズ』は、新しいフロンティアであるエッジ・シティの形態や機能ばかりでなく、その環境がもたらす非現実的な要素も描いていることになる。但し、デイヴィッド・バーンは、傍観者に徹し、この新しい世界に対して何らかの判断を下そうとはしない。

この映画の最後で、クルマで町から遠ざかっていく案内人が口にするコメントは印象的である。その要旨は、初めて行った場所ではあらゆるものに気をとめるが、しばらくしてもはや何も気にしなくなったときに、現実が見えてくるということだ。

この映画は、そうした現実を探る手がかりを与えてくれる作品といえるかもしれないが、それでは今度はこの映画を踏み台に、その現実を掘り下げていくことにしよう。

＊＊＊

前の章で触れたモースの評論を読んでいて筆者の頭のなかに最初に思い浮かんできたのは、

ジョイス・キャロル・オーツの『贅沢な人びと』のなかのある場面だった。もちろん第9章を振り返っていただければおわかりのように、この小説は、都心から周縁の郊外住宅地をさらに奥へと進んだところにある高級住宅地を舞台としているものの、町の変貌を描く作品ではない。むしろ、郊外における伝統を守り、変化を拒む保守的な町である。しかしながらこの作品には、高速道路をめぐって非常に印象的な場面がある。

それはちょうど小説の中盤あたりで、物語の語り手である主人公の少年が、友人のギュスタープと彼の従妹《いとこ》モーリンといっしょに、ギュスタープの父親ホフスタターが運転するクルマで、都心にあるホールで開かれるコンサートに連れていってもらうという場面だ。小説は66年の作品で、街は荒廃し、「もはや誰もそこまでわざわざ行く人はいない」というように表現されている。

彼らはそんな街にわざわざ足を運んだわけだが、その帰り道にある出来事が起こる。彼らは高速道路を使って郊外に戻ろうとするが、その周辺には黒人の子供たちがうろついている。そこでこんな出来事が起こる。

ぼくたちはとある高架道路の下をさっと通った。ちょうどその瞬間、どこかの若者たちが何かを上から落とした――多分一本の長いパイプだったが――そのパイプがぼくたちの横を走っていた一台の車の風防ガラスにぶち当たった。その車は直ちに方向を変えて後退した。ホフスタターさんはアクセルを踏んだ。モーリンとぼくが外を見ると、その車がバウンドして高速道路の肩の上まで跳ね上がり、もの凄いスピードで向きを変えて走り、そこに並んでいた標柱にぶつかって、くしゃくしゃにつぶれた。

「ああ、見て！　あれを見て！」とぼくは叫んだ。

「撮影だよ！」とホフスタターさんは言った。

その事故はすでにぼくたちの相当後ろに離れてしまった。

「あれはリハーサルだよ、テレビジョン・ショウの」と言って、ホフスタターさんは走りつづけた。

このエピソードは、『贅沢な人びと』という小説の流れのなかでは、それほど重要な部分ではないが、とても印象に残っている。

それはもちろん、高速道路における予想もしない出来事が、ホフスタターの意識を通して反射的にテレビと結びつけられるからだ。あるいは、こんな表現も可能だろう。つまり、高架道路から落とされ、クルマを直撃するパイプは、非現実的な景観の亀裂からのぞく現実で、ホフスタターは、自分のクルマの風防ガラスを、それがまるでテレビの画面ででもあるかののように覗《のぞ》きこむことによって、現実を向こう側に押し返そうとするということだ。そして、この場合の現実とは、都市の現実といっていいだろう。高速道路とその先にあるこの登場人物たちが暮らす郊外のコミュニティは、意識のレベルでいえば、そうした非現実的なベールで守られていることになる。但し、そのベールの強度は保証の限りではないが。

また、スピルバーグの『激突！』における主人公とクルマの関係については、第10章では、そのモータリゼーションと深く結びついた設定、展開が興味深いと書くだけにとどめたが、そのことについてここで補足しておく必要がある。『激突！』もまた、いま書いたような観点から語ることができるということだ。

第10章では、『激突！』の主人公がどのような人間であるかを説明するスピルバーグ自身のコメントを引用したが、まずはその内容を思い出していただきたい。スピルバーグは、この主人公にとって現実とは、テレビのゴールデンアワーの世界だと語っている。しかも、それにつづくニュースは、ゴールデンアワーの現実に水をさすためまともに見ない。そして彼は、テレビの修理屋を呼ぶよりも難しい挑戦に応じることを望まないという。

ところが、映画のなかでこの主人公は、タンクローリーに対抗心を起こしてしまう。それは、タンクローリーが、彼のクルマの風防ガラスの向こう側の世界を走っていたからだ。もしこの主人公が、ドライブインなどでタンクローリーの運転手と面と向かって何らかのもめごとに巻き込まれかけたとしたら、スピルバーグの言葉にもあるように、彼は難しい挑戦に応じることなく、引き下がっていたに違いない。

しかも、この映画では、こうした風防ガラスの効果はそれだけにとどまらない。なぜなら、最初はそれを安全を保証するベールだと信じきっていただけに、ひとたびその向こう側から脅威が迫ってくるとなると、現実的な脅威以上の恐怖を感じることになるからだ。これは、テレビの非現実性にどっぷり浸かっていた『ポルターガイスト』の両親が、予想もしないテレビの脅威（つまり、娘が向こう側に引きずり込まれるということ）にさらされ、恐怖に顔を引きつらせるのと同じである。そして、この両親には、テレビから離れられなくなるという皮肉な運命が待ち受けているが、『激突！』の主人公にも同じような運命が待っている。

この映画には、主人公がクルマを降りて、姿なきタンクローリーの運転手と話をつけようとする場面がある。先ほど書いたように、本来なら彼は、この運転手と面と向かいあうようなことは望まない。にもかかわらず、そうせざるを得ないのは、彼がその場だけでも現実を受け入れようとするほど追い詰められているからだ。ところが、彼が近寄ろうとするとタンクローリーは逃げ去り、クルマに戻ると再び挑戦を開始する。彼はクルマと運命をともにしなければならない。しかも、彼がいる場所は、オン／オフの切り換え装置を失った恐怖の高速道路のようなものなのだ。

そして、風防ガラスをめぐる効果は、映画の結末部分にも大きな影響を及ぼしている。主人公はまるで、いちばんお気に入りの玩具《おもちゃ》を失った子供のように崖《がけ》っぷちにたたずんでいる。一方、破損したタンクローリーの運転席は、汗の臭いまで伝わってきそうなほど生々しい映像でとらえられている。この激しいギャップは、結局この主人公が、風防ガラスの向こう側に飛び出すことができないという運命を暗示している。〝激突〟は、主人公とタンクローリーの対決のように見えるが、実は主人公の意識のなかの現実と非現実のせめぎ合いなのだ。

『贅沢な人びと』の例はほんの断片的なものだったが、スピルバーグの場合には、クルマやテレビといった郊外の環境が、住人の意識にどのような影響を及ぼすかということにまで関心を払っていることがわかる。そして、こうした視点は、モールの世界を見ていくうえでも参考になることと思う。

＊＊＊

それでは今度は、変貌する郊外の新たな中心となるモールの世界を探ってみることにしよう。

最初にぜひとも注目しておきたいのは、ジョージ・A・ロメロ監督のホラー映画の傑作

『ゾンビ』（1978）である。これは、ホラー映画のファンにはあまりにも有名な作品であり、グロテスクな描写が苦手な人はすぐに目をそむけそうな作品だが、モールについてとにかく無視できない映画である。

　それは、この映画のストーリーの流れを説明するだけで察しがつくことと思う。宇宙から降り注ぐ怪光線によって、世界中で死者がゾンビとなってよみがえり、人肉を求めて人間を襲っているというのが、まずこの映画の状況設定である。しかし、監督のロメロは、このとりとめのない設定を、巧みなストーリー展開によって限定された空間のドラマに変えてしまう。映画の主人公は、周囲の状況を絶望と判断し、テレビ局の屋上から安全な場所を求めてヘリコプターで脱出した4人の男女にすぐに絞り込まれる。そして、彼らのヘリが着陸するのが、ペンシルヴァニア州のハリスバーグ郊外にある巨大なモールの屋根の上なのである。

　しかも、このモールは限定された舞台となるだけではなく、その特徴が映画のなかの重要なイメージや展開、登場人物たちの感情の動きなどに深く関わっている。モールなしには成立しない映画なのだ。但し、余談ながらこの映画の場合は、登場人物たちのモールに対する認識がずいぶん曖昧で、最初にこの建物が目に入ったときにはショッピングセンターという言葉を口にし、屋根に降りたってからは、建物のなかを覗いてモールという言葉を使うようになる。しかしもちろんこの建物は、正真正銘のモールである。

4人の男女がモールの屋根に降りたったとき、この建物に人の姿はなく、モールのなかと周辺にはたくさんのゾンビが集まり、思考能力のない彼らはただ漫然とうろついている。なぜゾンビたちは、もはや人間の見当たらないモールに集まるのか？　主人公のひとりは、彼らの体に染みついたこれまでの日常生活の名残がそうさせると判断する。

読者はおそらくここで、前の章で触れたモールの〝ゾンビ効果〟のことを思い出すことだろう。習慣の名残でこの新しい町の中心に集まってくるゾンビの姿は、皮肉でもあるし、不気味でもある。監督のロメロは、これだけの展開で、ゾンビを通して新しい環境における日常をカリカチュアし、モールの非現実性を大胆に視覚化していることになる。

しかし、ロメロ流のユニークなモールの分析はまだまだつづく。4人の主人公たちは、危険がともなうことを覚悟で運搬用の大型トラックを動かし、モールの四方の出入口に次々と横づけすることによって、出入口を封鎖していく。人々を外の世界から隔離するモールの特徴を利用し、モールを安全な城砦《じょうさい》に変えてしまうわけだ。これをモールというポイントからみれば、主人公たちは、この空間のオン／オフの切り換え装置をとりはずし、非現実的なオン状態のなかに居すわるということになる。

もちろん、もはやこの隔離された空間には、主人公たちを現実につなぎとめる要素が何も残っていない。強いてそんな要素をあげるなら、モールのなかに残されたゾンビたちだ。しかし、そのゾンビたちですら、非現実的な空間にとらわれた主人公たちの暴走に巻き込まれていくことになる。

銃器の専門店で最高級の武器を手に入れ、二丁拳銃《けんじゅう》やライフル、ガンベルトで武装し、ゾンビ狩りに乗り出す彼らは、すでにハンティングか西部劇もどきの刺激的なゲームの世界に入り込んでいるように見える。しかもロメロは、こうしたシーンのバックに、ジャングルを思わせる動物の鳴き声や土俗的なコーラスなどをさり気なく流し、非現実的なイメージを強調する。そして、ゾンビを処分してしまえば、スケートリンクまで備えたこの巨大なモールは、非現実の王国となる。

そこで、主人公たちが何を始めるかということについては、実験的な興味すら覚えるところだが、ロメロは、彼らの生活を意識的に郊外の生活とダブらせているように見える。というのも、彼らは、ある意味でモールの世界から独立しているといえる従業員のオフィスや倉庫を改装し（何といってもモールにはあらゆる道具がそろっている）、そこに生活の場を築き上げていくからだ。モールに行って必要なものを手に入れ、わが家の生活を豊かなものにしていく。この展開もまた、モール化の時代における郊外の生活の巧みなカリカチュアになっている。

そんなわが家には、居間や寝室、キッチンなどの区分けができあがり、家具やオーディオからたくさんの香辛料まで必要以上のものを揃えていく。そして彼らは、モールに出ていってゲームセンターでゲームをしたり、スケートリンクでマネキンを標的にした射撃をしたり、理髪店で髪を刈ったりして一日を過ごす。モールの周辺にはあい変わらずたくさんのゾンビたちがうろついているが、隔離されたモールのなかではそんな現実は見失われ、彼らは豊かな生活を送っている。ただ、居間のテレビの画面の向こうでは、不毛なゾンビ論争がつづけられている。この図式は、まさにミニチュア化された都市と郊外の構図である。

しかし、この主人公たちの擬似的な郊外生活にも、ふと現実が顔を覗かせるときがある。たとえば、主人公のうち恋人同士のふたりが、盛装してモールのなかにある高級レストランで食事をする場面がある。この場面では、外の世界はさらにはるか彼方に遠のき、まるでテレビの恋愛ドラマのひとコマのように見える。そこで男のほうが、ドラマの流れに乗るように彼女に指輪を差し出す。しかし彼女は、ドラマができすぎているだけに、ふと自分たちが置かれた状況を思い出し、場の空気がしらけてしまう。モールにおける生活も日を重ね、彼らには消費生活に対する疲れが出てきているようにも見える。

そして、居間のテレビの映像が途切れたとき、現実が彼らに重くのしかかってくる。要するに、テレビやモールから広がる非現実的な空間がその効果を失ってしまうと、この生活は出口のない牢獄《ろうごく》と化してしまうということだ。

『ゾンビ』という映画の恐ろしさは、このように設定や展開が一貫して現代の生活のメタファーになっているところにある。それほどこの映画は、モールを中心とした郊外の新しい環境の一面をユニークな視点で見事にとらえているのだ。

ジョエル・ガローは『Edge City』のなかで、モールは人々に個人主義と自由の新たなバランスをもたらすが、この個人の自由は結果的に、不満の源ともなるといった見解を示している。全国に広がるモールは、それぞれに個性を主張するといっても限度があり、結局、人々がモールに自由を求めるほど、彼らは均質化していくことになる。また、ガローは、あまりにもめまぐるしく変化する消費の世界のなかで、人々が自分の風景や居場所を見失い、スポイルされていくとも書いている。こうした見解は、『ゾンビ』の主人公たちにも当てはまっているのではないだろうか。

＊＊＊

それでは今度は、作家フレデリック・バーセルミの小説に注目してみたい。バーセルミの作風は、一般には第13章で取り上げたミニマリズムに分類される。確かに彼の作品では、現在時制が多用され、一人称か二人称で表現される主人公の身のまわりの日常が、淡々としたタッチで綴《つづ》られていく。ストーリーでは、これといった事件が起こるわけでもなく、たとえ何らかの変化があったとしても、それはほとんど起伏を持たないストーリーのなかに吸収されていくような印象を与える。

そこで、バーセルミのこうした作風に着目するなら、第13章でカーヴァーやレーヴィットなどと、その視点や個性の違いを対比してみるところだが、そんなバーセルミをこの章に持ってきたのは、それなりの理由がある。これはもちろん、どの作家はミニマリズムで、どの作家は違うというような不毛な分類にこだわろうとしているのではない。

バーセルミはこれまでに短編集、長編など合わせて8本の作品を発表し、日本ではいまのところ、通算3作目にあたる短編集『ムーン・デラックス』（1983）が翻訳されている。この『ムーン・デラックス』は、バーセルミが最初に注目された作品であり、彼の資質が凝縮された作品なので、この短編集を中心にして彼のユニークな世界を探ってみたいと思う。

まずこれはバーセルミの作品全般に当てはまることだが、彼が作品の背景としているのは、変貌しつつある郊外の風景である。ショッピングセンター、タコスやハンバーガーのファストフード店、高速道路、モール、郊外住宅、プールつきのコンドミニアムなどが作り上げる世界だ。この短編集の舞台が具体的にどこなのかというと、作品ではほとんど触れられることがないが、ときどき南部の地名が出てくること、バーセルミがテキサス州ヒューストンの生まれで、ミシシッピ州ハッティーズバーグに住んでいることなどを考え合わせると、基本的には南部の変貌しつつある郊外だと思われる。

ここでおそらく読者は、デイヴィッド・バーンの『トゥルー・ストーリーズ』を思い出されることだろう。確かに、あの映画とバーセルミの作品には、共通する部分が多々ある。それは、単に南部人らしき人物がほとんど見当たらないような全国的に均質化された南部が描かれているということだけではなく、新しい環境が人々にもたらす影響なども含めて、という意味である。『ムーン・デラックス』に収められた短編には、どれも主人公の身のまわりの日常が、淡々と描かれているが、その日常には奇妙な浮遊感がある。

この浮遊感は、周囲の環境と登場人物たちの接点から漂い出しているように見える。たとえば、短編の「ボックス・ステップ」の終わりの部分に、この感覚の最もわかりやすい例が出てくる。それは、ある会社で商品の販売を担当している主人公と彼の秘書のアンが、地区販売会議を開くために、ミシシッピ州ビロクシに向かう場面である。

ビロクシまで車で二時間だ。がらんとしたハイウエイは白く浮き上がって見えた。アンは助手席で眠りこけている。フォードは道路上に浮かんでいる感じで走っている。密閉された金属の箱が狭い空間をあっと言う間に走り抜ける。ぼくは、その浮遊感覚が好きだ。

『ムーン・デラックス』に収められた短編は、どの作品にも、登場人物が仕事やドライブ、不倫などを目的に高速道路を移動したり、ショッピングセンターで買い物をしたり、部屋でテレビを見る場面が頻繁に出てくる。これは、彼らにすればまぎれもない日常であり、当然といえば当然なのだが、そんな場面からは、たびたびシュールなイメージが浮かび上がってくる。

短編「ヒーラ・フランベ」の主人公は、奇妙な成り行きで、レストランで出会ったミスタ・ペルハムという人物の家の客となる。このミスタ・ペルハムは、3台のテレビを一列に並べて見ている。

三台とも音がついているので、話しと音楽がごちゃごちゃに入り交じって聞こえる。ミスタ・ペルハムは犬をなでながら、ひとつのテレビから別のテレビへと視線を移す。習慣になっている者の正確さで左から右へと移動している。そのとき、三台のテレビが同時にコマーシャルをはじめた。ペプシ、車、そして香水のコマーシャル。三台ともまったく同じだ。ドラマティックな銀白色の画面、超現実的な空間、セクシーで華麗な女。

「これはすごいや」ぼくはテレビを指さした。

短編「心の底」では、友人の家で開かれたパーティに出た主人公が、意外なところから3インチ画面のテレビを見つけて、ひどく面白がっている。

このテレビに映る人間は、普通のテレビに映る人間の場合よりもずっと小さい分、おもちゃが動いているようでなかなかおもしろい。ひとりの男が天気予報をしている。男が指している地図が豆粒ほどの大きさしかないので、実におもしろい。男はぼくの親指の大きさしかない。

ぼくはこのテレビが気にいり、ニュースが終わっても、切る気にはなれなかったが、切らなければならないと思った。

バーセルミの作品がユニークなのは、ひとつには、彼が主人公を一人称か二人称にし、現在時制を多用するというように、〝いま〟と〝ここ〟をリアルに描くスタイルをとっているにもかかわらず、それを徹底するほどリアリティが希薄なものになっていくところにある。

もちろんそれは、彼が描こうとする環境が、〝いま〟と〝ここ〟の感覚を曖昧にする要素からできあがっているからだ。

ところで、ここまでは、主にバーセルミが描く背景や環境に注目してきたが、彼が描く主人公の性格は、こうした環境と深い関わりがあるように思える。

『ムーン・デラックス』に登場する主人公たちは、だいたい共通した性格を持ち合わせている。まず、離婚経験者も含めてほとんどが独身男性である。彼らの職業や年齢が具体的に描かれることはまれだが、友人との関係や会話のやりとりなどから察すると、20代というよりは30代である。

この主人公たちは決して型破りな人間ではないが、明らかに一風変わっている。人間関係（特に女性関係）において、自分から相手に感情をあらわにしたり、何らかの働きかけをすることが皆無に等しい。ところが一方では、他人がずけずけと自分の私生活に入り込んできたり、相手にいろいろ振り回されるというようなことがあっても、相手を拒絶するでもなく、迷惑がるでもなく、しっかりつきあってしまうのである。

ありふれた表現をするなら、内向的で主体性に欠けているということになるのだろうが、『ムーン・デラックス』では、この主人公たちの性格をもっと別の視点から語ることができる。バーセルミは、主人公の人間関係のドラマを、非常に微妙な距離感で描き分けているのだ。

それでは、その距離感を明確にするために、3本の短編から、それぞれの主人公が女性を見つめる部分を引用してみることにしよう。最初のふたつは、どちらも短編の冒頭部分だが、設定がとても似ている。まずは、表題作「ムーン・デラックス」の冒頭だ。

あなたが仕事からの帰宅途中、車の渋滞に巻き込まれて、退屈しのぎに青い車を数えていると、青いメタリックのジェッタがそばに寄ってくる。それは二十八台めの青い車で、以前に一度、夕方、その女性の運転者を見かけた記憶がある。彼女は人目を引くタイプで、一見若い男のように見える。大柄で、赤に近い黒い髪はきちんと刈り込まれている。色艶《つや》のいい指の爪が黒いハンドルの上で、まるでギアのようにゆっくり動く。彼女は無表情な顔で、しばらくじっとあなたを見つめてから、わざとらしく口を開け、濡《ぬ》れた舌の先で唇をなめ回す。あなたは目をそらし、後ろを見る。

次は、「女店員」の冒頭である。ちなみに、場所はモールのなかである（但し、翻訳では、ショッピング・センターの訳語があてられている）。

あなたは、美人の女店員が、ハルストン石鹼《せっけん》の箱をそっと下の棚に移動させているのを眺めている。肩から紐《ひも》がずり落ち、ブラウスの襟元のスリットがわずかに開くのを、若者のように胸をときめかせて眺めている。彼女は二十歳か、あるいは二十二歳かもしれないけれども、顔は日焼けしてみごとなほどそばかすだらけ、紺色のVネックのブラウス、ひざ上まで右側にスリットの入った、ひざ下丈の白いコットンのスカートを身につけている。柔らかなブロンドの髪をひっつめにして、後ろでひとつに編んで束ねている。ショー・ウィンドーの蛍光灯の下で、アイシャドーがきらきら輝いている。

彼女はあなたの視線に気がつき、おざなりだが、心を見透かしたような笑みを投げかける。あなたはあわてて目をそらし、すぐそばの棚でなく、隣の棚に載っているバッグ類を、しげしげと眺める。

じっと女性を見つめ、相手が気づくと目をそらすという、そっくりな展開が出てくるあたり、バーセルミが明らかにこうした設定を意識しているのがよくわかる。

そして、最後は「ヴァイオレット」という短編からの引用だが、これは、やはり設定は似ているが、展開が違う。この短編は、主人公が夕食の準備をしながら、テレビを見ている場面から始まる。テレビには、電話による視聴者参加番組のゲストとしてCNNに出演しているキャスリーン・サリヴァンが映っている。主人公は彼女のファンであるらしく、前のふたつの引用と同じような調子で、頭のなかで彼女の服装や口紅の色を品評している。そして、こんな描写がつづく。

オーヴンで焼いている今夜のディナーがいい匂いを放ちだしたので、ぼくは受話器をはずして、ソファのフレームとクッションの隙間に落とした。キャスリーンの髪が一房、分け目に逆らったほうに流れていた。ぼくがテレビの前にはいつくばって、ガラスをたたき、「キャスリーン、キャスリーン」と呼びかけても、彼女はかまわず話し続ける。ぼくはつまみを回して、色の濃度を強め、唇の色を紫に近い深紅色に変え、「こっちのほうがいいな」とテレビに語りかけた。

この3つの引用を直線的に結びつけ、主人公が同一人物だと思われたりすると、生身の女性の反応には尻込《しりご》みして、イメージしか相手にできないような存在になってしまうが、3つの文章は、あくまで異なる短編からの引用である。もちろん、バーセルミが描く主人公の性格にそうした傾向があることは否定できないが、あまりその部分にこだわると作品の不思議なムードが薄れてしまうことになる。むしろこの短編集の場合には、主人公は作品の背景となる現代的な環境を描き出す触媒に近い存在と考えてもいいのではないかと思う。

この3つの引用で注目したいのは、先ほど触れたように、バーセルミがそれぞれの主人公の視点や感情の動きを通して描く独特の距離感である。前の章で紹介したマーガレット・モースの評論には、テレビを見る、モールのなかを歩く、クルマで高速道路を走ることが、〝いま〟と〝ここ〟の感覚を曖昧にし、現実感の喪失をもたらすという指摘があった。バーセルミも明らかに、その3つのものの特性を意識している。

3つの引用で、それぞれの主人公が女性を見つめているとき、そこには、クルマと高速道路、モール、テレビが介在し、彼女たちの姿が独特の距離感や感覚で切り取られている。そして、これは他の短編にも当てはまることだが、バーセルミがこうした設定で女性を描くとき、その文章はかなり饒舌《じょうぜつ》になっている。しかも、その饒舌な表現には、それぞれの女性の存在そのものから浮かび上がるのとは異質なエロティシズムが漂っている。先ほど3台のテレビを見るミスタ・ペルハムの引用のなかに、3台から同時に流れるCMについて、「ドラマティックな銀白色の画面、超現実的な空間、セクシーで華麗な女」という表現があったが、バーセルミは、主人公が見つめる女性たちをCMのなかの女のように描いているのだ。

そんなふうに独特の距離感を持つ主人公の視点や感情の動きが、日常生活のなかでCMと混ざり合う瞬間はこの短編集の随所に見られる。たとえば、短編「セイフウェイ」の主人公は、スーパーマーケットで買い物をしているときに目にとまった女性の後をつけて、通路をうろつきだす。

　例の女性はチキンの冷凍肉を元に戻し、あなたのいる通路に歩いてきて、あなたをまともに見つめる。近くで見ると、彼女はずいぶん日焼けしている。あなたは無意識に棚に手を伸ばして、クッキーを一箱つかみ、自分のカートに放りこむ。ナビスコの生姜《しょうが》風味糖蜜《とうみつ》入りクッキーだ。彼女は美しい笑みをたたえている。

　この文章などは、商品名と商品、女性のイメージがだぶって、まるでCMのようである。先ほど引用した「ムーン・デラックス」の主人公は、青いクルマの女性を見失った後、ドラッグストアでいろいろな商品を見ながらうろついている。

「ひとつ買ったらどう」そばに寄ってきた女が言う。

　あなたは振り返り、女の肩を見る。すると突然、何かほしくなる。そこで医薬品売り場に戻ってキューラッドの包帯を選ぶ。

　これはどれも、設定としては変貌しつつある郊外の日常生活そのものである。ところが、主人公たちの視点や感情のなかにある独特の距離感が、見えないベールを作って日常の世界を覆っているために、身近な風景からシュールなイメージが浮かび上がるのだ。

あるいは、先ほど触れたこの短編集の主人公たちに共通する性格を、このベールという観点から見直してみるとなかなか興味深い。一般的な人間関係では、相手が他人なのか知人なのかによって距離感や態度が変わるものだが、この主人公たちにとってはさほど意味がなく、見えないベールという境界をめぐる位置関係によって、距離感や態度が変化しているように見える。相手が完全にベールの向こう側の存在であれば大胆になり、相手がベールのこちら側に顔を出すとたんにどぎまぎするが、境界を越えてこちら側に入ってきてしまうと、たとえ他人でも相手に合わせてしまう。そうしたベールの効果が、この短編集が不思議な雰囲気を漂わせるひとつの要因になっているように思える。

バーセルミは、そんなふうにして変貌する郊外の環境をとてもユニークな視点で描き出していく。そして彼の作品に漂う浮遊感は、新しいフロンティアのリアリティでもあるのだ。

第23章　ゲイの浸透と新しい家族の絆
――デイヴィッド・レーヴィット、A・M・ホームズ、マイケル・カニンガム

第21章、第22章では、郊外の変貌《へんぼう》について書いたが、この章から先を読み進むにあたっては、いちおう頭を切り換えていただく必要があるかもしれない。つまり、モールやエッジ・シティへと変貌する郊外もあれば、まったく昔ながらの郊外や荒廃が進んでいく郊外もあるということだ。しかも、郊外の変貌とはいっても、緑のある一戸建ての生活がなくなってしまうわけでもない。要するに、ライフスタイルには広がりができるとしても、アメリカン・ファミリーの基本的なかたちが変わってしまうわけではないのだ。

この章では、ゲイの作家の小説を中心に話を進めたいと思う。唐突にゲイの作家を取り上げるというと、おそらく読者は戸惑いを覚えることだろう。ゲイとアメリカン・ファミリーというのは、対極にある世界のように見えるからだ。

確かに、アメリカン・ファミリーが郊外であるなら、ゲイは都市に根ざした存在で、いわば水と油の関係である。しかも、ゲイの小説は日陰の存在だったが、80年代に入ったころか

らその状況が変化していく。ゲイの小説が陽のあたる場所に進出し、ついにはブームになり、大手出版社が次々と出版に乗り出すまでになった。そして日本でも、マイケル・シェイボンの『ピッツバーグの秘密の夏』やエドマンド・ホワイトの『美しい部屋は空っぽ』といった話題作を皮切りに、ゲイの新しい小説が翻訳、紹介されるようになってきている。

ひと昔前であれば、自分がゲイであることを認めることは、まず何よりも政治的姿勢とみなされた。そしてゲイに関する書籍も、彼らの存在の政治的側面にスポットをあてることが多かったが、それも変わってきている。

たとえば、コーネル医科大学で精神医学の臨床講義をしている医学博士リチャード・A・アイセイが書いた『Being Homosexual』という本が89年に出ているが、この本の内容にはそれがよく表れている。これは、〝ゲイであること〟に対する誤解や偏見を拭い去り、ゲイとしてのアイデンティティをしっかりと認識し、積極的に生きていくために、ゲイの人々や彼らの家族、セラピストに向けて書かれた専門的な本だ。

つまり、ゲイのことを病的なものと考えているセラピストが、患者を無理やり異性愛者に変え、不幸な結婚を招いたりするといった過ちを避けるために書かれたものなのである。ちなみに、これから取り上げる小説のなかには、ゲイでありながら女性と結婚して家庭を持ち、子供まで作りながら、結局、昔の恋人のところに戻るといった設定も出てくることになる。

それでは実際に小説を見ていくことにしよう。これから取り上げていく何本かの小説には、ゲイの登場人物たちのドラマが描かれているが、そこには、様々なかたちでアメリカン・ファミリーというものが影を落としている。ここで特に注目しておきたいのは、ゲイとアメリカン・ファミリーがどのように結びつき、変化していくかということである。

レーヴィットの短編集『ファミリー・ダンシング』は、すでに第13章で一度取り上げているが、まずここでは、この短編集のなかから「テリトリー」という作品を取り上げてみたい。この短編は、23歳のゲイの主人公ニールが、恋人のウェインを実家に招待し、彼の母親に引き合わせるといった展開が中心になる物語である。つまり、ゲイのカップルが、郊外の家庭を訪ねるというわけだ。

しかし、郊外の家庭とはいっても、ニールの母親のキャンベル夫人は、崩壊した家庭のイメージを背負っている。彼女は、同世代の女性3人でサークルを作っている。そのうちのひとりは、22年前に夫が彼女のもとを去り、もうひとりは、結婚と離婚を2回し、テロ行為で懲役に服している娘がいる。キャンベル夫人にはまだ夫がいるが、仕事で家を空けることが多く、すでに遠い存在になってしまっている。彼女はプールもある家で、3匹の犬たちと静かに暮らしている。レーヴィットは、そんな3人の感情を、「彼女たちはみな一様に、夫に、子供たちに、そして歴史に裏切られたと感じている」というように結んでいる。

後に取り上げるレーヴィットの長編『愛されるよりなお深く』もそうだが、キャンベル夫人が背負っているものは、レーヴィットの描く母親像全般に少なからず共通している。そして、これを主人公ニールも含めた子供の立場からみると、崩壊する家庭で育ったということにもなるが、この章の後半では、レーヴィットの作品に限らず、そうした体験を経て成長した登場人物たちが、どのような新しい家族の絆《きずな》を作り上げていくのかが中心的なテーマになる。

話を「テリトリー」のキャンベル夫人に戻すと、彼女にとっては、息子からゲイであることを告白されることが、〝子供たちに、そして歴史に裏切られた〟ことになる。ひと昔前であれば、親子の絆は途切れてしまったことだろう。しかし、キャンベル夫人は傷つきはするものの、母親ゆえに自分を変えようと心がけもする。彼女は息子の〝裏切り〟に対して、こんなふうに行動する。

息子がホモであることを告白した翌日には、早くも「レズとゲイの子供を持った両親の連絡会」と呼ばれる組織とコンタクトをとり、一年もたたないうちにその組織の会長の座に就いている。そして彼女は、組織に属するほかの母親たちとともに、週末になるとサンフランシスコまで出かけていき、〈ブルドッグ・バス〉や〈リバティ・バス〉といったゲイの溜《たま》り場になっているバスハウスの前にパラソル付きのテーブルを出して、自分に母親がいることさえ認めたがらない革ジャンにデニムのズボン姿の男たちに根気よくパンフレットを配りつづけた。不思議なことに、ふだんはお互いに暴力を振るい合っている男たちも、広報用のパンフレットを手にして郊外からやってきた婦人たちの前では驚くほど従順に頭をたれたものだった。

そんなふうにして母親が何度となく都市に足を運び、そして今度はゲイの息子が、恋人といっしょに郊外に足を運ぶ。この章の最初の方で、ゲイの存在をめぐって都市と郊外は水と油の関係だと書いたが、この短編は、このように母親と息子の関係に郊外と都市をダブらせ、その変化を描いている。

この短編から、郊外の実家に恋人とやってきた息子の戸惑いや、この息子の記憶のなかの母親の戸惑いがくっきりと浮かび上がってくるのは、息子と母親の間に都市と郊外の境界をさりげなく描き込んでいるからだ。

息子のニールは、母親の前で恋人とどのように振るまえばいいのか、母親の家で恋人と寝ることが果たしてできるのか、といったことを考え込み、ナーバスになる。しかし、恋人のウェインがニールの手を握っても母親は取り乱すことがなく、「幼年時代から培われてきたタブーの数々がひとつひとつ静かに崩れさっていく」ことになる。
しかし、タブーがあっさり崩れることとは逆に、母親にまつわる過去の記憶をよみがえらせることになる。昔、母親は、ニールとともにゲイのパレードに参加したことがある。そのとき彼女は、ゲイの息子を心から誇りに思っている同じグループの母親が、緑のドレスに身を包み、緑色のアイシャドウに唇をピンクに塗った彼女の息子を抱きしめるのを見て、仰天してしまう。

ニールは、母親の顔に苦悩の表情を見て、しばらくのあいだ後悔の念に苛《さいな》まれた。おそらくその日、母親は、可能なら、誰の息子とでも自分の息子を交換したに違いない。

この短編の「テリトリー」というタイトルは、直接的には母親が飼っている犬が、おしっこをかけて作る〝テリトリー〟からきているが、もちろん息子と母親それぞれの都市と郊外というテリトリーを象徴している。この短編は、お互いのテリトリーに入っていく息子と母親の感情の揺れを描いているのである。

＊＊＊

これから取り上げる3本の長編小説は、この短編「テリトリー」のように、家族小説とゲイ小説が折り重なるように展開し、家族の新しい絆を探し求めていくことになる。

但し、こうした発想が、必ずしもゲイの作家ばかりから出てくるわけではない。ここで最初に取り上げる『Jack』は、女性作家A・M・ホームズの作品である。ちなみに、『Jack』の物語は、第13章で取り上げたレーヴィットの短編「犠牲者」に設定がよく似ている。

小説のタイトルになっているジャックというのは、物語の語り手の男の子の名前である。ジャックは10代前半で、典型的な郊外に暮らしている。そして、ごく平凡なアメリカン・ファミリーの生活を送っているかのように見えたが、突然、両親が離婚し、父親が家を出ていってしまう。それからしばらくしてジャックは、父親から彼がゲイであることを告白される。父親は、昔のルームメイト＝恋人のボブといっしょに暮らしていたのだ。

著者のホームズは、レーヴィットとほぼ同世代だが、レーヴィットに比べるとはるかにポップなセンスを持ち合わせている。しかもただポップなだけではなく、そのセンスにはいささか歪《ゆが》みがある。たとえばこの小説では、ジャックが映画マニアという設定になっているが、そんなジャックは、彼にクルマの運転を教えてくれる父親の首の動きを『エクソシスト』のリンダ・ブレアにたとえたり、両親が突然他人になってしまったような印象を表現するのに『SF／ボディ・スナッチャー』を引用する（この一風変わったホームズのセンスについては、彼女の短編集『The Safety of Objects』を取り上げる第25章であらためて触れる）。

そして、ゲイの父親という現実に直面して悩むジャックの姿も、ホームズらしいユーモアを交えながら綴《つづ》られていく。彼はひとりで部屋にこもり、歴史的にみて〝おかま〟が〝父親〟であるはずがないと考え込む。

この小説のなかで思わず笑ってしまうのが、現実に無頓着《むとんちゃく》な彼の親友マックスとの間で、ゲイの父親をめぐって交わされるこんな会話だ。


「おかまならどうだっていうの？　関係ないよ」とマックス。

「ルームメイトのボブと寝ているんだぞ。いっしょに暮らしているんだ」ぼくは、マックスをぎゃふんといわせたかった。

「ぼくだって、うちの犬といっしょに寝てるよ」とマックス。

「犬とセックスするのか？」

「おまえ、ビョーキだよ」

『Jack』は、シリアスで可笑《おか》しくて、ときにグロテスクな小説だが、ユーモラスな展開のなかで物語のポイントはしっかり押さえられている。

父親の告白で内心傷ついているジャックは、これまで何とも思わなかった〝普通〟であることを、ひどくありがたいことのように思いはじめる。そこで、きわめて普通に見えるマックスの家庭、そして彼の母親に強い憧《あこが》れを感じるようになる。

そんなふうにして、ジャックのなかで健全なアメリカン・ファミリーとゲイの絆というものが、対比されていくことになるわけだ。

ところが、憧れのマックス一家に連れられて旅行をしたとき、ジャックはマックスの両親が激しく争っているのをかいま見てしまい、そこに深い亀裂があることを知る。その一方で今度は、父親の恋人のボブとも対面するが、赤いスリッパを履いていることを除けばけっこう〝ノーマル〟なようだと、ひとりで納得していく。こうしてジャックは、しだいに先入観ではなく、自分の目で現実との距離を測ることができるようになっていく。

そして突然、ジャックは、自分が独立した個人であること、これまでは母親のジャックであったり、父親のジャックであったり、友人の家庭のジャックであったことに気づくのである。

ホームズは『Jack』のなかで、少年の率直な視点を通して家族の意味を問い直すと同時に、少年の魅力的な成長の物語を作り上げているのだ。ちなみにホームズは、この小説によって、ゲイのメッカ、クリストファー・ストリートから賞賛（「この数年で、最も才能豊かな作家」）を浴びたということである。

＊＊＊

レーヴィットの短編集『ファミリー・ダンシング』が、崩壊や変化のはざまで未来が見えずに手さぐりしている家族の肖像だとすれば、彼の長編『愛されるよりなお深く』（１９８９）は、その未来へと一歩踏み出す作品といっていいだろう。

この作品にはまず、ほとんど崩壊している家庭があり、そしてそんな家庭環境のなかで成長した子供たちが作る新しい家族の絆が描き出されていく。

母親のルイーズは、何度かの癌《がん》の再発によって死の予感におびえる毎日を送り、先ほどの「テリトリー」に出てきたキャンベル夫人のように、まさに夫に、子供たちに、そして歴史に裏切られたと感じているような人物だ。というのも、父親のナットは、神経質でヒステリーぎみの母親についていけず、浮気をしている。ふたりには娘と息子がいるが、彼らは両親が予想もしなかった人生を歩んでいる。

娘のエイプリルは、反戦のフォークシンガーにしてフェミニストの闘士となり、レズとしての性（生）を選ぶ。一方、息子のダニーは、ゲイであることを両親に告白し、両親が暮らす西海岸を離れて、東海岸で恋人とともに郊外の生活を送っている。そして、物語の展開のなかで、アメリカ中をツアーする生活を送るエイプリルは、人工授精によって子供をみごもる。

この小説の登場人物のなかで、ここで特に注目したいのは、母親のルイーズと息子のダニー、そしてダニーといっしょに暮らしている恋人ウォルターの3人だ。彼らの立場や関係は、「テリトリー」のキャンベル夫人とニール、ウェインを発展させたもの、あるいは、この3人のその後と見ることができる。

というのも『愛されるよりなお深く』の3人もまた、それぞれの〝テリトリー〟といえるものが、意識的に描き分けられているからだ。しかも、それらのテリトリーは、短編「テリトリー」のときのように単純な関係ではなく、3人それぞれの微妙な関係と結びつき、レーヴィットがこの部分を掘り下げることに力を注いでいるのがわかる。そして、このテリトリーはまた、ある種の矛盾をはらんでもいるのだ。

ダニーとウォルターは、マンハッタンから1時間ほどのところにあるニュージャージー州グレシャムで郊外の生活を送っている。短編「テリトリー」のように、ゲイのカップルが郊外という母親のテリトリーを訪問するのとはわけが違う。完全にテリトリーを越境してしまい、従来とは逆の立場に立っているのである。

これは第13章でもその一部を引用しているが、ダニーは郊外の暮らしについて、こんな考えを持っている。

七〇年代に離婚家庭や不幸な家庭に育った子供たちは、大人になると、自分には縁のなかった、だが子供心にずっと渇望してきた堅実な家庭を改めてつくろうとする。これは世代の特徴だよ、とダニーは言う。彼らは逃げたりしないんだ。ヒッピー村に行ったり万里の長城を訪ねたりはしない。家庭に腰を据えて、人生の「安全保障口座」を開くのさ。

ダニーは郊外の不幸な家庭に育ちはしたものの、ヒッピーのように逃げ出したりはせず、郊外にしっかりした家庭を築こうとしているわけだ。あるいは、このヒッピーという言葉を、姉のエイプリルと入れ替えることも可能だろう。

それでは、ダニーの母親ルイーズはといえば、彼女は、はるか昔のことになるが、結婚前には欲望と情熱に身をまかせようとした時期があった。しかし実際には、堅実な結婚の道を選んだ。ところが、息子からゲイであることを告白されたときに、そんな過去を振り返ることになる。

ゲイだと聞かされた遠い昔のあの日の午後は、ルイーズには、いま息子が語りかけてくる世界に比べれば、自分が育ってきたのは、なんと厳格な、うむを言わせぬ世界であったかと思えたが、しかし彼女はその厳格な価値観にしがみついた。なにゆえに厳格か――いまのままがいいから、波風を立てたくないから、こぎれいな家々や清潔な食料品店の並ぶささやかな安住の地を吹き飛ばされたくないからだ。

しかし結局、彼女が選んだ場所は、安住の地とはならなかったわけだ。そして、このルイーズとダニーのそれぞれのテリトリーに対する考え方は、奇妙によじれ、転倒していることになる。ダニーは、すでにゲイであることを家庭の枠組みのなかに完全に組み込み、郊外というテリトリーに安住の地を築こうとしているのに対して、ルイーズは、安住の地とならなかった郊外から、ゲイであることを主張できるテリトリーに密《ひそ》かな羨望《せんぼう》を覚えているからだ。

それでは、ウォルターのテリトリーに対する考え方はといえば、それはこの小説のストーリーの流れのなかで、ダニーとルイーズ双方の考え方の間を揺れ動くことになる。つまり彼は、基本的にはダニーの考え方に賛同していたが、ルイーズにはじめて引き合わされたときに、彼女の心を読み取れるような親近感を覚えるのだ。

ウォルターが郊外を選んだ理由と、その結果はなかなか興味深い。

彼は、ある静かな革命的行為に出る決心をした——生まれ持った性的嗜好《しこう》を郊外の家庭生活のなかに織り込む。都会の土壌に根づいた同性愛の種を掘り出し、緑の庭の健全なる大地に植え変える。これは大体においてうまくいった。が、ひとつ大きな誤算があったことにウォルターは気づいた。都会にいたとき彼をとらえていたものは、ただ単に同性への愛ではなかった。むせるような密林さながらの都会という庭そのものに、束の間だが強烈な満足感を与えてくれる都会、危険と失望のつきまとう都会そのものに、彼は惹《ひ》かれていたのだ。

ウォルターの〝静かな革命的行為〟は、いわばゲイの存在を郊外のアメリカン・ファミリーに同化させる試みである。そして、この試み自体は、ダニーの考え方と折り合っている。

一方、そのウォルターがなぜルイーズに親近感を覚えるのかといえば、この引用にある〝誤算〟の中身が、ルイーズがかつて厳格な価値観にしがみついた結果とその感情を共有しているからだ。

ウォルターにしてみれば、都市という空間とも結びついたゲイであることの自由は、郊外の生活に隔離されることによって、ただゲイであることが残り、彼はその変化に戸惑っているのだ。ちなみに、郊外におけるウォルターとダニーの娯楽は、ポルノビデオの鑑賞で、しかも彼らは、テレビ、ビデオ、CDプレイヤーに始まって、ホットドッグの電気串《くし》刺し焼き器やらビニール袋封印器やらトランプ切り混ぜ機などに囲まれる家電中毒で、まさに隔離された生活を送っている。

著者レーヴィットは、この戸惑うウォルターを通して、家族の過去、現在、未来の意味を問い直しているように思える。

ダニーやルイーズの場合は、人は絶対に過去から逃れられないと確信している。もしダニーが、現在の郊外の生活に疑問を感じるようなことがあったとしても、それは過去から導かれた現在であり、決して崩れることはない。ルイーズもまた、過去を背負いつづけている。

ウォルターもまたダニーと同じように崩壊した家庭で育ったが、しかし彼は、過去から導かれた現在ではなく、ありのままの現在を見つめていくことになる。彼は郊外の生活のなかで、ダニーにある種の倦怠感《けんたい》を覚えている自分に戸惑う。その一方で彼は、コンピュータ通信のゲイのチャンネルで知り合ったブルストロードとの間に奇妙な絆を感じ、心が揺れ動く。結局、ウォルターは、このブルストロードについては身を引いてしまうが、コンピュータの世界にのめり込んでいく。これはウォルターにとって、静かな革命的行為の誤算を修正する試みだといえる。つまり、かつて都市で得られた自由な刺激を、コンピュータが切り拓《ひら》く世界に求めているということだ。

ここで郊外を取り巻く新しい環境に目を転じるなら、コンピュータは郊外の世界のなかに、テレビや高速道路、モールよりもはるかに巨大な非現実的空間を切り拓くことになるだろう。しかも、一見するとそこは個人主義と自由の王国だ。一見するというのは、コンピュータというテーマが大きすぎて誤解を招きかねない説明になりそうだが、簡単にいってしまえば、この新しいネットワークは、全国に広がるモールとは比較にならないスケールで、人々の均質化をもたらすかもしれないということである。

話を『愛されるよりなお深く』に戻すが、果たしてウォルターがコンピュータの世界とどのように決着をつけるのかというのはとても興味深い。

コンピュータの世界では孤独が保証されている。人に振りまわされることはない。声や言葉や電話番号が回路を伝ってやってくるが、いつでも切ってしまえる、ログ・オフできるのだ。何の危険も冒さずにすむ、失うものとてない。ブルストロードの一件にしても同じだ。それでも、この安全な高みにあって、自己防衛と匿名性の高みにあってウォルターがひたすら渇望するのは、危険に満ちた人間世界の豊かな地上の景観だった。（中略）おれはブルストロードにはならない、なれない。自分を捏造《ねつぞう》し、人を寄せつけず、コンピュータのキーをさまよう旅人。おれにはなれない。そして、そういう自分がウォルターは嬉《うれ》しかった。

ウォルターを著者レーヴィットとだぶらせるつもりはないが、この文章はレーヴィットが、みずからの世代を〝はざまの世代〟と呼んでいたことを思い出させる。それは第13章で触れたように、カウンター・カルチャーとコンピュータ世代のはざまの世代ということだ。

ここでは『愛されるよりなお深く』という小説について、ルイーズ、ダニー、ウォルターの3人に注目してきたが、彼らが織り成すドラマからは、カウンター・カルチャーや崩壊する家庭といった過去をどのように清算し、コンピュータ世代が作る未来に向かってどのように家族の絆を築いていくのかという、はざまの世代の姿勢がくっきりと浮かび上がってくる。この小説がルイーズの死で幕を下ろすにもかかわらず、前向きな力強さを感じるのは、この姿勢が強い印象を残すためだろう。

＊＊＊

最後に取り上げるマイケル・カニンガムの『この世の果ての家』（1990）は、『愛されるよりなお深く』とほとんど同じテーマを扱っている。

つまり、登場人物たちに影を落とす過去をどのように清算し、未来に向かって新しい家族の絆を築き上げていくかということである。しかも、カニンガムもまたゲイの作家であり、登場人物たちが作り上げる新しい絆には、ゲイの存在が重要な要素になっている。

但し、カニンガムは1952年生まれで、レーヴィットよりも10歳近く年上ということになり、この年齢の差は、登場人物たちの性格や展開にもはっきり反映されている。

『この世の果ての家』は、日本語版の場合、2段組で336ページという長編である。物語は大きく3部にわかれている。この3つのパートは、それぞれに舞台や時代、登場人物などが緻密《ちみつ》に構成され、家族の絆をめぐる奥の深い物語になっている。

この物語で新しい家族の絆を作り上げていくのは、ジョナサンとボビーとクレアの3人である。ジョナサンとボビーは少年時代からゲイの絆を育み、クレアはふたりより10歳年上の女性で、この3人の男女がしだいに家族のかたちを作り、ついには子供も作って育てていくことになる。

この小説を構成する3つのパートは、家族のかたちや絆をめぐる過去、現在、未来として読むことができるのではないかと思う。

第1部はジョナサンとボビーの少年時代の物語だが、これは、やがてこのふたりが背負うことになる過去でもある。このふたりの過去からは、崩壊してしまったり、こわばってしまった家族の光景が見えてくる。その舞台はオハイオ州クリーヴランドの郊外の町で、時代は70年代である。

ジョナサンの家庭は3人家族で、父親はほとんど仕事に出ていて家にいることがなく、母親アリスは、歳の離れた父親とあまりにも若くして結婚してしまったことが心のしこりになっている。ジョナサンは、対話のない家庭のなかで内にこもりがちな生活を送り、人に対して距離を置く人間になっていく。

ボビーのほうは4人家族だったが、彼は兄のショッキングな死を目の当たりにし、彼の母親はその出来事から立ち直れないままこの世を去ってしまう。父親はアルコール依存症となり、やがて煙草の不始末で焼死する運命をたどる。ボビーは、死を身近なものとして心に抱えこみ、時間が停止したかのような世界を無垢《むく》のままさまようように生きていく。

この小説は、章ごとにジョナサン、ボビー、クレア、そしてジョナサンの母親アリスの4人の視点で交互に綴られていくのだが、第2部でクレアは、20代半ばとなったボビーとはじめて対面したときの印象を、このように表現している。

芝生には石膏《せっこう》でできた小人の飾り物、窓辺にはフラワーボックスにベコニアの花という、こぢんまりとした居心地のよさそうな家が郊外に建っているとする。そして、その家の二階の窓からは、今にも泣きだしそうなくらい悲しげな顔をした年寄りがじっと外を見ている。それはボビーの顔なのだ。ボビーというのは、そういう人なのだ。

第2部では、舞台がニューヨークに変わる。編集者になった25歳のジョナサンは、ルームメイトのクレアと何でも打ち明けあえる関係を築いている。そこに転がり込んでくるのが、ずっとクリーヴランドで暮らしていたボビーというわけだ。そこでボビーと対面したクレアが、いま引用したような印象を持つのである。

ニューヨークという都市を舞台にしたこの第2部は、それぞれに過去を背負う主人公たちの絆をめぐる模索が描かれる。ちなみに、クレアも子供のときに父親が家を出たという過去がある。彼らの関係は決して単純ではない。たとえば、ジョナサンはクレアとはまったく肉体関係はなく、エリックというゲイの恋人とつきあっている。クレアはジョナサンと子供を作ろうと考えていたが、しだいにボビーに惹かれていく。

結局、クレアとボビーが関係したことを知ったジョナサンが姿を消すことで、この関係は終わるかに見えたが、印象的なのは、ジョナサンの父親の死と葬儀が彼らを再び結びつけることだ。古い家族のひとつの終わりを告げる儀式を通して、新しい家族の絆が息を吹き返すのだ。

そして、この葬儀につづくロードノベルの展開も非常に印象に残る。ジョナサンの父親が療養生活を送っていたのはフェニックスの郊外だったが、3人はそこからクルマでニューヨークに戻っていく。クレアはすでにボビーの子供をみごもっている。彼らは途中でクリーヴランドに立ち寄り、ニューヨークに戻り、そして子供を育てるためにウッドストックのそばに〝この世の果ての家〟を手に入れる。クリーヴランド、ニューヨーク、ウッドストックは、彼らにとって過去、現在、未来だといっていいだろう。

ということで、第3部の舞台はウッドストックに変わる。なぜウッドストックなのかといえば、ボビーがいつも死んだ兄から伝説の祭典の話を聞かされ、ウッドストックに憧れがあり、ロックが3人を結びつけてもいたからだ。こうした展開には、著者カニンガムの世代の意識が表れているといっていいだろう。

そのカニンガムは、ボビーの視点を通してウッドストックをこんなふうに描写している。

ウッドストックという場所は、まだ本来の未来がわき道にそれて新しい未来のほうに修正されないでいる町といった感じだ。今でも町の広場では、髭《ひげ》を生やした夢追い人たちが、森の生き物や魔術師の弟子になることを夢見ながらギターをかき鳴らしている。縮れた灰色の髪を垂らした年配の女性たちが、ベンチでうたた寝をしている。クレアは哀しい気持ちにさせられるといい、ジョナサンはさして関心も払わないが、ぼくはこの町の静けさに漂う優しさと、テンポとピントがずれた生き方を選びとっている人々のおおらかさを羨《うらや》ましいと思う。

この3人の家族の未来は、結末では決して明るいものとはならないのだが、このようにして『この世の果ての家』からも、過去から未来に向かう新しい家族の絆のイメージが浮かび上がってくることになる。

『この世の果ての家』と『愛されるよりなお深く』は、著者の世代など明らかに異なる感性で書かれた小説だが、ひとつだけはっきり共通しているところがある。それは、感性は違っても家族というテーマを突き詰めれば避けられないことだと思えるが、要するに、家族を何らかの永遠の象徴と重ねようとする願望である。それはたとえば、コンピュータが切り拓く肉体も過去もない絆の可能性であり、伝説が息づくウッドストックである。

　そして、こうした願望の背景には、家族の崩壊が重く横たわっている。

第24章　現代の郊外では何が起こっているのか
──郊外のティーンをめぐる80年代の事件簿

本書の第12章では、ノンフィクションを中心に、郊外で生まれ育った子供たちの体験をたどってみた。背景となる時代で見れば、60年代から70年代、そして80年代に入ろうかという時期までをたどったことになるが、この章の内容はその続編といえる。

注目するのは80年代、そのなかでも特に後半の時期である。80年代のアメリカがレーガン政権の政策によって保守化していったことについては、すでに第14章で触れた通りだが、80年代の後半を取り上げるということは、保守化が着実に浸透するなかで、郊外の子供たちがどのような体験をし、彼らの感性がどのように変容しつつあるかを探るという見方もできる。

ここで取り上げる出来事や事件は、すべてアメリカの雑誌に載っていた記事を読んで知ったことだが、そのことに触れる前に、まずノンフィクションを1冊取り上げておきたい。それは、ドナ・ゲインズの『Teenage Wasteland』という本である。

この本は、著者ゲインズが、ニュージャージー州にある郊外の町で起こったティーンの集団自殺をきっかけに、事件の背景となる郊外の町を取材し、レーガンの時代にアメリカの郊外で暮らす若者たちが置かれた状況を、様々な角度から考察する興味深いノンフィクションである。ゲインズはロングアイランドの郊外の町で成長し、社会からドロップアウトした経験があり、〝サバービア〟を知って《ヽヽ》い《ヽ》るため、この本では、コミュニティからはみ出したティーンの世界に溶け込み、彼らの心の奥底に潜む感情を浮き彫りにしようとしている。

ゲインズがこの本を書くきっかけになった事件は、1987年にニュージャージー州にあるバーゲンフィールドという郊外の町で起こった。その町に暮らす4人のティーンの死体が、77年型シボレー・カマロのなかから発見されたのだ。クルマは、隣の町ティーネックとの境界にあるアパートの使われていないガレージにとめられていた。クルマの持ち主で19歳のトーマス・オルトン、同じく19歳のトーマス・リッツォ、16歳のリーサと17歳のシェリルのバレス姉妹の4人は、一酸化炭素中毒で死亡していた。

そして、さらに人々を驚かせたのは、この4人を真似するティーンが現れたことだ。この事件のニュースが流れるとすぐに、町から700マイルも離れたイリノイ州で、友人同士の19歳と17歳の娘たちが、家のガレージで同じ方法で自殺した。一方、バーゲンフィールドでは、事件の1週間後に、17歳と20歳のカップルが、事件現場で同じ型のクルマ、同じ方法で自殺をはかったが、こちらは未遂に終わった。こうしてバーゲンフィールドは、マスコミの注目の的になっていく。

ゲインズによれば、ティーンの自殺は、50年代から80年代までに3倍に増えているという。最近では毎年、5000人以上のティーンが自殺で死亡し、推定で年間40万人が自殺をはかっている。しかも、数字的には80年までに歯止めがかかったかに見えたが、80年代半ばから再び増加を始め、いまやブームというべきものになっているということだ。そして、自殺するティーンのなかでは、地方や郊外に暮らす白人が最も多いという。

そこで、バーゲンフィールドの事件を出発点にして、こうしたティーンの自殺の背景に迫るのが『Teenage Wasteland』ということになるが、ここではこの本のなかから、これから取り上げる事件とも関係して印象に残ることを、いくつかあげておきたい。

まずバーゲンフィールドは、ゲインズにいわせると、80年代まで生きながらえている50年代の町だということだ。この町は50年代の郊外化を絵に描いたように成長し、激動の時代には緊張もあったものの、いまも昔ながらの親密なコミュニティを維持している。町には少なくとも7つの教会があり、信仰の面での結びつきも息づいている。

これは、一般的な観点からすれば中流の人々が暮らす町ということになるが、住人たちは、労働者階級の町というように表現するという。それでもこの町は、貧富の差が拡大するレーガンの時代に、それほど経済的な打撃をこうむることがなかった。というのも、電気技師や配管工、工事の請負人など家屋の修繕やそれに関連したサービスを主な仕事にしている町の人々は、周辺のさらに裕福になっていくコミュニティから仕事を得ることができたからだ。

ところで、この親密なコミュニティを、そこに暮らすティーンの視点で見た場合には、どこに行っても顔見知りの人々の視線がつきまとう世界ということになる。そこでゲインズが、最近、町で起こったティーンの自殺事件を調べていくと、それぞれの現場は、自殺したティーンがかろうじてコミュニティの視線を逃れ、心を休めることができる隠れ家ともなっていた場所であることがわかってくる。

ゲインズは、60年代末か70年代であれば、郊外のティーンには、町を離れてアメリカを探すという夢の〝路上〟があったが、バーゲンフィールドのような町のティーンには、そうした前の世代の夢は失われているという。つまり、出口のない状況で、死角を求めて町をうろつくしかないのだ。

そして、次に注目したいのは、バーゲンフィールドのような典型的な郊外の町では、ティーンのなかで、スポーツ選手たちが町全体から特別な待遇を受けていたということだ。ティーンを主人公にしたアメリカ映画を観れば、そういったヒーローにはたくさんお目にかかることができるが、郊外のティーン全体を見渡したとき、スポーツ選手と死角を求めてさまようティーンは、対立する関係になっているという。いわば郊外のティーンの光と影なのである。

ゲインズは、それぞれのティーンと彼らの両親との関係を、スポーツとロックという観点から対比している。つまり、スポーツは両親と子供をつなぐ最良の絆《きずな》になっているのに対して、郊外で出口を失ったティーンが熱中するロックは、ほとんど世代で分断されてしまっているということだ。後者の関係についてゲインズは、バーゲンフィールドに住むある親子の例をあげているが、父親も息子もピンク・フロイドが好きだが、父親はモトリー・クルーにはまったくついていけないという。

そして最後に、ロックとも関係してもうひとつ注目しておきたいのは、スラッシュメタルやデスメタルといったメタル系ロックの歌詞、ジャケット、ファッションから浮かび上がるサタニズムと郊外の関係である。バーゲンフィールドは、先ほども触れたように信仰による結びつきが残る町だったが、ゲインズによれば、ロックのサタニズムに熱中する傾向が最も高いのは、信心深い両親と暮らすティーンであるという。

それでは、こうしたことを念頭に置いて、80年代の子供をめぐる事件を見てみたいと思う。

＊＊＊

最初に取り上げるのは、「スピン」という音楽雑誌に載った記事を読んで知った事件である。

この事件は、バーゲンフィールドと同じニュージャージー州のスパルタで起こり、その後、サタニズムを掲げるメタル系ロックのティーンへの影響が論議を呼ぶことになった。ゲインズも『Teenage Wasteland』のなかで、ほんのわずかだがこの事件に触れている。

「スピン」誌88年8月号の記事は、カトリック系の学校に通うトミー・サリヴァンが、ある日、友人たちに彼の計画を語るところから始まる。

「きのうの夜、夢のなかにサタンがあらわれたんだ。顔はぼくだった。手にナイフを握っていて、こう言ったんだ『仲間にサタニズムの教えを説き、お前の家族を皆殺しにせよ』。ぼくは、それを実行する」

この記事によれば、サリヴァンが暮らす町では、それまでにもティーンの奇怪な行動が報告されていたということだ。たとえば、地元の警察が、20人のティーンのグループが悪魔の儀式をやっているのを発見したり、どこかで鶏が生贄《いけにえ》にされていたり、魔術に熱中する生徒が自殺するということがあったという。

そして、問題の事件が起こった夜については、まず居間で遅くまで『13日の金曜日』のビデオを見ていたサリヴァンが、厳格な母親にとがめられたことが確認されている。その後、今度はサリヴァンの弟が、廊下をふらついている兄を見かける。弟はそのまま部屋に戻ったが、兄の手に血がついていたような気がして、兄の部屋に行く。ところが弟は、ドアに貼ってある『エルム街の悪夢』のフレディのポスターと、それにそえられた〝入れば殺す〟というメッセージに恐れをなし、自分の部屋に逃げ帰ってしまった。

真夜中に火災報知機の音で目覚めた父親と弟は、母親が血まみれの姿で死亡しているのを発見する。顔はナイフの傷だらけで、眼球をえぐろうとした跡があり、皮膚も一部がはがされ、ベトナムを体験した刑事でさえ目をそむける凄惨《せいさん》な光景だったという。サリヴァンは翌日、隣の家の裏手で、腕と喉《のど》を切って自殺しているのを発見された。彼は、父親と弟を殺し、20年後に自殺するというメッセージを記した手紙を残していた。

サリヴァンはヘヴィメタのコレクターで、ファミコンに熱中していたということだが、論議の的になったのは、ヘヴィメタが掲げるサタニズムだった。この事件に対する周囲の対応は、ひとつ間違えればブラック・コメディのようだが、逆にいえば問題の深刻さを物語っているということになるのだろう。警察は事件の後、〝サタン班〟を組織し、さらに〝デビル・ハンター〟を自称する識者に協力を求める。この記事には、デビル・ハンターやサタン・ハンターが登場して、サタニズムにまつわるティーンの悲劇をあげ、スレイヤーやトゥイステッド・シスターズといったデス・メタルが、ティーンを暴力に駆り立てていることを力説している。

この記事には、サリヴァンの事件の数ヶ月後に、今度はミネソタ州ロチェスターで、ティーンが自分の両親を斧《おの》で惨殺するという事件が起きたことが付け加えられている。その16歳の若者は、優等生といわれたカトリック系の学校の生徒で、スイサイダル・テンデンシーズの大ファンだったということから、再びサタンが論議の的となったという。

こうしてみると80年代の郊外においては、家庭の亀裂の一面が、キリスト教とヘヴィメタが掲げるサタニズムとの対立に反映されているように思えてくる。

たとえば、先ほどの記事でデビル・ハンターが名前をあげたデス・メタルのバンド、スレイヤーは、82年にカリフォルニア州のノース・ロングビーチにある郊外住宅のガレージで産声をあげた。そこはバンドのメンバーのひとり、トム・アラヤの両親の家のガレージだった。彼らは強烈なサウンドとスピードで郊外の世界を切り裂くようにして、ガレージバンドからデスメタルへと成長していったわけだ。ちなみに、スレイヤーは、スティーヴン・キングの小説やホラー映画、その他80年代を象徴するイメージをヒントに、独自の世界を作り上げていったという。

あるいは、マイアミは、デス、ディーサイド、マルヴォレント・クリエイションといったバンドを生み出し、80年代のデスメタルのひとつの拠点となったが、こうしたバンドも宗教色が強いマイアミの郊外から誕生している。そうした背景は、たとえば、デスのアルバム『スピリチュアル・ヒーリング』のジャケットによく表れている。そこには、スーツのベストからドル札をちらつかせ、聖書によって中流の人々を支配するキリスト教伝道師が、イラストで描かれているのである。

それから、先ほど触れたミネソタ州ロチェスターの事件で、両親を殺したティーンは、スイサイダル・テンデンシーズの大ファンだったということだが、彼らのアルバム『ライツ・カメラ・レヴォリューション』には、テレビ伝道師のスキャンダルを引用して、金まみれの宗教を痛烈に風刺する〈センド・ミー・ユア・マネー〉という曲が収められている。このティーンは、彼らのファンで、しかもカトリック系の学校の優等生だった。彼の頭のなかで、学校の世界とスイサイダル・テンデンシーズのメッセージは、いったいどのように結びついていたのだろうか。

ところで、レーガンが大統領になるにあたって、アメリカのキリスト教右派の力が大きかったことは後に触れるが、こうして見てくるとヘヴィメタが掲げるサタニズムを巨大な怪物にしているのは、要するにキリスト教だということになる（ちなみに、80年代に都市のラップを発展させたのも、黒人の社会進出に歯止めをかけ、押し戻すような保守化政策をとったレーガンの功績ともいえる)。

そこで、親たちがテレビ伝道師のいいなりになって教会に金を注ぎ込み、ティーンがヘヴィメタに金を注ぎ込み、教会とサタニズムが栄えるのは自由かもしれないが、このふたつの世界のはざまで自分を見失うティーンには、あまりにも救いがないように思える。

＊＊＊

次に取り上げる出来事は、やはりニュージャージー州のグレン・リッジという郊外の町で起こったことで、「ローリングストーン」誌89年10月5日号で記事になっていた。この出来事については、ゲインズも『Teenage Wasteland』のなかで概要を紹介している。事件をまとめると次のようになる。

89年3月1日、地元のグレン・リッジ・ハイスクールのアメフトと野球チームで活躍し、町中に名前が知られている双子のケヴィンとカイルのシェルツァー兄弟とその仲間たちは、町のなかにある運動場に集まり汗を流した。そして、エセックス郡の検察官が捜査したところによれば、その後、彼らはそこで17歳の娘に出会い、彼女を誘って、運動場の裏手にあるシェルツァー兄弟の家の地下室に連れていった。ふたりの両親は家を空けていた。そこで彼女は、ほうきの柄とミニチュアの野球のバットをヴァギナに挿入され、少なくともひとりの少年のマスターベーションを手伝わされた。

後に若者たちの行為とともに問題になったのは、彼らの大半が、被害にあった少女を6歳のころから知っていたということだ。彼女は地元のハイスクールとは別の特殊学級に通っていたが、グレン・リッジに住み、ハイスクールのチームとソフトボールやバスケットをやっていた。彼女と少し話をしてみれば、誰でも軽度の知的障害があることがわかるという。

また、この事件が大きな注目を集めることになったのは、事件そのものに加えて、周囲の対応が問題になったからだ。この出来事については、何日もしないうちにそれに関わった少年たちによって吹聴《ふいちょう》され、学校中に知れわたっていた。にもかかわらず、ニュージャージー州当局が事件を捜査し、告発するまでには3ヶ月もかかっている。ハイスクールの生徒たちは、スポーツ選手には特権が与えられていることをよく知っていたので、町や学校がこの事件をもみ消しても、不思議には思わなかったのだ。つまり、この町の混乱からは、スポーツ選手を特別扱いするような町のダークサイドが見えてくるということである。

この町がどのような町かというと、決してバーゲンフィールドのような労働者階級の町ではないが、体質はよく似ている。というよりも、はるかに徹底しているといった方がいいだろう。

グレン・リッジは、ニューヨークから15マイルのところにある人口8000人の小さな郊外の町である。これまでほとんど犯罪もなく、せいぜい町の外の人間によるクルマの盗難があった程度という平和な町だ。

騒ぎの中心となったグレン・リッジ・ハイスクールは、4人のうち3人が4年制の大学に進む州のなかでもトップクラスの進学校だった。生徒は品行方正で、彼らの父親が勤めるのは、広告、出版、建築、法律関係といった企業だった。この町では、ハイスクールと駅の前で毎日、決まった時間に2回、とても似た光景が見られるという。つまり、3時に学校が終わると、生徒たちが町の大通りに向かい、6時を少し回ると、彼らの父親たちが駅から家に向かって群れをなすということだ。

グレン・リッジの住人は、ひとつの大家族だといわれている。裕福な住人たちは、好ましくない目的のために町の土地を購入されることを恐れて土地を買い占め、しかもゾーニングによって家族が暮らす家以外の建物を建てることができないようにしている。この町の住人たちは、町に何もないことを誇りにしているという。この町にはコインランドリーも洗車場もなく、ティーンが学校の帰りに寄り道するようなデパートもビデオ屋もなく、なんとスーパーマーケットすら存在しない。生活必需品は近くの町まで買いだしに行かなければならないのだ。ちなみに、住人たちは共和党支持で結束しているということだ。

というように、この町はバーゲンフィールドよりもさらに死角のない世界だが、この問題の事件が起こる前の年に、町の影を暗示するような出来事が起こっている。警察によれば、ティーンによる脅迫電話が、頻繁にあったということだ。しかも、電話だけではなく、「おまえたちと子供たち、家族を皆殺しにしてやる」という電話が2日つづけてかかり、死んだスカンクがその家のクルマ寄せに置かれていたということがあった。そのスカンクの下からは、〝かぎ十字〟と〝WAR〟、〝S.O.D.〟という文字が書き込まれた手紙が見つかった。

この出来事は、スポーツ選手たちの事件とは直接的な関係はないが、いろいろ興味深い点があるので、少し説明を加えておきたい。

まず、〝WAR〟は、トム・メッツガーを指導者とするアメリカの極右グループ、ホワイト・アーリアン・レジスタンスの略である。そして、こうした極右派勢力が表に出てくるような状況をつくったのもまた、グレン・リッジの住人たちも支持したであろうレーガン大統領である。

たとえば、アメリカの極右派勢力の系譜と現在を、豊富な資料と取材で網羅したジェームズ・リッジウェイの『アメリカの極右』には、次のような記述がある。

アメリカの社会が、それまでクロゼットにしまってあった人種差別主義をむやみに外に出そうとするようになった性格の変化の要因としては、さまざまなものが挙げられる。レーガン政府が極右派の登場を承認し、その支持を期待したことは、もっとも大きな要因の一つである。

一九八〇年代になってロナルド・レーガンが政治の頂点に昇りつめ、「ニュー・ライト」が脚光を浴びるようになったことに勇気づけられて、人種差別集団が暴力事件を起こす頻度が急増した。

一方、〝S.O.D.〟は、すでに解散してしまったヘヴィメタのバンド、ストームトゥルーパーズ・オブ・デスの略である。しかし、『Teenage Wasteland』を読むと、いまだにこのバンドが、若者たちから崇拝されているのがよくわかる。というのも、S.O.D. のリード・ボーカルだったビリー・ミラノは、ニュージャージー州バーゲン郡の出身で、その周辺の郊外の子供たちは彼のことを誇りにしているのだ。

しかし、何とも不気味なのは、死んだスカンクの下にこのふたつの文字が並んでいることだろう。アメリカでは、郊外で希望もなく出口を失っている白人少年が、極右派勢力の下部組織に吸収されていくといった傾向も広がっているが、このふたつの文字はそんなことを連想させる。

また、先ほどの『アメリカの極右』には、極右派勢力の社会への浸透が、次のように表現されている部分があり、とても印象に残っている。

白人至上主義のグループの多くは、社会の表舞台で人種差別が公然となっている現状に合わせて、その役割、方針、活動を転換してきた。一九六〇年代にクランが衰退して以来、そのシンボルはアメリカ文化の幅広い領域にまで浸透し、その恐るべき歴史の暗部を剝《は》ぎ取られて、映画やテレビでお馴染《なじ》みのイメージとなり、クラン文化の薄気味悪いミステリーは、神秘性をすっかり失ってしまった。かつて南部の暗く、人気のない森の奥で十字架を燃やしておぞましい儀式が執り行われたとすれば、今は、それが郊外の庭先の芝生の上で行われ、マドンナのビデオと同じように数百万の家庭に、その映像が流されるようになっている。

このように見てくると、80年代のアメリカの郊外は一見平和でも、政治、宗教、人種差別などが複雑に絡み合った力に翻弄《ほんろう》され、バランスを失いつつあるように思える。

話をグレン・リッジの事件に戻すと、保守的な町のなかで事件は闇に葬られたかに見えたが、そうはいかなかった。この事件が公になるのにひと役買ったのは、特権を持つスポーツ選手たちに反発している〝ギガーズ〟と呼ばれる連中だった。そのなかでも、この記事や他のマスコミに、町や学校の内幕について多くを語った若者ジョシュは、飲酒癖のために両親に更生施設に送られた経験があった。『Teenage Wasteland』のところでも注目したように、事件はスポーツ選手とコミュニティから逸脱したティーンとの対立によって表面化するのだ。

結局、事件から3ヶ月後、検察側は、軽度の知的障害のため何をされているかわからない娘、しかも幼なじみの娘に〝性的な屈辱〟を与えたという罪状で告発に踏みきった。その後、ジョシュは、何者かにクルマのバックミラーをへし折られたという。「この一連の出来事は、この町が狂っていることを証明しているんだ」というのは、そのジョシュの言葉である。

＊＊＊

最後に取り上げる事件は、舞台が西海岸に移る。事件が載っていたのは、やはり「ローリングストーン」誌の86年9月4日号で、ランドル・サリヴァンというライターが、この事件と背景に関するとても長いレポートを書いている。

この事件の場合は、郊外といっても、これまでのように表面的には秩序を保っている郊外ではなく、荒廃した楽園である。舞台はロサンゼルスの郊外で、〝サバーバン・ギャング〟と呼ばれるような連中がたむろする世界だ。

事件が起こったのは85年の夏のこと。ハイスクールのアメフト部で活躍し、プロムのキングにも選ばれた15歳のマーク・ミラーが、ティーンの集まるナイトクラブの駐車場で頭を撃たれて死亡した。この記事には、タキシードできめたハンサムな若者の写真と、生々しい事件現場の写真がそえられている。現場の写真は、生々しいといっても、マークの死体が写っているわけではない。しかし、駐車場にマークの頭から流れた血で〝FFF〟というイニシャルが書かれているのが、不気味な印象を与えるのだ。この〝FFF〟はファイト・フォー・フリーダムの略で、ロス市警によれば、「中流の白人のストリート・ギャング」の名前だということだった。

ここまで書くと、このスポーツ選手のヒーローが、彼と対立するFFFに殺されたというように想像するところだが、この事件が大きな話題になったのは、実はマークがFFFの犠牲者ではなく、メンバーだったことが明らかになったからでもある。つまり、マークからは、中流のティーンの両極ともいえるふたつの顔が浮かび上がってくるわけだ。

地元の警察は、80年代に入ったころからこのFFFをマークしていたという。その当時、FFFはパンク・ロックのバンドで、リード・ボーカルを担当する17歳のレンジャーは、週末になると郊外からあふれだすティーンを吸い寄せる地元のクラブシーンではちょっとした伝説的な存在になっていた。それは、バンドのファッションはネオナチでも、歌のメッセージはファシズムではなく、中流の自己欺瞞《ぎまん》に対する激しい反発であったからだという。

このFFFは結局、ステージがあまりに過激だったために、LAのクラブから完全に締め出されてしまい、それからは、バンドではなく、ある集団の名前として一般に浸透していく。そして、新しくFFFのメンバーに加わったのは、マークのようなスポーツ選手も含めて、みんな恵まれた家庭のティーンだった。その理由は、彼らが暮らす郊外の状況が見えてくると、だんだんわかってくる。

FFFの拠点であるLA郊外のサンフェルナンド・バレーは、歴史の流れのなかで、マークのふたつの顔のように対極の世界へと変貌《へんぼう》しているからだ。

この一帯は、44年にビング・クロスビーがずばり〈サンフェルナンド・バレー〉という曲で、ここに家を建てる夢を歌い、ビングの相棒だったボブ・ホープが実際に暮らし、その場所は後に、町の中心になるヴェンチュラ大通りになった。

第二次大戦後にはここにいち早く郊外化の波が押し寄せ、一帯には芝生とスプリンクラーのついた家が次々と建てられていった。当時のサンフェルナンド・バレーは、裏庭でのバーベキュー、専用プールにスーパーマーケットという中流のアメリカン・ドリームの象徴になっていた。

ところが、80年代にはこの一帯は、離婚の頻度がアメリカ全体でトップに位置するような地域になっていた。アメリカン・ファミリーの夢は崩壊し、親子の間の溝が広がる世界に変わっているのである。この町の荒廃とティーンの行動からは、郊外の終末的な風景が見えてくる。

この一帯のティーンは、このような環境で、それぞれに警察が〝ラット・パッキン〟と呼ぶグループを作っていた。彼らは、学校が終わると両親がいない家を渡り歩き、ストリートを徘徊《はいかい》し、サバーバン・ギャングの予備軍になっていく。

マーク・ミラーの場合も両親が離婚し、一時は父親と母親の家を往復するような生活を送っていたという。マークと親しかったギャングは、彼が相手によって複数の人格を操っていたと語っている。そのためか彼の両親は、事件後も息子がFFFのメンバーだったという事実を信じられなかったという。

しかもこの町は、内側だけではなく、外側にもコミュニティを揺るがす変化が起こっていた。町に隣接していて、もっと安く家が手に入る住宅地に、移民が続々と移ってきたのだ。そこで町の周辺では、人種問題も絡むサバーバン・ギャング同士の抗争が増えつつあったという。

この荒廃する町に暮らすティーンには、両親のいない家という死角はたくさんあったが、やはり出口があったわけではない。次のエピソードはそれをよく物語っている。

85年の春、FFFのメンバーも含むいくつかのラット・パッキンは、ヴェンチュラ大通りで、閉店して空き家同然になっている女性向けダイエット・クラブを見つけ、そのなかに〝プラトンの洞窟《どうくつ》〟なるものを作った。壁はペニスなどの落書きで埋め、空のプールはワインやビールのボトルの破片、使用済みのコンドーム、ブラジャーやスキン・マガジンで満たしたという。

結局、マーク・ミラーを射殺したのは、フィリピン系のサバーバン・ギャングだったことが判明するが、ふたつの顔を持ったスポーツ選手のヒーローの悲惨な死は、郊外の崩壊を象徴しているのではないかと思う。

この章では、80年代後半に郊外のティーンがどのような状況に置かれているかをたどってきたが、そこには、第12章でたどったそれ以前の時代とは異質で、複雑な歪みが見えてくることと思う。そこで次の章では、映画や小説で、その歪みがどのように現代の郊外のイメージとしてとらえられているのかを見ていくことにする。

第25章　90年代を予感させる歪んだ郊外のイメージ
――『ヘザース』、『アップルゲイツ』、『シザーハンズ』、A・M・ホームズ、『パパの原発』

　ここまで書いてきたことを振り返ってみると、時代による状況や人々の意識の変化が、様々なかたちでそれぞれの時代の作品に反映されていることがおわかりいただけるだろう。

　この章では、前の章でたどった80年代後半の状況が反映された映画や小説を取り上げることになるが、その前に、これまで80年代から浮かび上がってきたイメージが、どのように入り組んでいるのかを簡単に整理しておきたい。

　第14章や前の章でも触れたように、アメリカの80年代は保守化が進む時代である。ジョン・ヒューズは、そんな時代の豊かではあるがとりたてて何もない上層中流家庭のティーンの感情を、巧みなドラマのなかに描き出した。しかしその一方では、『エルム街の悪夢』に描かれた郊外のティーンに襲いかかる悪夢が、不気味な説得力で迫ってくる。前の章で書いたトミー・サリヴァンの事件で、彼が自分の部屋のドアに『エルム街の悪夢』のフレディのポスターを貼っていたことはとても印象的だった。

アメリカの保守化を導いたのはいうまでもなくレーガン政権だが、その出発点が、強いアメリカを掲げる以前に、まず古き良きアメリカという過去を人々のなかに呼びさまし、その部分に訴えかけたことにあるのはよく知られている。

そこで、80年代の映画や小説に目を向けてみると、様々な作品から50年代のイメージが浮かび上がってくる。第1章で取り上げたリメイク版の『リトル・ショップ・オブ・ホラーズ』もそうだし、『バック・トゥ・ザ・フューチャー』などは、主人公が50年代に行ってしまうストーリーが何とも象徴的である。

それから、スティーヴン・キングやデイヴィッド・リンチも見逃すことができない。50年代からよみがえった怪物に身も心もむしばまれていく若者を描いた『クリスティーン』は、恐るべき予言の書といえるかもしれない。一方、リンチは、50年代のイメージの向こうに80年代の暗闇を描き出し、ジャンルを問わず多くのアーティストに影響を及ぼしている。

そして、ここでこれから取り上げるのは、主に89年と90年に発表された映画や小説だが、実際に作品をたどっていけば、すぐにそれらの作品が、いま書いたような流れや前の章で触れた状況のなかから生まれてきているのがおわかりいただけるだろう。

＊＊＊

最初に取り上げるのは、マイケル・レーマン監督の2本の作品である。

一本目は、レーマン監督のデビュー作『ヘザース ベロニカの熱い日』（1988）だ。この映画をご覧になる方は、ドラマのいろいろな部分で、前の章で取り上げた出来事や設定が頭をよぎることだろう。レーマンがそうした状況を鋭く見つめ、しかも、現実をひっくり返すかのように逆手に取るユニークなドラマからは、ティーンを主人公にしたこれまでの映画とは異質なキャラクターも浮かび上がってくる。

タイトルにもなっている〝ヘザース〟というのは、この映画に出てくるハイスクールに通う女生徒3人組で、それぞれにヘザーを名のり、校内を大手を振って歩き回る嫌われ者たちである。しかし、映画のヒロインとなるのはこのヘザースではなく、彼女たちにつきまとわれている女生徒ベロニカ（ウィノナ・ライダー）だ。ベロニカは内心では彼女たちを嫌っているが、しかたなくつきあい、ときには同級生いじめを手伝わされたりしている。

ところで、この映画の冒頭では、タイトルバックから、ヘザースの3人組を使った興味深いイメージが見えてくる。

緑の芝生に置かれた白い椅子に3人の娘が腰かけている（もちろんこのとき、彼女たちはごく普通のティーンに見える）。彼女たちを取り巻くのは、赤い花が咲く白い柵の花壇である。この雰囲気と色使いは、やはり『ブルーベルベット』の冒頭の部分を連想させる。そして、バックに流れる音楽も、ボビー・ヴィントンの〈ブルー・ヴェルヴェット〉とはいかないが、〈ケ・セラ・セラ〉なのだ。この曲は、ドリス・デイが歌って50年代半ばに爆発的なヒットとなった50年代を代表する曲だが、ここではアレンジがヴァン・ダイク・パークス、歌がシド・ストローのヴァージョンが使われている。

この場面だけを見ると、甘い恋を夢見る乙女の映画かと思うところだが、その娘たちが見事にそろった足並みで花壇の赤い花を踏みつけ、去っていくところで、この50年代風ののどかな雰囲気は突然断ち切られる。この演出はなかなか暗示的なイメージになっている。これは筆者の勝手な想像だが、この演出は、保守化によって健全なアメリカをとり戻そうとしても、80年代後半のティーンはもうそんな場所にはいないのだというメッセージが込められているように思う。実際この映画からは、歪《ゆが》んだブラック・ユーモアを通して、80年代後半のティーンの世界が浮かび上がってくるのだ。

話を映画のストーリーに戻すと、ヒロインのベロニカは、学校に転校してきて間もないJDと知り合い、どことなく大胆な彼に惹《ひ》かれていく。ところがJDの大胆さは、ベロニカの想像をはるかにしのいでいた。

ある日、ヘザースのリーダー、デュークにつきあって散々な目にあったベロニカは、その翌朝、JDを連れてデュークの家に彼女をとっちめにいく。ベロニカにすれば、デュークに痰《たん》の入ったミルクでも飲ませて、うさをはらすつもりだったが、JDは勝手にトイレの洗浄剤を混ぜ、それを飲んだデュークは死亡してしまう。ふたりは偽の遺書をつくり、デュークの死を自殺に見せかける。

この一件は自殺でかたがつくが、話は終わらない。次は、これまたハイスクールを大手を振って歩くスポーツ選手の2人組である。彼らは、ベロニカを思い通りにできない腹いせから、ふたりで彼女をもてあそんだという噂を学校中に流す。そこでベロニカは、JDの入れ知恵でふたりを空砲の銃で脅かそうと企む。ところがJDは、銃に実弾を入れていたというわけだ。結局、JDは、ふたりがゲイであることに悩んで自殺したように見せかける。

これは、真相を知らない生徒や両親、学校側にとっては、連続するティーンの自殺という深刻な問題である。

前の章で触れたバーゲンフィールドや（自殺ではないが）グレン・リッジの事件では、マスコミが押し寄せることによって、ヒステリックな騒ぎが巻き起こっている。というのも、学校の名前に傷がついて進学に支障をきたすことを心配する人々や、ヘヴィメタの悪影響を糾弾《きゅうだん》する人々、あるいはこれまで発言する機会がなかったティーンの思惑などが入り乱れ、騒ぎをエスカレートさせるからだ。

この『ヘザース』は、明らかにそうした風潮を意識して作られている。当然のことながら学校にはマスコミが押し寄せ、騒ぎが広がっていく。ハイスクールの生徒のなかからは、以前からコンプレックスを抱えていて、騒ぎのなかで本当に自殺をはかってしまう娘が出る。また、ロックについては、〈自殺は遊びじゃない（Teenage Suicide Don't Do It）〉をヒットさせたバンドをハイスクールに呼ぼう、といったエピソードも盛り込まれている。

監督のレーマンは、まったく予想もしない皮肉な展開を通して、こうした風潮を描き出している。そして、真相を知っている観客は、このヒステリックな騒ぎを、距離を置いた醒《さ》めた目で見直すことになる。

また一方でこの映画は、ベロニカのある種の成長を描く物語にもなっている。彼女は以前はヘザースに振り回され、今度はＪＤに深入りしていくが、奇妙な混乱のなかで抜きさしならない状況に追い込まれることで、自己の境界というものを発見していくことになるからだ。

この『ヘザース』は、前の章で触れたような状況を通過しなければ、決して生まれてこない作品なのだ。

* * *

先ほど『ヘザース』の冒頭のシーンについて、健全なアメリカと80年代の落差を暗示しているといったことを書いたが、『ヘザース』につづくレーマンの作品『アップルゲイツ』（1990）を見ると、そのことがさらにはっきりする。

この『アップルゲイツ』でもレーマンは、まったく予想もしない展開を通して、異なる視点から80年代の現実を浮き彫りにするアイデアをひねりだしている。ちなみに、この映画でレーマンのターゲットになるのはティーンではなく、ずばりアメリカン・ファミリーである。

『アップルゲイツ』は驚くことに、乱開発が進むアマゾンの熱帯雨林から始まる。そのジャングルのなかには、いまだ人類に発見されていない巨大なカマキリのような昆虫ココラダ虫が棲息《せいそく》している。アメリカン・ファミリーとはほど遠い世界だが、実は高度な知性を持ったこのココラダ虫が、種の保存のために人間に姿を変え、原発を破壊するという使命をおびてアメリカの郊外住宅地にやってくる、というのがこの映画の基本的な設定なのである。

ひどく突飛な設定のように思えるが、物語の展開にちりばめられたレーマンらしいユーモアは、この設定を奇妙な説得力を持ったドラマに変えていく。

たとえば、この設定からはなぜ彼らが郊外に行くのかという疑問が浮かんでくる。その答えは、ココラダ虫たちは、アメリカからアマゾンにやって来たボランティアが残した英語教材「ディック&ジェーン」を手に入れ、参考書にするということだ。その教材には、アメリカの最も一般的な中流家庭が描かれている。一般的ということは、目立たない、そして使命遂行に理想的ということになる。そこで彼らは、アップルゲイト一家となって、オハイオ州の郊外の町メディアンにやって来る。

アップルゲイト一家は、パパのディック、ママのジェーン、18歳の娘サリー、15歳の息子ジョニーの4人家族で、愛犬スポットがこれに加わっている。キャスティングされた俳優といい、郊外の家の雰囲気といい、彼らが庭の芝生に並ぶと、すこしあか抜けていないところまで含めて、まるで50年代のホームドラマか、マイナーな商品のCMのようである。

そして、考えてみると、彼らが教材を見ながら、50年代の典型的な中流に同化しようとする姿は、そのまま50年代にせっせと雑誌広告の世界に同化していった中流の人々のカリカチュアになっている。しかし、ココラダ虫の場合は使命を背負っているだけあって、一家の主人は、教材で学んだ生活について、退屈だが使命を果たすまでの辛抱だといいきかせ、家族を励ます。そのパパは、パソコンで国勢調査のデータに細工し、原子力発電所に技術者として就職し、使命遂行の機会を待つことになる。

それではアップルゲイト一家が、実際に典型的な中流を演じきれるかといえば、それどころではない。『へザース』の冒頭のシーンではないが、彼らが暮らすのは現代の郊外である。景観は同じように見えても、中身は違う。そんな中身の違いは英語教材に載っているはずもない。だから彼らは、50年代のイメージをぶち壊し、現代に向かって暴走を始める。

ハイスクールのチアガールになった娘は、とたんに色気づき、隣の家に住む男の子とすぐさまセックスということになり、快感のあまり本来の姿に戻ってしまう。秘密を知られた彼女は、ココラダ虫の必殺技で彼を繭《まゆ》に閉じ込め、部屋に隠す。しかも、妊娠までして男に懲りた彼女は、今度はフェミニストの闘士と恋人同士になり、現代へと突っ走る。息子はヘヴィメタ・キッズと友だちになり、マリファナを試してハイになり、娘と同じ運命をたどる。

ママは近所の有閑マダムに消費の楽しみを教え込まれ、カード地獄の果てにコンビニ強盗が露見し、警官を繭に閉じ込めるはめになる。パパはといえば、物欲のかたまりとなって夜の相手をしてくれないママのせいで、会社の秘書に手を出して、それがもとでクビになる始末だ。

しかも、そんなときに「ファミリー・バザー」誌の編集者が、アップルゲイト一家がアメリカの典型的な中流家庭の代表に選ばれ、豪華な賞品を獲得したことを知らせにやって来る。もちろん、そこで編集者が目の当たりにするのは、ぼろぼろになったアメリカン・ファミリーの姿である。
監督のレーマンは、『アップルゲイツ』についてこのように語っている。
「この映画はアメリカン・ファミリーの価値についての風刺であり、アメリカにおける正常なるものについての風刺である」（『アップルゲイツ』プレス資料より引用）
この『アップルゲイツ』は、典型的なアメリカン・ファミリーのイメージから次々とほころびが生じ、ぼろぼろになっていく過程を描くことによって〝普通〟であることを風刺しているという意味で、ジョン・ウォーターズの『ポリエステル』を思い出させる。そして『アップルゲイツ』の場合には、そうした風刺精神が特殊メイクを駆使したポップでグロテスクなイメージと結びついていくところに、ウォーターズよりも新しい世代の感性が表れている。

＊＊＊

日本でも話題になったティム・バートン監督の『シザーハンズ』（１９９０）では、80年代の郊外の状況やそこから生み出されたたくさんのイメージが、明らかにトラウマを抱えているこの監督の感性によって再構築され、これまでにない独創的な世界が切り拓《ひら》かれている。

ファンタジー仕立てのプロローグが終わって、まずこの映画から浮かび上がってくるのは、物語の舞台になる郊外住宅地の光景である。この住宅地にある家はすべて、ブルーやピンク、イエローなどのパステルカラーで統一されている。そして、この町が異様なほど明るく、しかも見通しがいいのは、色の効果ばかりでなく、意識的に日陰が最小限になるように撮影されているためだろう。あるいは、影が薄くなるような映像の処理をしているのかもしれない。

そして、さらに愕然《がくぜん》としてしまうのは、このあまりにも明るい町のはずれの丘の上に、まるでタイムスリップでもしたかのように、ゴシックの世界を思わせる古びた屋敷が建っていることだ。しかもそこには、奇妙なレザー・ファッションに身を包み、手がハサミでできている少年エドワードが、ひとりで暮らしている。

この強烈な光と深い闇のイメージが結びつく世界には、郊外の少年の心象風景が投影されていると見ていいだろう。この屋敷は、影が見あたらない郊外に暮らす少年が、想像上の世界に築き上げた影の世界であり、さらに郊外のなかにぽつんと残された秘密の隠れ家を象徴しているのかもしれない。

ロサンゼルス郊外にあるバーバンクで育った監督のバートンは、この映画についてこんなふうに語っている。

「この映画は、ぼくの育った映画の都バーバンクの想い出がいっぱいつまっているし、ぼく自身、ナーバスになっている理由は、これまでのどんな作品よりもこの映画には特別な意味があるからだ。これまで、ぼくは自分の感情を完全に表現する機会を一度も与えられたことはなかった。この映画は、映像で自己確認を初めてやれた作品だった」
（『シザーハンズ』プレス資料より引用）

ある意味でバートンの分身ともいえるエドワードは、このパステルカラーの町に暮らし、〝エイボンレディ〟の仕事をする人の好い主婦によって光の世界に連れ出される。監督のバートンは、町に出たエドワードのドラマを通して、郊外の世界というものを見事に描き出している。

エイボンレディが奇妙な姿をした少年といっしょにいるのを目撃したとたん、退屈な主婦たちの噂のネットワークが活発に動き出す。エイボンレディの家の留守電に好奇心丸出しのメッセージが次々と舞い込み、果ては集団で押しかけてくる。そして、とりあえずコミュニティに迎えいれられたエドワードは、住民たちの好奇の眼差《まなざ》しを浴びながら、芸術的な植木職人、ペットのトリマー、果ては主婦たちのヘアドレッサーへと出世し、スターに祭り上げられていく。

これは、一見するとユーモラスで喜ばしい光景のようだが、皮肉なのは、住民たちが誰ひとりとして〝なぜ手がハサミなのか〟という疑問を持つこともなく、ハサミを〝立派な〟特技にしてしまうことだ。ということは、誰も自分の目で本当にエドワードを見てはいないということである。そこで、特技であるはずのハサミに、ひとたび危険なものというレッテルが貼られてしまえば、ハサミしか見えない住人の態度は豹変《ひょうへん》することになる。

そしてまた、このストーリーには、郊外のティーンの世界における〝スポーツ選手〟と〝コミュニティを逸脱したティーン〟の対立関係も埋め込まれている。この映画で、エドワードをコミュニティから孤立する立場に追いやるのは、彼が密《ひそ》かに好意を寄せるヒロイン、キムのボーイフレンドで、スポーツ選手のジムであるからだ。

バートンはこのジムのキャラクターについて、こんなふうに語っている。

「アンソニー・マイケル・ホール扮《ふん》するジムは、ハイスクールで誰もが知っているタイプの男だ。ぼくはいつもこの種のヤツに恐怖を感じていた。だって、いつもヤツらにはガールフレンドがいるんだ。どうしてそうなのかというと、ヤツらはフットボールのキャプテンみたいで、アメリカン・ドリームの若者版みたいなイメージがあるからだ。それでいてヤツらは恐ろしげだし、暴力的だ。女の子たちは、そのイメージに反応し、無意識に彼らに乱暴されたいなんて願望を持っているんだ」（前掲資料より引用）

いささか感情的な発言ともとれるが、前の章で取り上げたグレン・リッジの事件を伝える記事のなかで、ジョシュとその仲間たちがバートンとそっくりな発言をしていたのが印象的だ。

彼らの言葉によれば、ハイスクールのなかで、スポーツ選手のグループと他のグループを大きく隔てているのはセックスだという。スポーツ選手のグループは、ガールフレンドに困ることがないばかりか、グループのメンバーやクラスの男友だちをパーティに誘い、彼らをクロゼットやベッドの下に隠れさせ、女の子を連れ込んでセックスし、それを覗《のぞ》かせることをゲームのように楽しんでいたという。ジョシュと仲間たちが、スポーツ選手たちの行為が公になるのにひと役買った背景には、そうした感情的な反発もあったに違いない。

そして、『シザーハンズ』のドラマで、エドワードとジムの運命が最後までもつれるのも、バートンだけに限らない郊外のティーンの感情の反映と見ることができる。

エドワードの存在は、おとぎ話的な設定も手伝ってきわめてユニークなキャラクターのように見えるが、そういう意味では、実は現代のアメリカ郊外のティーン以外の何者でもない。

そんなエドワードを演じたジョニー・デップと、ヒロインのキムを演じたウィノナ・ライダーの存在感と時代の変化は、深く結びついているように思える。

ジョニー・デップのキャリアを振り返ると、まずロックシンガーから俳優に転向。映画でデビューを飾った作品が『エルム街の悪夢』である。そして、主役の座を射止めたのが、ウォーターズの『クライ・ベイビー』で、それからこの『シザーハンズ』に主演ということになる。

一方、ウィノナ・ライダーはもっとたくさんの映画に出演しているが、やはり『ヘザース』のマイケル・レーマンやティム・バートンという明らかに新しい世代の感性を持った監督の作品でその個性を発揮していることが印象に残る。バートンが監督した『ビートルジュース』（1988）では、ウィノナ・ライダーは、いつも黒い服を着て、両親との対話をさりげなく拒み、自分のまわりに壁を作ってひどく醒《さ》めた目で世界を見ていたが、あのキャラクターは、『シザーハンズ』のエドワードに通じる現代の等身大のティーンを表現しているのではないかと思う。その『ビートルジュース』に比べると、『シザーハンズ』のウィノナ・ライダーは、明るく健康的なティーンを演じているが、そのことについてバートンは、「これまでいつも影のある役をやらされてきた彼女だが、ぼくは一度チアリーダーの服を着た彼女をみたかった」と語っている。

第14章で触れたブラット・パックが、保守化に向かう時代のティーンを代表しているとするならば、彼らは、保守化した状況のなかから生まれてきた最も新しいティーンを代表しているのだ。

監督のバートンについては、郊外育ちであること、映画少年だったこと、作家としての独創性と大衆性、そして特に『シザーハンズ』では郊外の世界を斬新なセンスでとらえていることなどから、やはりスティーヴン・スピルバーグと対比してみたくなる。

序章でも書いたように、スピルバーグは、郊外住宅地の夜空に赤や青の光を放つUFOを飛ばしたり、宇宙からやって来たE.T.の視点に立って、郊外住宅地を無数の光のパノラマとして描き出すことによって、ありふれた風景をあらためて〝郊外の世界〟として意識させるインパクトをもたらした。『シザーハンズ』もまた、新しい世代の映像魔術で、見事に郊外の世界の再認識をうながしている。そして、ふたりが描き出す郊外のイメージの間には、間違いなく『エルム街の悪夢』やデイヴィッド・リンチの世界が介在していると見ていいだろう。

ところで、スピルバーグとバートンは、郊外とは無縁の世界を描く場合でも、まるで自分の部屋のなかに閉じこもって、頭のなかで想像が限りなく広がっていくような作品をよく作っている。要するに、それぞれの映画の世界が完全に閉じた空間でありながら、その空間は巨大な広がりを感じさせるということだ。たとえば、スピルバーグでいえば『フック』や『ジュラシック・パーク』（これはまさしくテーマパークを舞台にしている）であり、バートンなら『バットマン』のシリーズである。

そして、ふたりの閉じた空間を比べてみると、スピルバーグが、ファンタジーであろうがアクションであろうが自然とリアリティや臨場感にこだわっていくのに対して、バートンの世界が、ポップでありながら、暗く偏執的な妄想を思わせるところに、このふたりの郊外の子供の世代の違いがくっきりと表れているのだ。

＊＊＊

若手の女性作家Ａ・Ｍ・ホームズについては、第23章で『Jack』を紹介したが、ここでは彼女の短編集『The Safety of Objects』（１９９０）を取り上げる。

デイヴィッド・レーヴィットは、この短編集の推薦文のなかで、ホームズの世界を「ジョン・チーヴァーとデイヴィッド・リンチを足して二で割った世界」というように表現していたが、確かに彼女の作品はそうした特徴を備えている。

つまり、一方で彼女は、チーヴァーやミニマリズムの系譜に属するかのように、郊外の中流家庭の日常を題材にしている。ちなみに、彼女が育ったのは、ワシントンDC郊外の町チェヴィ・チェイスである。しかしもう一方で、彼女が描く日常から浮かび上がってくるのは、リンチも含めて、いまレーマンやバートンの作品を通して見てきたようなポップ、シュール、グロテスク、ブラック・ユーモア、エロティック、倒錯的、自閉的、偏執的といった形容がふさわしいイメージなのである。

たとえば、「Esther in the Night」という短編を見てみよう。これは、郊外の主婦エスターを語り手に、現実とも妄想ともつかない境界線上に綴《つづ》られていく物語である。

真夜中に彼女は、家に強盗が入ることを思い描いて見る。想像のなかで、彼女は仕方なく強盗の指図に従っている。家のなかを見回す強盗は、夜中なのに明かりが煌々《こうこう》と灯《とも》っている部屋（ドアにはモトリー・クルーのポスターが貼ってある）のことを尋ねるが、彼女は誰もいないという。その言葉が信じられない強盗は、部屋のなかを確かめてみる。そこには、ベッドのうえでチューブをさしこまれ、体がねじまがった若者が、開いた目を中空に向けたまま横たわっている。強盗はそれを見て、何も盗まずに逃げていく。

これは、読者を物語の設定に導くホームズ流のイントロである。実は彼女の息子は、クルマの事故で植物状態になってしまったのだ。それでは、なぜ夜中でも明かりが灯っているのかといえば、その窓の明かりを外から見た彼女は、心のなかでまるでクリスマスを迎える郊外住宅地の飾り窓のようだと思うのだが、その直後に突然、こんな文章が飛び出してくる。

現代死者博物館。二十四時間営業で年中無休、入場料は一般五ドル、学生三ドル、高齢者、五歳以下の子供、および身障者は無料。さあ、ひとりでも大勢でも、この植物状態のふるさとに来て、一日をわたしと過ごしましょう。きっと一生の思い出になることでしょう。

というわけで、実はこの主婦は、郊外住宅で博物館を経営している。しかも、友人のディナー・パーティから帰宅したときに息子の事故の連絡を受けた彼女は、そのときに着ていたドレスで来館する人々を迎え、彼女の家庭に何が起こったのかを細かく説明するのだ。これだけ書いても、郊外の中流家庭を描くとはいえ、かなりユニークなセンスを持った作家であることがおわかりいただけるだろう。

また、このホームズの短編集では、郊外の子供たちを主人公にした作品が目立っている。たとえば、「A Real Doll」は、主人公の少年が、妹の持っているバービー人形と恋に落ちるというちょっと倒錯的な物語である。その少年は、バービーのボーイフレンドであるケンの様子をうかがいながら、バービーを妹の部屋から連れ出し、ダイエットコークを彼女に飲ませて、デート気分に浸る。

但し、そんな主人公の妄想的な世界が描かれるだけなら、この短編はそれほど興味を引かないが、読者はこの主人公とバービーの秘密のデートを通して、表からは見えない彼の妹の影とか歪みをかいま見ることになる。しかも、主人公がそれに対して予想もつかない反応を示すというように、バービー人形に対する少年の倒錯的な感情を描くところから、さらに物語の世界が広がっていくのだ。

ある日、主人公が妹の部屋に忍び込むと、バービーとケンの首と胴体がすげかえられている。そこで主人公が、ケンの胴体に乗ったバービーの首に話しかけようとすると、首がぽとりと落ちてしまう。そのことに嫌悪感をもよおした彼は、ケンの胴体の首の穴にペニスを突っ込み、マスターベーションに耽《ふけ》る。それからケンの胴体のなかを妹の歯ブラシで洗って、もとに戻す。こういった展開は、単純なようでもあるし、複雑な意味も感じるし、グロテスクだが、思わず笑いが出るといった具合で、ホームズならではの個性が発揮されている。

そして、主人公がまたあらためてバービーに会いにいくと、今度はバービーの体にナイフの傷や火を押しつけた跡がある、というように妹の世界もクローズアップされていく。この短編は映画化権が売れているということだが、いったいどんな映画になるのだろうか。

それから、やはり郊外の子供を描いた「Slumber Party」もシュールで、独特の奇妙なエロティシズムが漂っている。このタイトルは、ティーンの女の子たちが誰かの家に集まって、パジャマ姿ではしゃぐいわゆる〝パジャマパーティ〟のことを意味しているが、物語の内容を知ると、これがずいぶんとぼけたタイトルであることがわかる。

この短編は簡単にいってしまえば、隣人の家からテレビやラジオを盗み出したティーンの2人組と、まったく別にお医者さんごっこをやっていた10歳と11歳のカップルが、真夜中に郊外住宅の庭先で鉢合わせをするという物語なのである。テレビやラジオを抱えた2人組のティーンと素っ裸の子供のカップルが、静まりかえった郊外の芝生のうえで無言で対面している光景は、何ともシュールだが、これがパジャマパーティということになるのだ。

そしていかにもホームズらしいのは、こんな場面で10歳の女の子が、ボーイフレンドのペニスの様子をひそかに観察しているところだろう。そのペニスは、ふたりで裸で外に出たときには興奮でいっそう硬くなり、ティーンの2人組の片方から煙草を黙って差し出されるとすこし萎《しぼ》んだように見え、そのティーンが女の子の体に触れるとまた硬くそそり立つのだ。

ホームズの描く郊外の子供たちは、自分の殻に閉じこもり、どこか歪みがあるが、彼女はそれを奇妙なユーモアとイメージで描いてしまう。

両親が離婚し、母子家庭に暮らす「Looking for Johnny」の主人公の少年は、ある日、見知らぬ男に誘拐されてしまうのだが、男といっしょにいるうちに父親が家にいた時代を思い出し、犯人のほうが手を焼くことになる。「Chunky in Heat」では、ティーンの娘が、自分の家の裏庭で、隣人が覗いていることを想像しながらマスターベーションに耽っている。「The I of It」の主人公の少年は、女ばかりの家族のなかに暮らすうちに、自分のペニスに独特な愛情を抱くようになり、「Yours Truly」の主人公の少女は、クロゼットのなかにこもって、自分に宛ててせっせと手紙を書いている。

こうして見てくると、ホームズが、レーマンやバートンと共通するような感性を持ち合わせているのがおわかりいただけるだろう。そして、彼らが描く郊外の世界やティーンの姿は、90年代の予感でもあるのだ。

＊＊＊

それでは、この章の最後に、１９９８年の郊外の様子を少しだけ覗いてみることにしよう。といっても、これは実はＳＦの世界の話である。マーク・レイドローの『パパの原発』（１９８５）は、ＳＦ小説のなかでは珍しく、風刺ＳＦのスタイルで郊外の生活を描いている。もちろん、風刺ＳＦということは、時代は未来に設定されていても、視点は現代に向けられているわけだ。この小説では、核家族とコミュニティの理想を、天まで届くほど高く掲げている住人たちの世界が、ブラック・ユーモアの連発で描かれている。

時代は1998年。小説の舞台となる郊外住宅地の住人たちは、町の周囲に防御システムの壁をめぐらし、よそ者を排除して理想の町作りに励んでいる。特に主人公のジョンソン一家とそのお隣のスミス一家は、それぞれのパパが〝コミュニティ防衛の新時代〟を目指して、ライバル意識をむき出しにしている。そして、スミスが庭に巨大なミサイルを設置すると、ジョンソンは原子力発電装置を自宅に設置する準備を進める、といった具合に話はエスカレートしていく。

その一方でジョンソンは、もちろん核家族の理想に燃えている。彼が暮らすこの町は、「ともに生き、ともに遊び、ともに住む」ことができる、いわばば究極のエッジ・シティである。そんな町の構造を彼はこんなふうに振り返る。

それはアメリカの夢を取り戻すチャンスだった――テロリスト、シンジケート、社会改革などに踏み潰《つぶ》されて、こっぱみじんに消えた夢を。当時の世界は、そのなかで家族を育てたいと望めるような社会ではなかった。しかし壁ひとつ越えたこの街には、平安と、豊かさと、低価格の住宅、最高の教育用ソフトウェア、街自体の健康管理制度があった。

実にいいことずくめのようだが、このアメリカの夢にはかなり危ないものがある。というのも、ジョンソンの息子のひとりは、家庭が丸くおさまるようにというママの強い希望で、赤ん坊のときからゲイになるようにプログラミングされている。ゲイ小説を取り上げた第23章には、息子が親にゲイであることを告白する場面が何度か出てきたが、この小説では、皮肉な逆告白の場面が出てくることになる。そして、ショックを受けた息子は、コミュニティを飛び出し、そこから家族の亀裂が深まっていくことになる。

また、この町では、各家庭の生活がビデオに撮られて、テレビで放映されたり、巷《ちまた》では倦《けん》怠《たい》を解消するために、夫婦が両性の快感を味わうことができる肛門《こうもん》の手術が流行になっていたり、赤ちゃんが手軽にオーブンでできたりと、様々なかたちでコミュニティ精神や郊外の消費生活がカリカチュアされている。一方、町の壁の外では、電子武装したキリスト教勢力が猛威を振るっているといった設定も、この小説のひとつの大きなポイントになっている。

この『パパの原発』は、これまで取り上げた作品とはまったく違う角度から、保守化した80年代のアメリカが見えてくる興味深い作品なのである。

第26章　コミュニティの理想と個人の希望のはざまで
──『トラスト・ミー』、『パブリック・アクセス』

50年代から始めたアメリカの郊外の探訪もいよいよこの章で最後ということになる。この章ではまとめの意味も込めて、2本の映画を取り上げたいと思う。その映画はどちらも90年以降に発表された作品で、郊外住宅地（あるいはスモールタウン）という小さなコミュニティをアメリカの縮図としてとらえ、そこから普遍的なテーマを導き出している。

もちろんそれは、これまで取り上げてきた作品にも当てはまることだが、要するにホラーでもファンタジーでも風刺でもなく、環境や家族の変化をとらえた新しいイメージがあるというわけでもなく、何よりもまず平均的なアメリカをありのままに見ることから出発しているということである。

また、この2本の映画は、まったくタイプの違う作品でありながら、テーマや作品から浮かび上がるイメージに共通点が多いこと、結末が対照的であることから、まるでコインの裏表のように見えるのがとても興味深い。

＊＊＊

最初に取り上げるのは、ニューヨーク・インディーズの新鋭監督ハル・ハートリーの作品『トラスト・ミー』（１９９０）である。

これは、それぞれに平凡な中流家庭のなかで、信じられるものを見失ってしまった若い男女を主人公にしたラブストーリーだが、主人公たちを取り巻く家庭、郊外の日常が、独自の視点でとてもリアルに描かれている。

この映画のなかで、最初は冴《さ》えないように見えるふたりの主人公たちがしだいに魅力的な存在へと変わっていくのは、彼らと物語の背景になる郊外の世界とのコントラストがはっきりしていくからだといってもいい。監督のハートリーは、登場人物たちの背景の説明といったものを大胆に省略する一方で、郊外のライフスタイルの画一的なイメージを、笑いを誘うようなユーモアで強調してみせる。主人公たちの魅力は、その画一的なイメージからはみ出すというか、さまよい出すように浮き彫りにされていくのである。

映画の舞台になるのは、ロングアイランドの郊外の町だ。ふたりの主人公の家庭は、どちらももめている。

主人公のひとり、16歳のマリアは、ハイスクールを中退し、しかも妊娠していることが両親の知るところとなる。映画は、怒った父親が彼女に罵声《ばせい》を浴びせる場面から始まる。マリアは、怒鳴る父親に平手打ちをみまい、父親は驚きのあまり心臓発作を起こして昇天してしまう。それればかりか、お腹の子供の父親であるボーイフレンド（ちなみにハイスクールのスポーツ選手である）にふられたあげく、母親に家を追い出されてしまう。

もうひとりの主人公、コンピュータ技師のマシューは、父親とのふたり暮らしである。彼はふだんから父親との関係が芳しくないところにもってきて、勤めていたテレビの製造工場を父親にひと言の相談もなく唐突に辞めてしまったとあって、こちらも親子がもめている。

そこで、それぞれに信じられるものを見失ったふたりが、偶然出会うことになる。普通の映画だとこのような設定から、家庭や個人的な背景が明らかにされていくところだが、先ほど書いたようにハートリーは、そうした説明はあっさりと省略してしまう。その代わりに、ふたりがさまようことになる郊外の世界を、独特のユーモアをちりばめ、印象的に描いていくのだ。

たとえば、この映画には、主人公たちが奇妙な成り行きで人捜しをするはめになるという展開が盛り込まれているが、そのドラマからは郊外の世界というものがくっきりと浮かび上がってくる。

ふたりが捜す人物は、家を追い出されたマリアが町で偶然、言葉を交わすことになった中年女性である。マリアは、ふたりが話をした後で、彼らのそばに置かれていたベビーカーから赤ん坊が盗まれるという事件が起こったことを知る。そして、中年女性が子供がいなくて寂しいという話をしていたことを思い出すのだ。

ところがマリアは、その女性について、レイチェルという名前以外、住所も電話番号も何も知らない。手がかりは、彼女の話に出てきた夫の話題だけだ。マリアは、彼女の夫が毎日5時15分の列車で帰ってくること、彼を識別するいくつかの特徴、休暇の話などを記憶していた。

そこでマリアとマシューは、駅の出口に立って、5時15分の列車から降りてくる男たちを待ちうける。ところが、仕事を終えて郊外の駅に降りたつ男たちは、パイプや眼鏡といった特徴が意味をなさないくらいみな同じかっこうをしている。しかたなく駅前に駐車したクルマを調べ出したふたりは、あるクルマに、中年女性の話に出てきた避暑地のステッカーが貼られているのを見て狂喜する。しかし、まわりを見るとどのクルマにもまったく同じステッカーが貼られているのだ。

これはもちろん、画一的なライフスタイルのなかで男たちが無個性化していることを、ユーモラスな誇張によって物語っている。ハートリーはこのように、日常を一瞬だけ別の観点からかいま見るような巧みな表現を使って、ありふれた郊外の風景から奇妙なリアリティを引き出しているのである。

あるいは、映画のなかで主人公のマシューは極端なテレビ嫌いという設定になっているが、これもまた郊外の世界を映し出す鏡になっている。テレビの製造工場を辞めたマシューは、父親の紹介で町の電気屋を訪ねるが、仕事がテレビの修理と聞いて、逃げるように店を出る。そこで彼が目の当たりにするのは、壊れたテレビを抱えて、店の入口から長蛇の列を作る人々の姿なのである。もはや説明の必要もないだろうが、この誇張された光景からもリアリティが滲《にじ》み出てくる。

そして、映画の背景にこうした画一的な郊外のリアリティが積み上げられていくに従って、ふたりの主人公の個性が浮き上がってくるのである。

ハートリーが引き出すこうしたリアリティのなかで、筆者がいちばん印象に残っているのは、清潔な家のイメージだ。

たとえば、マシューの父親は、家で息子と顔をあわせるたびにトイレの掃除を命じる。そのトイレはといえば、頻繁に掃除しているらしく、すでにピカピカに光っている。しかし、それでも父親は息子にトイレの掃除を命じ、マシューはしかたなく、光るトイレを何度も掃除する。

これだけのエピソードであれば、極端に潔癖症の父親ということになるかもしれないが、ハートリーは、映画全体に清潔な家に対するこだわりをちりばめている。

マリアが町で出会った中年女性は、郊外の生活に疲れ果てた気持ちを、家がいつも清潔であることが虚しくて、もっと汚れていればいいと思うことがあるという言葉で表現する。また、マシューの家に転がり込んだマリアが、異様に清潔なキッチンを無頓着《むとんちゃく》に汚してしまう場面では、ひとつひとつの汚れにピリピリとした緊張感が漂っている。

こうした場面を見ながらすぐに筆者の頭に思い浮かんできたのは、第13章で取り上げたデイヴィッド・レーヴィットの『ファミリー・ダンシング』に収められた短編「犠牲者」のことだ。この作品のなかで、郊外の生活を目指していた家族がばらばらになってしまったとき、父親は息子にこう語るのだ。

「間違っても外見の清潔さなんて信用するんじゃない。悪いことっていうのはな、本当に悪いことっていうのはな、いつだって、なにもかもがきれいに片づいていて、住んでいる人間が朝の挨拶《あいさつ》ぐらいしかしないきれいな家で起きるものなんだ」

『トラスト・ミー』の舞台になっているロングアイランドの郊外の町では、まさにこの言葉にあるようなことが起こっているのだ。

監督のハートリーはそのロングアイランドの出身であり、こうした郊外の世界に対する鋭い視点は、個人的な体験とも無縁ではないはずだ。

但し、ハートリーが描くのは、郊外の特別な家庭ではない。彼が映画のなかで登場人物たちの背景を省略しているのは、郊外のどんな家庭にも当てはまるドラマを作ろうとしているからだ。こうした設定について、ハートリー自身はこんなふうに語っている。

「個性も特色もない平均的なアメリカというものに対する私なりの思いから出発しながらも、主題は普遍的であってほしいと思ってましたから、主人公たちの情熱的な闘いが展開するには、灰色で大した価値もない、理想もない世界が舞台としてふさわしいと思ったのです。主人公たちには理想があり、それが彼らを周囲から浮かび上がらせる」

（『トラスト・ミー』プレス資料より引用）

ハートリーは主人公たちに理想があるというが、彼らは決してはっきりとした理想を持っているわけではない。しかも彼らは、あまりにも非力な存在のようにすら見える。にもかかわらず、ささやかだが間違いなく〝希望〟を感じさせるのは、背景となる郊外の世界のリアリティが、彼らの存在を浮き彫りにするからだ。それゆえに、彼らが、テレビや清潔な家ではなく、お互いを信じようと努めることが、妙に魅力的に見えてくるのである。

＊＊＊

そしてもう1本の映画は、ブライアン・シンガーという新人監督が作った『パブリック・アクセス』（1993）である。この映画は、冒頭でも少し触れたように、『トラスト・ミー』とはまったくタイプの違う作品で、サスペンスやスリラーの要素が盛り込まれている。

この映画の舞台になるのは、具体的な場所に関する説明はないが、幹線道路沿いにあり、自然に囲まれたのどかなスモールタウンである。映画の冒頭でカメラは、すっきりと美しく整備された街路やこぎれいな家並み、公園で遊ぶ子供などを映し出す。町の風景は平和そのものに見える。

物語は、この平和なブルースターの町に、ワイリー・プリッチャーという正体不明の男がやって来るところから始まる。彼は町のケーブルテレビの放送局を訪れ、毎週日曜日夜7時からという〝ファミリー・アワー〟の時間帯を買い取り、住民が誰でも電話参加できる番組を開設する。「我らが町」というのがその番組のタイトルだ。

そして、テレビカメラの前に座った彼は、大胆にも「この町の欠点は何か？」というテーマを掲げる。つまり、テレビと電話というメディアを利用して、ひとつにまとまっているように見えるコミュニティの壁をくぐりぬけ、個人個人に向かって挑発的な質問をぶつけるのである。このコミュニティが個人の集合体に変わる一瞬には、はっとさせられるようなインパクトがある。

一方、これを住人の側から見た場合には、求心力を欠いたコミュニティのなかに、突然新たな中心が出現し、しかもその中心は、やり方によっては、個人を表現したり、主張する場ともなりうるということになる。

そこで、住民からどのような反応が来るかというと、まず匿名の主婦が、隣人に対する苦情をぶちまける。それと同時に、町の主婦たちが、電話の主の正体を突き止めようとお互いに電話をかけまくり、また番組に、苦情に対する応戦の電話が入るというように、町のネットワークが活発化していくのだ。そうなると番組のホスト、謎の男ワイリー・プリッチャーは、テレビ伝道師の影響力を逆手に取った新しいタイプの伝道師のようにも見えてくる。

この映画からは、そんなワイリーの存在を通して、単純な苦情だけではなく、コミュニティの問題やその影に潜む感情が浮かび上がってくる。たとえば、50年代にこの町の町長だった老人は、この番組にゲストとして出演し、町の欠点は個人のプライドが失われ、住民がみんな歯車のひとつになってしまったことだと発言する。
さらに興味深いのは、町のヒーローになりつつあるワイリーを路上で見かけ、彼にくってかかるティーンの発言である。そのティーンはほとんど泥酔に近い状態で、ワイリーに向かってこんな言葉を吐きちらす。

「どうしてこうなったか、レーガンさ。俺たちの親は、何でも信じた。読んだり聞いたりしたことを、全部信じた。ひどい目にあって、ようやく考えなおした。政府や新聞やボスたちが、嘘をついていたことを知ると、一斉に反発したよ、それが当たり前だ。だけどみんな、年をとって疲れてる。争いを好まない。愚かで幸せだった昔が懐かしくなって、また何でも信じはじめた。俺たちも危ないよ」

いうまでもなく彼は、行き場を失い、酒でうさをはらすしかないレーガン時代のティーンである。
しかしこのコミュニティからは、住民の知らない、もっと切迫した問題が浮かび上がってくる。現町長は、貯蓄組合の金（つまり住民の金だ）を勝手に町の産業を支える企業に融資していたが、その企業はいままさに潰《つぶ》れようとしていたのだ。町の財政は崩壊寸前のところにあった。その事実を知ったワイリーは、問題を公にしようとしている教授と対面する。ところが、この映画の本当の恐ろしさが明らかになるのは、町の真実が見えてきた後のことだ。まず泥酔したティーンの死体が発見される。といえばもうおわかりだろう。謎の男ワイリーは、このコミュニティの理想に異議を唱えようとする個人を処分し、番組のゲストとなった現町長とにこやかに握手を交わし、町を去っていく。彼はいわば、コミュニティに反映されたアメリカの理想を象徴する存在なのだ。

そしてこれが、『トラスト・ミー』とは対照的な結末ということだ。この2本の映画は、コミュニティの理想と個人の希望を描いているので、当然といえば当然だが、象徴的なイメージまで含めて共通する（あるいは見事に対照的な）部分が多く見られる。

まず『トラスト・ミー』のマシューは、テレビを拒絶することで個人の希望を守ろうとする。一方『パブリック・アクセス』のワイリーは、テレビを最大限に利用することで、コミュニティのなかから異分子をあぶり出し、処分する。

『パブリック・アクセス』には、ワイリーが、借りたアパートのバスタブを真剣な表情でみがくシーンが出てくる。『トラスト・ミー』のあの清潔にまつわるイメージがあるだけに、このシーンは妙に生々しく見える。そしてもちろん、ワイリーは外見の清潔さを維持するほうの立場にいる。

さらに眼鏡のイメージである。これはシンガー監督も認めていることだが、ワイリーは眼鏡をかけているかどうかで二重人格的に描かれている。眼鏡をかけているときは冷静なヒーローだが、異分子を血祭りに上げるときにはその眼鏡がない。『トラスト・ミー』のマリアは、恥ずかしがって眼鏡を隠していたが、マシューに似合うといわれてからよく眼鏡をかけるようになり、自暴自棄ではなく前を見るようになる。

そして2本の映画の結末は対照的だと書いたが、映画が本当に意味するところはもっと複雑である。ワイリーは異分子を処分して、コミュニティの理想を守るが、このコミュニティは間もなく町を支える企業の倒産で崩壊することになる。『トラスト・ミー』は希望の映画だが、現実的には、テレビの製造工場にこもり、手榴弾《しゅりゅうだん》で自爆しようとしたマシューは逮捕され、町から連行されていく。それでもマリアは、眼鏡をかけて彼を見送りつづけるのだが……。

この2本の映画は、個人の希望が描かれていても、コミュニティの理想が描かれていても、その背景に目を凝らせば、どちらの監督もいままさに硬直し、崩壊しつつあるコミュニティをとらえている。

80年代の保守化は、ある意味ではアメリカ全体が50年代の価値観を見直す時代だったといえるが、90年以降に発表されたこの2本の映画には、その後の現実をかいま見ることができるだろう。郊外のコミュニティに反映されたアメリカの理想は、いままさに大きな岐路に立たされているのだ。

あとがき

筆者がアメリカのサバービアに関心を持ったきっかけと、その関心が本のかたちになる過程については、序章で触れた通りだが、ここで本書の趣旨について少し補足しておきたい。

まず本文では意識してまったく触れなかったが、本書の内容については、日本の現在、あるいは近い将来の状況を念頭に置いて書いたつもりである。

日本の戦後はアメリカとは好対照をなしたが、日本もまた遅ればせながら高度経済成長を遂げ、中流と呼ばれる人々が国民の大半を占める時代を迎えて久しい。そして、アメリカほど急激ではなかったものの、郊外化も着実に進行している。

これは筆者が意識するようになったためなのかもしれないが、特にこの数年の間に雑誌のグラビアなどで、郊外住宅地といえるような光景を目にする機会が増えたように思う。それは、たとえば高速道路の立体交差を背景に、まったく同じ格好をした真新しい住宅が碁盤の目のように並ぶ光景であったり、幹線道路沿いにファミリーレストランやコンビニ、ファストフード店などが軒を連ね、その向こう側に一面の住宅が広がっているといった光景である。また、テレビをつければ、こぎれいな住宅やシステムキッチン、そして、単純な機能性ではもはや差がつかなくなったために様々な＋aの機能を備えた家庭電化製品のＣＭが、ひっきりなしに流れている。そのテレビもここにきて、衛星放送、ケーブルテレビなどが普及してきている。さらに、ビデオ、パソコン、ファミコン、ファックス、携帯電話、ポケベルなどが、隔離された空間に大きな変化をもたらしつつある。

本書でたどってきた様々な事柄のなかに、こうした日本の郊外生活に当てはまることがあっても不思議はないだろう。たとえば、歴史や伝統から切り離され、隔離された空間のなかで、電子メディアの向こうに広がる世界をある種の現実として受け入れ、成長していく子供は、明らかにそれ以前の世代の子供と感性が異なってくるはずである。

という意味で本書は、アメリカについて書いた本ではあるが、身近なテーマを扱っていることになる。また、本文でこのことにまったく触れなかったのは、読者がそれぞれに思いあたる点が見つかり、自然に興味が広がるほうが望ましいと考えたからだ。

そしてもうひとつの趣旨としては、序章といま書いたことの両方に関係しているが、日本にはアメリカに関する本が氾濫しているわりには、〝サバービア〟について書かれた本が、ほとんど見当たらないということだ。このことは、カタカナ表記の英語が氾濫しているにもかかわらず、サバービアという言葉が、さほど一般化していないことからもわかる。但し、ほとんど見当たらないとはいっても、学術的な本や専門的な本ならちらほら見かける。しかしここでいいたいのは、たとえば本書で取り上げたような映画や小説を見たり読んだりする人たちが、自然に手に取ることができ、そうした作品の背景が見えてくるような本ということである。

そうしたギャップが、本書で少しでも埋められることになれば幸いである。

＊＊＊

話は変わるが、本書の仕上げにかかっているときに、テレビのニュースでこんな話題を耳にした。

アメリカのある郊外住宅地で、それまではコミュニティの総意によって、建物を統一していたものが、これからは住民それぞれが、自分たちの望む家を自由に建てられるというように、条例が改められたというのだ。

この話題だけならたいして印象に残らないが、本書をお読みになった読者は、そこに深い意味を感じることと思う。

本書の最後の章で筆者は、80年代は50年代の価値観を見直す時期で、90年代にその解答が出されつつあるといったことを書いたが、このコミュニティの決断もひとつの解答といっていいだろう。

その50年代の価値観を同時代の目で検証したウィリアム・H・ホワイトは、『組織のなかの人間』の結びにおいて、集団の倫理と個人主義にスポットをあて、プロテスタントの倫理への復帰といったこととは無関係な、もっと普遍的な意味での個人主義の必要性を主張している。そして彼は、この本を次のような文章で結んでいる。

組織によって提供される精神の平和は、一つの屈服であり、それがどんなに恩恵的に提供されようと、屈服であることに変わりはないのである。それが問題なのだ。

＊＊＊

序章では、本書を書くための資料が、ぽんぽんと出てきたかのように書いたが、これは正直いってひと苦労だった。この資料探しの作業では、翻訳家の小川隆《おがわたかし》氏にたいへんお世話になった。氏の協力がなかったら、筆者はいまだにサバービアの迷宮をさまよっていたことだろう。心から感謝するしだいである。そして、本書のデザインについてあれこれと知恵をしぼり、素晴らしい本に仕上げてくれた平野敬子《ひらのけいこ》さんと葛西薫《かさいかおる》さんにも心から感謝したい。

それから、伊藤俊治《いとうとしはる》氏、生井英考《いくいえいこう》氏、川本三郎《かわもとさぶろう》氏をはじめ、これまで様々なかたちでお世話になった方々にもお礼を申し上げたい。

最後に、企画の段階ではなかなか全貌《ぜんぼう》が見えにくい本書の趣旨をご理解いただき、本の完成まで辛抱強くおつきあいいただいた東京書籍編集部、滑川英達氏に心からお礼を申し上げたい。

1993年　夏

大場《おおば》正明《まさあき》

新書版あとがき

本書の復刊が決まり、久しぶりに読み返して、このようにまとめるためにかなり苦労したことを思い出した。映画、小説やノンフィクション、写真、絵画、音楽などを材料に、〝サバービア〟に着目して、戦後から90年代初頭に至るアメリカ社会、ライフスタイル、家族と個人、人種的・性的マイノリティ、若者文化などを掘り下げるという構想は固まったものの、手本になるような文献などは見当たらず、ゼロから組み立てていくしかなかった。まだインターネットも普及していなかったので、資料を集めるのも楽ではなかった。

本書の構成には時間切れになるまで何度も変更を加えた。サバービアの変遷を単純に時代で区切り、そこに作品を振り分け、過去を振り返るような内容にはしたくなかった。本書が出たあとで、サバービアへの視点が映画や小説などでどのように更新されていくのかをあれこれ想像し、その可能性を感じる要素をできるだけ盛り込むよう心がけた。

今回の再読は、そうした意図にどれほど意味があったのかを確認する機会にもなった。その結果、いくつか気づいたことを列記したい。

本書では、50年代の諸相を多面的にとらえてから80年代まで進んだあとで、50年代のダークサイドを描くスティーヴン・キング、デイヴィッド・リンチ、フィリップ・K・ディックの視点を掘り下げる、というように50年代が重要な位置を占めている。47年生まれのキング、46年生まれのリンチ、28年生まれのディックは、実際に50年代を体験しているが、では、そうした視点は50年代を知らないより若い世代にも引き継がれていくのか。

そこで注目したいのが、本書執筆時には名前もほとんど知られていなかったふたりの監督の作品だ。

今では「007」シリーズの監督としても知られる65年生まれのサム・メンデスは、90年代のサバービアを舞台にした長編デビュー作『アメリカン・ビューティー』(1999)で、それぞれに表層的な美しさや豊かさにとらわれていく家族の姿を皮肉なユーモアを交えて描き、アカデミー賞で作品賞、監督賞を含む5部門の受賞を果たした。さらに、サバービアへの関心は50年代へと向かい、本書の第8章で取り上げたリチャード・イエーツの『家族の終わりに』を映画化した『レボリューショナリー・ロード／燃え尽きるまで』(2008)で、50年代の画一的なサバービアに暮らし、生き甲斐《がい》を求めてもがき、崩壊していく夫婦の姿を浮き彫りにした。

61年生まれのトッド・ヘインズは、レーガン時代の87年、防犯対策が施された富裕層向けのサバービアを舞台にした『SAFE』（1995）で、主婦を襲う化学物質過敏症と、インナーシティにはびこるギャングに対して彼女が感じている漠然とした不安を巧みに結びつけ、異様な閉塞感《へいそく》を視覚化した。さらに、57年のコネティカット州のサバービアを舞台にした『エデンより彼方に』（2002）では、50年代にメロドラマを量産したダグラス・サークにオマージュを捧《ささ》げつつ、そこに女性／同性愛者／黒人に対する抑圧／偏見／差別というヘインズ自身の関心を盛り込んでみせた。

本書で、先述したフィリップ・K・ディックに1章を割いたのは、50年代への視点を確認するためだけではない。彼のSF小説から浮かび上がる現実が侵食され、消失する状況は、サバービアと深く結びついているが、そんなユニークな発想で現実が揺らぐサバービアを描くような映画はまだなかった。しかし今では、そんな映画が観られる。

真っ先に取り上げなければならないのは、ピーター・ウィアー監督の『トゥルーマン・ショー』（1998）だ。主人公は妻と景観に恵まれたサバービアに暮らす営業マンだが、実はその世界は巨大なドームに作られたセットで、彼は生まれたときから知らないままにテレビ番組の主人公を演じつづけ、お茶の間のスターになっている。脚本のアンドリュー・ニコルとウィアーは、本書で取り上げたディックの『時は乱れて』にインスパイアされて、この設定を作った。その主人公は単に真実にたどり着くだけでなく、その間に彼と視聴者にとってサバービアそのものが、幸福ではなく彼らを抑圧するものに変わっている。

ゲイリー・ロス監督の『カラー・オブ・ハート』（１９９８）の発想も『トゥルーマン・ショー』に近い。両親の離婚で家族が壊れ、テレビで放映されている50年代のホームドラマだけが救いになっている高校生が、そのホームドラマの世界に入り込んでしまうことで、サバービアの幻想を拭《ぬぐ》い去っていく。そんな物語を、本書でも取り上げた50年代にタイムスリップする『バック・トゥ・ザ・フューチャー』（１９８５）と対比してみると、80年代半ばと90年代末の視点の違いが明確になる。

88年のサバービアを舞台にしたリチャード・ケリー監督の『ドニー・ダーコ』（２００１）では、精神が不安定なために通院している高校生が、悪魔のようにも見えるウサギに導かれて事故死を免れ、ウサギが告げる世界の終わりをめぐって生死の分岐点（そこにタイムループが絡む）に立たされる。このドラマでは、本書で触れたサタニズムやテレビ伝道師などをデフォルメしたようなイメージや人物が目を引き、レーガン時代を生きてきた主人公が、出口を求めてもがいているようにも見える。

主人公がある場所から抜け出す、あるいは幻想を拭い去ることは、そこに境界があり、向こう側があることを意味するが、「新しいフロンティアのリアリティ」というタイトルを付けた本書の第22章では、住人たちが新たな環境に溶け込み、境界が曖昧《あいまい》になり、リアリティが変化しつつある世界が見えてきた。

ではその先でリアリティはどこまで変化しているのか。ギリアン・フリンの『ゴーン・ガール』（２０１２）とデヴィッド・フィンチャーが映画化した『ゴーン・ガール』（２０１４）は、そのひとつの答えになっている。より分かりやすいのはフリンの原作の方だ。舞台となる町カーセッジは、85年に建設された広大なショッピングモールに支えられた企業城下町だった。本書に当てはめるならエッジ・シティ、新しいフロンティアといえるが、そのモールは不況に襲われて廃墟《はいきょ》になっている。

しかし、主人公夫婦にとってモールはもはや重要な位置を占めているわけではない。フリンの関心は、世の中に退屈しきっている夫の心の声によく表れている。どんな世界の驚異の数々も、興奮をかきたてるように作り込まれたテレビの番組やＣＭの映像による間接的な体験の方が印象に残り、もはや本物は太刀打ちできない。テレビや映画やインターネットとともに育ったせいで、誰も彼もが似通っていて、リアルな本物の人間でいるということがひどく難しい時代になっている。

つまり、境界は崩れ、本物はリアルな演出に呑《の》み込まれ、もっといえば真実も自在に捻《ね》じ曲げられる。そんな視点は夫婦に起こる事件に反映されている。

さらに、「現代の郊外では何が起こっているのか」というタイトルを付けた第24章で触れたまったく異なるふたつの事柄についても、少しだけ加筆しておきたい。

ニュージャージー州グレン・リッジで起こった事件からは、サバービアにおけるスクールカーストとそれを黙認、擁護するようなコミュニティの体質という問題が浮かび上がってきたが、99年にコロラド州で起こったコロンバイン高校銃乱射事件も、サバービアという背景から掘り下げることができる。

もうひとつは、FFFというサバーバン・ギャングが拠点にしていた地域として、その発展過程にも言及したロサンゼルス郊外のサンフェルナンド・バレー（以下バレーと略す）についてで。当時は、バレーを舞台にして印象に残った映画といえば、エイドリアン・ライン監督の『フォクシー・レディ』（1980）とスピルバーグの『E.T.』（1982）くらいのものだったが、その後、多くの映画が作られている。その代表はバレー出身のポール・トーマス・アンダーソン監督で、『ブギーナイツ』（1997）、『マグノリア』（1999）、『パンチドランク・ラブ』（2002）、『リコリス・ピザ』（2021）でバレーを舞台にしている。他に、先述した『SAFE』、ポール・ハギス監督の『クラッシュ』（2004）、デイヴィッド・ジェイコブソン監督の『ダウン・イン・ザ・バレー』（2005）、フローリア・シジスモンディ監督の『ランナウェイズ』（2010）といった作品があげられる。

ヴィンセント・ギャロ監督の『バッファロー'66』（１９９８）やテリー・ツワイゴフ監督の『ゴーストワールド』（２００１）といった愛すべき映画にも触れたかったが、長くなるのでここらでやめておく。本書が出版されてから30年近くの間に、サバービアを多様な視点で掘り下げる作品がたくさん発表されてきたが、それらを踏まえた上で今、本書を読むと、当時とは違った新たな発見があるのではないだろうか。本書はＷＥＢでテキストを公開していたが、やはり本だと印象が変わるので、じっくり読み直していただけるとありがたい。

最後に、本書が絶版となっている間もＳＮＳなどで本書を取り上げ、支持していただいた杉江松恋氏、速水健朗氏、川出正樹氏、佐々木友輔氏、渡部幻氏、佐野亨氏、田中亮太氏やたくさんの読者のみなさん（泣けるような忘れ難い投稿もあった）、そして、江坂健氏、川上健太氏、長沢明氏、高岡洋詞氏、佐藤良明氏、伊藤俊治氏、生井英考氏をはじめ、これまで様々なかたちでお世話になった方々に感謝したい。

本書はこれまで何度か復刊の話があったが、すべて立ち消えになっていた。それだけに、何年も前から本書に強い関心を持ち、復刊を実現していただいたＫＡＤＯＫＡＷＡの菊地悟《きくちさとし》氏に心からお礼を申し上げたい。

大場正明

シャノン、キャスリン・ハーン、デイヴィッド・ハーバー

『SAFE（ビデオタイトル:ケミカル・シンドローム）』Safe（1995）監督・脚本：トッド・ヘインズ／キャスト：ジュリアン・ムーア、ザンダー・バークレイ、ピーター・フリードマン、ジェームズ・レグロス、スーザン・ノーマン

『エデンより彼方に』Far from Heaven（2002）監督・脚本：トッド・ヘインズ／キャスト：ジュリアン・ムーア、デニス・クエイド、デニス・ヘイスバート、パトリシア・クラークソン、ヴィオラ・デイヴィス

『トゥルーマン・ショー』The Truman Show（1998）監督：ピーター・ウィアー／製作・脚本：アンドリュー・ニコル／キャスト：ジム・キャリー、エド・ハリス、ローラ・リニー、ノア・エメリッヒ、ナターシャ・マケルホーン

『カラー・オブ・ハート』Pleasantville（1998）製作・監督・脚本：ゲイリー・ロス／キャスト：トビー・マグワイア、リース・ウィザースプーン、ジョーン・アレン、ジェフ・ダニエルズ、ウィリアム・H・メイシー

『ドニー・ダーコ』Donnie Darko（2001）監督・脚本：リチャード・ケリー／キャスト：ジェイク・ギレンホール、ジェナ・マローン、メアリー・マクドネル、ドリュー・バリモア、パトリック・スウェイジ、キャサリン・ロス、マギー・ギレンホール

『ゴーン・ガール』Gone Girl（2014）監督：デヴィッド・フィンチャー／原作・脚本：ギリアン・フリン／キャスト：ベン・アフレック、ロザムンド・パイク、ニール・パトリック・ハリス、タイラー・ペリー、キム・ディケンズ、キャリー・クーン

山本裕之訳（新宿書房、1993）
Leader of the Pack by Randall Sullivan (Rolling Stone, September 4th 1986)

『スピリチュアル・ヒーリング』デス（CBS/Sony Records, 1990）
『ライツ・カメラ・レヴォリューション』スイサイダル・テンデンシーズ（Epic/Sony Records, 1990）

第25章

The Safety of Objects by A. M. Homes (Vintage Contemporaries, 1990)
『パパの原発』マーク・レイドロー著、友枝康子訳（早川書房、1988）

『ヘザース ベロニカの熱い日』 Heathers（1988）監督：マイケル・レーマン／脚本：ダニエル・ウォーターズ／キャスト：ウィノナ・ライダー、クリスチャン・スレーター、シャナン・ドハーティ、リサンヌ・フォーク、キム・ウォーカー、ペネロープ・ミルフォード
『アップルゲイツ』 Meet the Applegates（1990）監督・脚本：マイケル・レーマン／キャスト：エド・ベグリー・Jr、ストッカード・チャニング、ダブニー・コールマン、ボビー・ジャコビー、カミ・クーパー
『シザーハンズ』 Edward Scissorhands（1990）製作・監督・原案：ティム・バートン／原案・脚本：キャロライン・トンプソン／音楽：ダニー・エルフマン／キャスト：ジョニー・デップ、ウィノナ・ライダー、ダイアン・ウィースト、アンソニー・マイケル・ホール、キャシー・ベイカー、ヴィンセント・プライス

第26章

『トラスト・ミー』 Trust（1990）監督・脚本：ハル・ハートリー／キャスト：エイドリアン・シェリー、マーティン・ドノヴァン、メリット・ネルソン、ジョン・A・マッケイ、イーディ・ファルコ、スザンヌ・コストロス
『パブリック・アクセス』 Public Access（1993）監督・脚本：ブライアン・シンガー／キャスト：ロン・マークエット、バート・ウィリアムズ、ラリー・マクスウェル、ブランドン・ボイス、チャールズ・カヴァナー

新書版あとがき

『ゴーン・ガール（上・下）』ギリアン・フリン著、中谷友紀子訳（小学館、2013）

『アメリカン・ビューティー』 American Beauty（1999）監督：サム・メンデス／脚本：アラン・ボール／キャスト：ケヴィン・スペイシー、アネット・ベニング、ソーラ・バーチ、ウェス・ベントリー、ミーナ・スヴァーリ、ピーター・ギャラガー、クリス・クーパー
『レボリューショナリー・ロード／燃え尽きるまで』 Revolutionary Road（2008）製作・監督：サム・メンデス／原作：リチャード・イエーツ／脚色：ジャスティン・ヘイス／キャスト：レオナルド・ディカプリオ、ケイト・ウィンスレット、キャシー・ベイツ、マイケル・

ト:ジェフ・ダニエルズ、ハーレイ・ジェーン・コザック、ジョリアン・サンズ、ジョン・グッドマン、スチュアート・パンキン
『ストレート・アウト・オブ・ブルックリン』Straight Out of Brooklyn (1991) 製作・監督・脚本:マティ・リッチ/キャスト:ラリー・ギリアード・Jr、ジョージ・T・オドム、アン・D・サンダース、バーバラ・サノン、リアナ・E・ドラモンド

第21章

Highways to Heaven: The Auto Biography of America by Christopher Finch (HarperCollins, 1992)
Edge City: Life on the New Frontier by Joel Garreau (Doubleday, 1991)
The Whistling Song by Stephen Beachy (W.W. Norton & Company, 1992)
※邦訳は『路の果て、ゴーストたちの口笛』スティーヴン・ビーチー著、渡辺伸也、近藤隆文訳(大栄出版、1996)

第22章

『ムーン・デラックス』フレデリック・バーセルミ著、橘雅子訳(中央公論社、1991)

『デヴィッド・バーンのトゥルー・ストーリー』True Stories (1986) 監督・脚本・音楽:デイヴィッド・バーン/キャスト:デイヴィッド・バーン、ジョン・グッドマン、アニー・マッケンロー、スポルディング・グレイ、アリックス・エリアス、ジョー・ハーヴェイ・アレン
『ゾンビ』Dawn of the Dead (1978) 監督・脚本:ジョージ・A・ロメロ/キャスト:デイヴィッド・エムゲ、ケン・フォリー、スコット・H・ライニガー、ゲイラン・ロス

『リトル・クリーチャーズ』トーキング・ヘッズ(東芝EMI、1985)

第23章

Being Homosexual: Gay Men and Their Development by Richard A. Isay (Avon Books, 1989)
Jack by A. M. Homes (Vintage Contemporaries, 1990)
『愛されるよりなお深く』デイヴィッド・レーヴィット著、幸田敦子訳(河出書房新社、1991)
『この世の果ての家』マイケル・カニンガム著、飛田野裕子訳(角川書店、1992)

第24章

Teenage Wasteland: Suburbia's Dead End Kids by Donna Gaines (Pantheon, 1991)
The Book of Shadows by Ed Kiersh (Spin, August 1988)
Darkness at the Heart of Town by Peter Wilkinson (Rolling Stone, October 5th 1989)
『アメリカの極右―白人右派による新しい人種差別運動』ジェームズ・リッジウェイ著、

ルース・ジョエル・ルービン／原作：ダイアナ・ヘンステル／キャスト：マシュー・ラボート、クリスティ・スワンソン、マイケル・シャレット、アン・トゥーミー、リチャード・マーカス
『壁の中に誰かがいる』 The People Under the Stairs（1991）製作総指揮・監督・脚本：ウェス・クレイヴン／キャスト：ブランドン・アダムス、エヴェレット・マッギル、ウェンディ・ロビー、A・J・ランガー、ヴィング・レイムス

第19章

『ベルーシ殺人事件 ハリウッドスターたちとドラッグの証言』 ボブ・ウッドワード著、井上篤夫編訳（集英社、1985）
『ペット・セマタリー（上・下）』 スティーヴン・キング著、深町眞理子訳（文藝春秋、1989）
Max Lakeman and the Beautiful Stranger by Jon Cohen (Black Swan, 1991)

『ネイバーズ』 Neighbors（1981）監督：ジョン・G・アヴィルドセン／脚本：ラリー・ゲルバート／原作：トーマス・バーガー／キャスト：ジョン・ベルーシ、ダン・エイクロイド、キャスリン・ウォーカー、キャシー・モリアーティ
『メイフィールドの怪人たち』 The 'Burbs（1989）監督：ジョー・ダンテ／脚本：ダナ・オルセン／キャスト：トム・ハンクス、キャリー・フィッシャー、ブルース・ダーン、コリー・フェルドマン
『チェッキング・アウト』 Checking Out（1989）監督：デイヴィッド・リーランド／脚本：ジョー・エスターハス／キャスト：ジェフ・ダニエルズ、メラニー・メイロン、マイケル・タッカー、キャスリーン・ヨーク

第20章

New Black Films, New Insights by Nina J. Easton (Los Angeles Times, May 1991)

『サムシング・ワイルド』 Something Wild（1986）製作・監督：ジョナサン・デミ／脚本：E・マックス・フライ／キャスト：メラニー・グリフィス、ジェフ・ダニエルズ、レイ・リオッタ、ジョン・セイルズ、ジョン・ウォーターズ
『愛されちゃって、マフィア』 Married to the Mob（1988/劇場未公開・ビデオ発売）監督：ジョナサン・デミ／音楽：デイヴィッド・バーン／キャスト：ミシェル・ファイファー、マシュー・モディーン、ディーン・ストックウェル、アレック・ボールドウィン、ジョーン・キューザック
『トラック29』 Track 29（1988）監督：ニコラス・ローグ／脚本：デニス・ポッター／キャスト：テレサ・ラッセル、ゲイリー・オールドマン、クリストファー・ロイド、コリーン・キャンプ、サンドラ・バーンハード、シーモア・カッセル
『アラクノフォビア』 Arachnophobia（1990）監督・製作総指揮：フランク・マーシャル／製作総指揮：スティーヴン・スピルバーグ／原案・脚本：ドン・ジャコビー／キャス

『**ブルーベルベット**』Blue Velvet（1986）監督・脚本：デイヴィッド・リンチ／音楽：アンジェロ・バダラメンティ／キャスト：カイル・マクラクラン、ローラ・ダーン、イザベラ・ロッセリーニ、デニス・ホッパー、ディーン・ストックウェル、ジョージ・ディッカーソン
『**ペアレンツ**』Parents（1989）監督：ボブ・バラバン／脚本：クリストファー・ホーソーン／音楽：ジョナサン・イライアス、アンジェロ・バダラメンティ／キャスト：ランディ・クエイド、メアリー・ベス・ハート、サンディ・デニス、ブライアン・マドースキー
『**ワイルド・アット・ハート**』Wild at Heart（1990）監督・脚本：デイヴィッド・リンチ／原作：バリー・ギフォード／音楽：アンジェロ・バダラメンティ／キャスト：ニコラス・ケイジ、ローラ・ダーン、ダイアン・ラッド、ウィレム・デフォー、イザベラ・ロッセリーニ、ハリー・ディーン・スタントン
『**クライ・ベイビー**』Cry-Baby（1990）監督・脚本：ジョン・ウォーターズ／キャスト：ジョニー・デップ、エイミー・ロケイン、スーザン・ティレル、ポリー・バーゲン、イギー・ポップ、リッキー・レイク、トレイシー・ローズ、ウィレム・デフォー

第17章
『**パーマー・エルドリッチの三つの聖痕**』フィリップ・K・ディック著、浅倉久志訳（早川書房、1978）
『**ユービック**』フィリップ・K・ディック著、浅倉久志訳（早川書房、1978）
『**戦争が終り、世界の終りが始まった**』フィリップ・K・ディック著、飯田隆昭訳（晶文社、1985）
The Broken Bubble by Philip K. Dick (Paladin, 1991)
『**小さな場所で大騒ぎ**』フィリップ・K・ディック著、飯田隆昭訳（晶文社、1986）
『**メアリと巨人**』フィリップ・K・ディック著、菊池誠、細美遙子訳（筑摩書房、1992）
『**時は乱れて**』フィリップ・K・ディック著、山田和子訳（サンリオ、1978）※現在出版されている邦訳は『**時は乱れて**』（早川書房、2014）
『**フィリップ・K・ディックの世界 消える現実**』ポール・ウィリアムズ著、小川隆、大場正明訳（ペヨトル工房、1991）※現在出版されているのは復刊版『**フィリップ・K・ディックの世界**』（河出書房新社、2017）

第18章
『**ハロウィン**』Halloween（1978）監督・脚本・音楽：ジョン・カーペンター／キャスト：ジェイミー・リー・カーティス、ドナルド・プレザンス、ナンシー・キーズ、チャールズ・サイファーズ、トニー・モラン
『**鮮血の美学**』The Last House on the Left（1972）監督・脚本・編集：ウェス・クレイヴン／キャスト：サンドラ・カッセル、ルーシー・グランサム、デイヴィッド・A・ヘス、フレッド・リンカーン、ゲイロード・セント・ジェームズ、シンシア・カー
『**エルム街の悪夢**』A Nightmare on Elm Street（1984）監督・脚本：ウェス・クレイヴン／キャスト：ヘザー・ランゲンカンプ、ジョン・サクソン、ロニー・ブレイクリー、ロバート・イングランド、アマンダ・ワイス、ジョニー・デップ
『**デッドリー・フレンド**』Deadly Friend（1986）監督：ウェス・クレイヴン／脚本：ブ

ディス・ゲスト／脚色：アルヴィン・サージェント／キャスト：ドナルド・サザーランド、メアリー・タイラー・ムーア、ティモシー・ハットン、ジャド・ハーシュ、エリザベス・マクガヴァン
『アウトサイダー』 The Outsiders (1983) 製作・監督：フランシス・フォード・コッポラ／原作：S・E・ヒントン／キャスト：C・トーマス・ハウエル、マット・ディロン、ラルフ・マッチオ、ダイアン・レイン、レイフ・ギャレット、ロブ・ロウ、エミリオ・エステベス、パトリック・スウェイジ、トム・クルーズ
『ランブルフィッシュ』 Rumble Fish (1983) 製作総指揮・監督・脚色：フランシス・フォード・コッポラ／原作・脚色：S・E・ヒントン／キャスト：マット・ディロン、ミッキー・ローク、ダイアン・レイン、デニス・ホッパー、ダイアナ・スカーウィッド、ヴィンセント・スパーノ、ニコラス・ケイジ
『すてきな片想い』 Sixteen Candles (1984) 監督・脚本：ジョン・ヒューズ／キャスト：モリー・リングウォルド、アンソニー・マイケル・ホール、ポール・ドゥーリイ、カーリン・グリン、マイケル・シューフリング
『ブレックファスト・クラブ』 The Breakfast Club (1985) 製作・監督・脚本：ジョン・ヒューズ／キャスト：エミリオ・エステベス、モリー・リングウォルド、アリー・シーディ、ジャド・ネルソン、アンソニー・マイケル・ホール、ポール・グリーソン
『ときめきサイエンス（ビデオタイトル：エレクトリック・ビーナス）』 Weird Science (1985) 監督・脚本：ジョン・ヒューズ／キャスト：アンソニー・マイケル・ホール、イラン・ミッチェル＝スミス、ケリー・ルブロック、ビル・パクストン
『フェリスはある朝突然に』 Ferris Bueller's Day Off (1986) 製作・監督・脚本：ジョン・ヒューズ／キャスト：マシュー・ブロデリック、アラン・ラック、ミア・サラ、ジェニファー・グレイ、ジェフリー・ジョーンズ
『ウィズダム／夢のかけら』 Wisdom (1986) 監督・脚本：エミリオ・エステベス／キャスト：エミリオ・エステベス、デミ・ムーア、トム・スケリット、ヴェロニカ・カートライト

第15章

『シャイニング（上・下）』スティーヴン・キング著、深町真理子訳 (パシフィカ、1978)
『クージョ』スティーヴン・キング著、永井淳訳 (新潮社、1983)
『痩せゆく男』リチャード・バックマン著、真野明裕訳 (文藝春秋、1988)
『クリスティーン（上・下）』スティーヴン・キング著、深町眞理子訳 (新潮社、1987)
Danse Macabre by Stephen King (Berkley, 1983) ※邦訳は**『死の舞踏 恐怖についての10章』**(筑摩書房、2017)
Fear Itself: The Horror Fiction of Stephen King edited by Tim Underwood and Chuck Miller (Plume, 1984)
Stephen King: The Art of Darkness by Douglas E. Winter (Signet, 1986)

第16章

The Rolling Stone Interview with David Lynch by David Breskin (Rolling Stone, September 6th 1990)
「デヴィッド・リンチ インタヴュー」平井ゆかり (「ニュー・フリックス」1990年8月号)

ヴィヴィアン・ピアース、ミンク・ストール
『ピンク・フラミンゴ』Pink Flamingos (1972) 製作・監督・脚本・撮影・編集:ジョン・ウォーターズ/キャスト:ディヴァイン、デイヴィッド・ローチャリー、メアリー・ヴィヴィアン・ピアース、ミンク・ストール
『デスペレート・リビング』Desperate Living (1977/劇場未公開・ビデオ発売) 製作・監督・脚本:ジョン・ウォーターズ/キャスト:リズ・レネー、ミンク・ストール、スーザン・ロウ、エディス・マッセイ、ジーン・ヒル
『ポリエステル』Polyester (1981) 製作・監督・脚本:ジョン・ウォーターズ/キャスト:ディヴァイン、デイヴィッド・サムソン、ケン・キング、メアリー・ガーリントン、ジョニー・ルース・ホワイト
『ヘアスプレー』Hairspray (1988) 監督・脚本:ジョン・ウォーターズ/キャスト:リッキー・レイク、ディヴァイン、レスリー・アン・パワーズ、コリーン・フィッツパトリック、デボラ・ハリー

第12章

『ぼくらを撃つな! かつて若かった父へ』J・アンソニー・ルーカス著、鈴木主税訳(草思社、1974)
Bad Boy of Brilliance by Peter Schjeldahl (Vanity Fair, May 1984)
Grown-Up Fast: A True Story of Teenage Life in Suburban America by Betsy Israel (Poseidon Press, 1988)
『アメリカのユダヤ人—ある民族の肖像』チャールズ・E・シルバーマン著、武田尚子訳(サイマル出版会、1988)

『反逆のパンク・ロック』Suburbia (1983/劇場未公開・ビデオ発売) 製作:ロジャー・コーマン/監督・脚本:ペネロープ・スフィーリス/キャスト:クリス・ペダーセン、ジェニファー・クレイ、ビル・コイン、フリー、アンドリュー・ピース ※2022年に劇場公開された

第13章

『ぼくが電話をかけている場所』レイモンド・カーヴァー著、村上春樹訳(中央公論社、1983)
『夜になると鮭は…』レイモンド・カーヴァー著、村上春樹訳(中央公論社、1985)
『ささやかだけれど、役にたつこと』レイモンド・カーヴァー著、村上春樹訳(中央公論社、1989)
『ファミリー・ダンシング』デイヴィッド・レーヴィット著、井上一馬訳(河出書房新社、1988)

第14章

『アメリカのありふれた朝』ジュディス・ゲスト著、大沢薫訳(集英社、1981)

『普通の人々』Ordinary People (1980) 監督:ロバート・レッドフォード/原作:ジュ

第9章
Suburbia by Bill Owens (Straight Arrow Books, 1973)
『贅沢な人びと』ジョイス・キャロル・オーツ著、古沢安二郎訳 (早川書房、1978)
『かれら(上・下)』ジョイス・キャロル・オーツ著、大橋吉之輔、真野明裕訳 (角川書店、1973)
American Appetites by Joyce Carol Oates (Picador, 1991)

第10章
『ジョーズ<顎>』ピーター・ベンチリー著、平尾圭吾訳 (早川書房、1975)
『世界の映画作家38 ルーカス/スピルバーグとハリウッド・ルネッサンスの作家たち』 (キネマ旬報社、1980)

『激突!』 Duel (1971) 監督:スティーヴン・スピルバーグ／原作・脚本:リチャード・マシスン／キャスト:デニス・ウィーヴァー、ジャクリーン・スコット、エディ・ファイアストーン
『続・激突! カージャック』 The Sugarland Express (1974) 監督・原案:スティーヴン・スピルバーグ／キャスト:ゴールディ・ホーン、ウィリアム・アザートン、ベン・ジョンソン、マイケル・サックス
『ジョーズ』 Jaws (1975) 監督:スティーヴン・スピルバーグ／原作・脚本:ピーター・ベンチリー／キャスト:ロイ・シャイダー、ロバート・ショウ、リチャード・ドレイファス、ロレイン・ゲイリー
『ポルターガイスト』 Poltergeist (1982) 監督:トビー・フーパー／製作・原案・脚本:スティーヴン・スピルバーグ／キャスト:クレイグ・T・ネルソン、ジョベス・ウィリアムズ、ヘザー・オルーク、ビアトリス・ストレイト
『太陽の帝国』 Empire of the Sun (1987) 製作・監督:スティーヴン・スピルバーグ／原作:J・G・バラード／キャスト:クリスチャン・ベール、ジョン・マルコヴィッチ、ミランダ・リチャードソン、ナイジェル・ヘイヴァース

第11章
『クラックポット—ジョン・ウォーターズの偏愛エッセイ』ジョン・ウォーターズ著、伊藤典夫訳 (徳間書店、1991)
Midnight Movies by Stuart Samuels (Collier Books, 1983)
A Critical Cinema: Interviews with Independent Filmmakers by Scott MacDonald (University of California Press, 1988)

『モンド・トラッシュ』 Mondo Trasho (1969/劇場未公開・ビデオ発売) 製作・監督・脚本・撮影・編集:ジョン・ウォーターズ／キャスト:ディヴァイン、メアリー・ヴィヴィアン・ピアース、デイヴィッド・ローチャリー、ミンク・ストール
『マルチプル・マニアックス』 Multiple Maniacs (1970) 製作・監督・脚本・撮影・編集:ジョン・ウォーターズ／キャスト:ディヴァイン、デイヴィッド・ローチャリー、メアリー・

第5章

『ヘビー・ペッティング』Heavy Petting (1988) 製作・監督:オビー・ベンツ/ゲスト:デイヴィッド・バーン、ローリー・アンダースン、ウィリアム・バロウズ、アレン・ギンズバーグ

第6章

『アメリカ黒人のジレンマ―「逆差別」という新しい人種関係』上坂昇著(明石書店、1987)
『爆発するメトロポリス』ウィリアム・H・ホワイト他著、小島将志訳(鹿島出版会、1973)

第7章

The Stories of John Cheever by John Cheever (Vintage, 1978)
『巨大なラジオ/泳ぐ人』ジョン・チーヴァー著、村上春樹訳(新潮社、2018)
Home Before Dark: A Biographical Memoir of John Cheever by His Daughter by Susan Cheever (Pocket Books, 1985)
『橋の上の天使』ジョン・チーヴァー著、川本三郎訳(河出書房新社、1992)
『ワップショット家の人びと』ジョン・チーヴァー著、菊池光訳(角川書店、1972)
『ワップショット家の醜聞』ジョン・チーヴァー著、菊池光訳(角川書店、1975)
『ブリット・パーク』ジョン・チーヴァー著、菊池光訳(角川書店、1972)
John Cheever: A Biography by Scott Donaldson (Delta, 1988)
The Letters of John Cheever edited by Benjamin Cheever (Simon & Schuster, 1988)

第8章

Revolutionary Road by Richard Yates (Vintage Contemporaries, 1989)
『家族の終わりに』リチャード・イエーツ著、村松潔訳(ヴィレッジブックス、2008)
『スターン氏のはかない抵抗』ブルース・J・フリードマン著、沼澤洽治訳(白水社、1984)
『言語の都市 現代アメリカ小説』トニー・タナー著、佐伯彰一、武藤脩二訳(白水社、1980)
『カップルズ(I・II)』ジョン・アップダイク著、宮本陽吉訳(新潮社、1970)
John Updike by Judie Newman (Macmillan Education, 1988)

『泳ぐひと』The Swimmer (1968) 製作・監督:フランク・ペリー/脚本:エレノア・ペリー/原作:ジョン・チーヴァー/キャスト:バート・ランカスター、マージ・チャンピオン、キム・ハンター、ジャネット・ランドガード、ジャニス・ルール

参考／引用文献・映画・音楽

（複数の章にまたがる場合には初出の章にのみ記した）

序章

The Steven Spielberg Story: The Man Behind the Movies by Tony Crawley (Quill,1983)

『未知との遭遇』スティーブン・スピルバーグ著、井坂清訳（三笠書房、1978）

『E.T.』 E.T. the Extra-Terrestrial（1982）製作・監督：スティーヴン・スピルバーグ／脚本：メリッサ・マシスン／キャスト：ディー・ウォーレス、ヘンリー・トーマス、ロバート・マクノートン、ドリュー・バリモア、ピーター・コヨーテ

『未知との遭遇』 Close Encounters of the Third Kind（1977）監督・脚本：スティーヴン・スピルバーグ／キャスト：リチャード・ドレイファス、フランソワ・トリュフォー、テリー・ガー、メリンダ・ディロン、ボブ・バラバン

第1章

『バック・トゥ・ザ・フューチャー』 Back to the Future（1985）製作総指揮：スティーヴン・スピルバーグ／監督・脚本：ロバート・ゼメキス／キャスト：マイケル・J・フォックス、クリストファー・ロイド、リー・トンプソン、クリスピン・グローヴァー、ウェンディ・ジョー・スパーバー、マーク・マクルーア

『リトル・ショップ・オブ・ホラーズ』 Little Shop of Horrors（1986）監督：フランク・オズ／脚本：ハワード・アシュマン／キャスト：リック・モラニス、エレン・グリーン、スティーヴ・マーティン、ヴィンセント・ガーディニア、ジェームズ・ベルーシ

第2章

『何のための豊かさ』デイヴィッド・リースマン著、加藤秀俊訳（みすず書房、1968）

The Good Life: The Meaning of Success for the American Middle Class by Loren Baritz (Alfred A. Knopf, 1988)

『組織のなかの人間—オーガニゼーション・マン（上・下）』ウィリアム・H・ホワイト著、岡部慶三、藤永保、辻村明、佐田一彦訳（東京創元社、1959）

第3章

Teenagers and Teenpics: The Juvenilization of American Movies in the 1950s by Thomas Doherty (Unwin Hyman, 1988)

Logics of Television: Essays in Cultural Criticism edited by Patricia Mellencamp (Indiana University Press, 1990)

『理由なき反抗』 Rebel Without a Cause（1955）監督・原案：ニコラス・レイ／キャスト：ジェームズ・ディーン、ナタリー・ウッド、サル・ミネオ、ジム・バッカス、アン・ドラン

本書は、一九九三年十一月に東京書籍より刊行された『サバービアの憂鬱　アメリカン・ファミリーの光と影』を改題の上、加筆修正して復刊したものです。

大場正明（おおば・まさあき）
評論家。1957年、神奈川県生まれ。中央大学法学部卒。「ニューズウィーク日本版」（Web）のコラム「映画の境界線」や「週刊朝日」の映画星取表を担当中。編著書に『CineLesson15 アメリカ映画主義　もうひとつのU.S.A.』（フィルムアート社）、監修書に『90年代アメリカ映画100 ［1990-1999］』（芸術新聞社）がある。趣味は登山、温泉・霊場巡り、写真。

サバービアの憂鬱《ゆううつ》

「郊外《こうがい》」の誕生《たんじょう》とその爆発的発展《ばくはつてきはってん》の過程《かてい》

大場正明《おおばまさあき》

2023年 3月 10日　初版発行
2024年 9月 25日　再版発行

◆◇◇

発行者　山下直久
発　行　株式会社KADOKAWA
〒102-8177　東京都千代田区富士見 2-13-3
電話　0570-002-301（ナビダイヤル）

装丁者　緒方修一（ラーフイン・ワークショップ）
ロゴデザイン　good design company
オビデザイン　Zapp!　白金正之
印刷所　株式会社KADOKAWA
製本所　株式会社KADOKAWA

角川新書
　ISBN978-4-04-082459-8 C0295